U0515544

系族集团上市公司债务融资研究

Research on the Financing Behavior of Xizu Listed Companies

韩　彬◉著

中国财经出版传媒集团

经济科学出版社

Economic Science Press

图书在版编目（CIP）数据

系族集团上市公司债务融资研究/韩彬著. -- 北京：
经济科学出版社，2022.7
ISBN 978 - 7 - 5218 - 3829 - 9

Ⅰ.①系…　Ⅱ.①韩…　Ⅲ.①上市公司 - 债务管理 -
研究 - 中国②上市公司 - 融资 - 研究 - 中国　Ⅳ.
①F279.246

中国版本图书馆 CIP 数据核字（2022）第 119374 号

责任编辑：谭志军
责任校对：王肖楠
责任印制：范　艳

系族集团上市公司债务融资研究

韩　彬　著

经济科学出版社出版、发行　新华书店经销

社址：北京市海淀区阜成路甲 28 号　邮编：100142

总编部电话：010 - 88191217　发行部电话：010 - 88191522

网址：www. esp. com. cn

电子邮箱：esp@ esp. com. cn

天猫网店：经济科学出版社旗舰店

网址：http：//jjkxcbs. tmall. com

北京季蜂印刷有限公司印装

710 × 1000　16 开　17.5 印张　280000 字

2022 年 7 月第 1 版　2022 年 7 月第 1 次印刷

ISBN 978 - 7 - 5218 - 3829 - 9　定价：78.00 元

（图书出现印装问题，本社负责调换。电话：010 - 88191510）

（版权所有　侵权必究　打击盗版　举报热线：010 - 88191661

QQ：2242791300　营销中心电话：010 - 88191537

电子邮箱：dbts@ esp. com. cn）

前　　言

　　"春江潮水连海平，海上明月共潮生。"改革开放 40 多年来，伴随着经济体制改革的全面深化和对外开放领域的持续扩大，在奔涌向前的时代浪潮激荡下系族集团上市公司大量涌现，不仅迅速成长为中国资本市场中的一股重要力量，还发展壮大为影响国民经济平稳健康运行的关键角色，引领中国企业不断做优做大做强的前进航向。党的十八大以来，中国进入经济增长速度换挡期、结构调整阵痛期和前期刺激政策消化期"三期叠加"阶段，在速度变化、结构优化和动力转换的新常态下，以"三去一降一补"为主要任务的供给侧结构性改革成为适应新常态、把握新常态、引领新常态的关键举措。在全面推进供给侧结构性改革的进程中，组织规模庞大、股权结构复杂、集团背景雄厚的系族集团上市公司债务融资体量巨大，债务融资管控困难，债务融资风险复杂，其债务融资行为对于稳妥推进结构性去杠杆、防范化解重大风险意义重大，影响深远。因此，在供给侧结构性改革持续深入推进的背景下，基于中国制度环境和企业实践，系统研究和深入理解系族集团上市公司债务融资选择行为的影响因素及其经济后果成为紧扣新时代改革热点、呼应新时代社会关切的重要课题。

　　本书聚焦债务异质性视角下的系族集团上市公司外部债务融资行为，在厘清和界定系族集团上市公司及债务异质性相关概念的基础上，基于大样本数据全景展现并详细描绘了国内资本市场中系族集团上市公司及其债务融资的发展现状，进而在债务异质性视角下遵循"结构—行为—绩效"的研究方法，沿着"系族集团上市公司债务融资选择的影响因素→系族集团上市公司异质性债务融资选择→系族集团上市公司债务融资选择的经济后果"的逻辑主线，分别从微观层面系族集团上市公司企业特征、中观层面系族集团上市公司所处行业产品市场竞争和宏观层面系族集团上市公司所处地区市场化程度三个维度系统研究了不同产权性质系族集团上市公司债务融资选择的影响因素，并从系族集团上市公司个体层面和所属集团层面分别考察了不同产权性质的系族集团上市公司债务融资选择行为对其企业绩效产生的经济后果。最后，根据本书理论分析和实证检验的研究成果，并围绕当前全面深化改革开放、积极稳妥推进供给侧结构性改革的时代发展要求提出了具有针对性和适用性的对策建议。

在系族集团上市公司债务融资选择影响因素方面，本书研究结果如下：（1）微观层面系族集团上市公司企业特征影响其债务融资选择。与非系族集团上市公司相比，系族集团上市公司债务融资水平更高，更倾向于采取分散债务融资模式，超额债务融资程度更高。在规模效应、声誉效应和金字塔结构的融资杠杆效应作用下系族集团上市公司债务融资水平得到显著提升，主要体现在来源异质性债务融资中的金融机构债务融资和债券融资，以及期限异质性债务融资中的长期债务融资方面。受不同产权性质系族集团构建动机和预算软约束影响，上述效应在非国有系族集团上市公司中更显著。（2）中观层面行业产品市场竞争程度影响系族集团上市公司债务融资选择。非国有系族集团上市公司所处行业竞争激烈程度与金融机构债务融资率显著正相关，与债券融资率显著负相关，与长期债务融资率显著负相关；国有系族集团上市公司所处行业竞争程度与来源异质性和期限异质性债务融资均不相关。考虑系族集团多元化经营后，上述结果未发生显著变化。（3）宏观层面地区市场化程度影响系族集团上市公司债务融资选择。非国有上市公司所处地区市场化程度与金融机构债务融资率显著负相关，与商业信用融资率显著正相关，与短期债务融资率显著正相关；国有系族集团上市公司所处地区市场化程度与金融机构债务融资率显著负相关，与短期债务融资率显著正相关。上述结果考虑了系族集团跨地域经营后，国有产权性质削弱了地区市场化程度对金融机构债务融资率的影响。

在系族集团上市公司债务融资选择的经济后果方面，本书研究结果如下：（1）系族集团上市公司异质性债务融资对其企业绩效产生显著影响。从来源异质性债务融资来看，金融机构债务融资率和债券融资率与企业绩效显著负相关，商业信用融资率与企业绩效显著正相关；从期限异质性债务融资来看，长期债务融资与企业绩效之间显著负相关。上述结果在国有系族集团上市公司中更显著。（2）系族内其他成员上市公司异质性债务融资对系族集团上市公司绩效产生显著影响。表现为其公司金融机构债务融资率与系族集团上市公司企业绩效显著负相关，商业信用融资率与系族集团上市公司企业绩效显著正相关；长期债务融资率与系族集团上市公司企业绩效显著负相关。上述影响在国有系族集团上市公司组别中减弱。

本书的主要贡献体现在以下三个方面。

第一，系族集团上市公司作为资本市场中的关键力量和影响国民经济运行的重要角色并未得到理论研究的足够重视，现有针对上市公司或企业集团展开的研究主要基于"独生子"上市公司的视角展开，忽视了系族集团上市公司与非系族集团上市公司在组织规模、股权结构、人事安排和集团管控等方面存在重大差异对其企业行为产生的影响。同时，少数关注系族集团及其上市公司的研究中大部分采用案例研究的方式探讨系族企业的运作方式及经济后果，基于大样本的实证研究较少。本书在按照现有文献对系族集团上市公司进行概念界定的基础上，按照上市公司控制人文件、股东控股关系链结构图和上市公司信息披露文件等相关资料手工收集整理了中国资本市场系族集团上市公司大样本数据，并在此基础上基于债务异质性视角对系族集团上市公司债务融资行为影响因素及后果展开了理论分析和实证研究，有助于进一步丰富系族集团上市公司大样本实证研究文献，为现有系族集团上市公司案例研究提供数据支撑。

第二，现有关于系族集团上市公司的研究视角主要围绕内部资本市场、高管薪酬、产业网络、企业风险、企业绩效等方面展开，对系族集团上市公司债务融资行为鲜有关注。鉴于金融危机冲击后系族集团内部资本市场逐渐被外部债务市场所替代的现实情况，债务融资对系族集团上市公司的重要意义日益凸显。目前仅有少数文献从整体债务或某类债务方面进行了初步探索，本书在债务异质性视角下以系族集团上市公司来源异质性和期限异质性债务融资选择为切入点，从微观、中观、宏观市场发展三个层面全面考察了系族集团上市公司债务融资选择的影响因素，进一步拓展了系族集团上市公司及债务融资选择的研究视角。

第三，系族集团上市公司的企业绩效不仅是上市公司自身发展最为直观和生动的体现，也是外界评判系族集团价值的重要依据。由于系族集团上市公司数量增加的同时其企业绩效却一直不尽如人意，因此一直以来都是系族集团上市公司研究的重点。现有文献主要从系族集团上市公司股权结构、内部资本市场、企业组织特征、企业产权性质等方面研究了系族集团上市公司企业绩效的影响因素及其内在机制。本书在债务异质性视角下从债务融资选择角度探究系族集团上市公司企业绩效不如非系族集团上市公司背后的原因及机理，并创新性地从系族集团上市公司个体直接影响效应和系族集团间接传染效应两个层级考察异质性债务融资对系族集团上市公司企业绩效的影响，为更加清晰地理解系族集团上市公司运行经济后果提供了崭新的思路。

目　　录

1

绪　　论

1.1　研究背景与意义

1.1.1　研究背景

改革开放实现了中国经济社会全方位、立体化的伟大变革,书写了马克思主义中国化的非凡史诗,成就了举世瞩目的"中国奇迹"。2018 年,习近平总书记在庆祝改革开放 40 周年大会上的讲话中指出,"改革开放之初,虽然我们国家大、人口多、底子薄,面对着重重困难和挑战,但我们对未来充满信心,设计了用 70 多年、分三步走基本实现社会主义现代化的宏伟蓝图"。而发展大型企业集团战略、做强做优做大国有企业便是这幅宏伟蓝图中浓墨重彩的一笔。事实上,自"九五计划"时期以来,发展大型企业集团作为经济改革和发展的结合部,便成为实现两个根本性转变、提升国有经济国际竞争力的关键突破口。步入 21 世纪以来,在国有资产管理体制改革进程中,政府通过推进国有经济布局结构调整,加快国有资产战略重组,短时间内构建了一批控制多家上市公司、具有世界一流竞争力的大型系族集团,成为推动国民经济平稳健康运行、助力中国经济腾飞的重要引擎。

2016 年颁布的"十三五"规划纲要明确提出,"鼓励企业并购,形成以大企业集团为核心,集中度高、分工细化、协作高效的产业组织形态"。与此同时,伴随着社会主义市场经济的蓬勃发展和非国有经济的不断壮大,个体经济和私营经济充分利用市场配置资源的基础优势,抓住国家"抓大放小"的战略机遇,在资本市场中凭借频繁的资本运作掌控多家上市公司,通过组建非国有系族集团克服现有制度缺陷,更便利地获取生存发展所需的经济资源,进而在资本市场中缔造影响重大的"企业帝国"。

党的十八大以来,中国进入经济增长速度换挡期、结构调整阵痛期和前期刺激政策消化期"三期叠加"阶段,在速度变化、结构优化和动力转换的新常态下,全面推进供给侧结构性改革成为适应新常态、把握新常态、引领新常态的关键举措。2015 年中央经济工作会议提出,推进供给侧结构性改革,战略上要坚持稳中求进、把握好节奏和力度,战术上要抓住关键点,主要是抓好去产能、去库存、去杠杆、降成本、补短板五大任务。2016 年中央经济工作会议进一步强调,要在控制总杠杆率的前提下,把降低企业杠杆率作为重中之重,加强企业自身债务杠杆约束,降低企业杠杆率。此后以"三去一降一补"为重点任务的供给侧结构性改革全面推进,其中"去杠杆"任务尤为突出,2016 年 10 月国务院印发《关于积极稳妥降低企业杠杆率的意见》,2018 年 8 月发改委、中国人民银行、财政部、银保监会、国资委联合印发《2018 年降低企业杠杆率工作要点》,2018 年 9 月中共中央办公厅、国务院办公厅印发《关于加强国有企业资产负债约束的指导意见》。2018 年底召开的中央经济工作会议继续明确,"坚持结构性去杠杆的基本思路,防范金融市场异常波动和共振""打好防范化解重大风险攻坚战"。2019 年 7 月,发改委、中国人民银行、财政部、银保监会联合印发《2019 年降低企业杠杆率工作要点》。密集实施的决策部署和集中印发的政策文件不仅彰显了去杠杆任务在当前供给侧结构性改革中的重要地位,也引起了理论界与实务界的广泛关注与讨论。

系族集团上市公司作为系族集团关键的战略构成和重要的融资工具,拥有较强的债务融资能力,同时也存在普遍的超额债务融资问题。一方面,国有系族集团上市公司在"政府—国有银行—国有企业"双重预算软约束作用下债务融资治理功能扭曲,债务融资问题凸显。另一方面,非国有系族集团上市公司在实际控制人应对信贷歧视、缓解融资约束过程中常常背负超额债务。同时，系族集团组织规模庞大、股权结构复杂、内部资本市场发达，密切的战略办作和广泛的风险共担使系族集团上市公司间存在显著的风险传染和绩效传染现象，一旦发生债务风险，往往规模巨大，影响面广，破坏力强。实际上，在供给侧结构性改革的框架中去杠杆和防风险是一体两面，系族集团上市公司的债务融资问题不仅是企业降杠杆的重点领域，也是防范化解重大风险的关键着眼点。2018 年国务院印发的《关于加强国有企业资产负债约束的指导意见》中明确要求，"强化国有企业集团公司对所属子企业资产负债约束""减少母子企业、子企业与子企业之间的风险传染"。因此，在供给侧结构性改革持续深入推进背景下，基于中国制度环境和企业实践，深入研究和理解系族集团上市公司债务融资选择行为及其产生的经济后果是紧扣改革背景、呼应时代关切的重要课题。

1.1.2　研究意义

1.1.2.1　现实意义

改革开放初期，发展横向经济联系，成为冲破条块分割、形成商品市场体系、从而推动整个经济体制改革不断前进的突破口，跨部门、跨地区、跨行业、跨所有制的经济联合体，孕育了一股强大的改革潮流，推动了我国社会主义商品经济迅速发展（杨纪琬，1988）。此后，我国企业组织结构随着社会主义市场经济改革与发展不断演进，在强制性制度变迁和诱致性制度变迁过程中，一大批组织规模庞大、股权结构复杂、融资能力突出的系族集团及其上市公司相继涌现，不仅迅速成长为资本市场中的一股重要力量，也发展成为影响国民经济平稳健康运行的关键角色。当前，中国经济发展步入新常态，我国社会经济发展由高速增长阶段转向高质量发展阶段，在"三去一降一补"供给侧结构性改革深入推进的过程中，中国资本市场中隶属于大型系族集团的众多系族集团上市公司债务融资规模体量庞大、融资风险高企、运行机制复杂，对积极稳妥降低企业杠杆率、防范化解重大风险、全面深化经济改革意义重大，影响深远。

与此同时，资本市场中火热的"造系运动"背后系族集团上市公司冰冷的企业业绩和市场表现令人哑然。已有研究发现，系族集团上市公司企业业绩明显低于非系族集团上市公司（郑国坚等，2016），且不尽如人意的企业业绩在系族集团控制的系族集团上市公司间存在传染效应（张文龙等，2016）。特别是，系族集团上市公司强大的债务融资能力背后巨大的债务负担和分散的债务管控，高企的财务风险在系族层面存在风险传染的可能，影响面广，破坏力强。经历"初期发展—快速扩张—快速的短期资金融通—再扩张—资金链条紧张—危机"而全面溃败的部分系族集团上市公司不仅成为"系族企业"的金融之殇（巴曙松，2005），也对资本市场健康经济生态产生负面影响。因此，在债务异质性视角下通过对系族集团上市公司债务融资选择及其经济后果进行理论分析与实证研究，有助于进一步探明在我国资本市场中影响重大的系族集团上市公司的债务融资选择内在机制，并从债务融资角度明晰系族集团上市公司企业绩效普遍较差的内在原因。为新常态下全面深入推进供给侧结构性改革，防范化解重大风险，促进资本市场健康可持续发展提供有益借鉴，因此本书具有较强的现实意义。

1.1.2.2 理论意义

上述在中国资本市场中普遍存在且现实影响重大的系族集团上市公司并未得到理论研究的足够重视。首先，现有针对上市公司或企业集团展开的研究主要基于"独生子"上市公司的视角（邵军和刘志远，2009；李增泉等，2008），忽视了系族集团上市公司与非系族集团上市公司在组织规模、股权结构、人事安排和集团管控等方面存在重大差异，片面、孤立地分析上市公司的经济行为及经济后果容易陷入形而上学的窠臼，无法对中国资本市场中广泛存在的系族集团上市公司形成完整和准确的理论认识。其次，目前围绕系族集团及其上市公司进行的理论研究和实证检验主要围绕系族集团内部资本市场或股权结构展开（郑国坚等，2017；杨棉之等，2010），没有考虑2008年金融危机冲击后系族集团内部资本市场逐渐被外部债务市场所替代的情况（马永强和陈欢，2013），也忽视了对系族集团及系族集团上市公司生存发展日益重要的外部债务融资影响机制及经济后果进行深入的研究探索。最后，现有少数研究系族集团或系族集团上市公司债务融资行为的文献，一般将系族集团上市公司债务融资作为整体加以研究（何捷等，2017)，或者单独针对某类债务融资（如债券融资）加以研究（韩鹏飞等，2018)，而未能有效区别异质性债务融资在融资可获得性、融资成本、融资弹性和融资治理效应方面存在的系统差异，也未对系族集团上市公司债务融资行为进行系统研究。

基于上述情况，本书聚焦系族集团上市公司外部债务融资，在厘清和界定系族集团上市公司及债务异质性相关概念基础上，基于大样本数据全景展现并系统分析了系族集团上市公司及其债务融资的发展现状，进而在债务异质性视角下遵循"结构—行为—绩效"的研究方法，从微观层面系族集团上市公司企业特征、中观层面系族集团上市公司所处行业产品市场竞争和宏观层面系族集团上市公司所处地区市场化程度三个维度较为全面地研究了不同产权性质系族集团上市公司债务融资选择的影响因素，并在此基础上从系族集团上市公司个体层面和系族集团上市公司所属集团层面考察了系族集团上市公司债务融资选择对企业绩效产生的经济后果。本书进一步拓展了我国系族集团上市公司的研究视角，丰富了企业债务融资异质性的相关研究文献，为深入理解我国资本市场中上市公司的债务融资选择行为影响因素，并系统考察异质性债务融资的经济后果提供了崭新证据，因此本书具有较强的理论意义。

1.2　研究方法与研究框架

1.2.1　研究方法

本书综合运用规范研究法、实证研究法、比较分析法等多种研究方法，对债务异质性视角下系族集团上市公司债务融资选择影响因素及其经济后果进行了系统研究。

1.2.1.1　规范研究法

规范研究方法是主要采用归纳法、演绎法、伦理法、经济学法、社会学法等方法，站在抽象思维的角度分析问题，以价值判断作为基础和出发点，强调"应该是什么"的研究方法。本书通过收集整理与中国系族集团上市公司形成与发展、中国企业债务融资制度变迁以及系族集团上市公司债务融资选择影响因素及其经济后果相关的资料和文献，在不同的研究视角下分别对系族集团上市公司和债务融资选择及其经济后果相关文献进行梳理和回顾，并利用文献可视化分析技术对相关文献进行归纳总结和文献评述。在文献研究和制度分析的基础上，立足相关理论基础，进一步运用归纳和演绎、分析和综合等方法，在债务异质性视角下对我国系族集团上市公司债务融资选择影响因素及其经济后果进行理论分析，并针对本书的研究结论提出具有针对性和可行性的对策建议。

1.2.1.2　实证研究法

实证研究通常包括以下步骤：确定研究问题，提出假设命题，设计研究程序和方法，执行实验任务，数据分析和假设检验，解释数据分析的结果（吴溪，2016）。计量经济学是实证研究的工具，旨在运用概率统计的方法对经济变量之间的（因果）关系进行定量分析（陈强，2014）。本书在规范研究的基础上采用实证研究法，通过收集和整理系族上市实际控制人资料、股权控制链图、上市公司财务报表及信息披露文件等相关资料，建立具有统计意义与经济意义的计量模型，在考虑内生性问题的基础上，综合运用单变量检验、描述性统计、相关性检验、静态面板回归分析、动态面板回归分析等实证研究方法，在债务异质性视角下考察不同产权性质系族集团上市公司债务融资影响因素及经济后果，在理论分析"应该是什么"的基础上进一步研究"实际是什么"相关问题。

1.2.1.3　比较分析法

比较分析法是对两个或两个以上的事物加以对比，找出事物之间相似性与差异性的分析方法（林聚任和刘玉安，2008）。社会学奠基人埃米尔·杜尔凯姆

（1996）认识到从对直接观察社会现象分析事物的因果关系具有很大的局限性，指出"应该大量地运用比较的方法开展研究"（杨兴龙，2014）。本书运用比较分析主要体现在以下几个方面：首先，在文献综述部分比较分析不同视角下系族集团上市公司和债务融资及其经济后果的研究文献，并在此基础上进行文献综述，寻找本书研究可能的创新点与突破口；其次，在制度演进与现状分析部分比较分析中国企业异质性债务融资制度变迁的历史进程，并比较分析不同产权性质系族集团上市公司的构建动机和发展现状；最后，在理论研究和实证研究部分比较分析系族集团上市公司与非系族集团上市公司在企业特征和债务融资方面存在的系统差异，并进一步研究不同产权性质的系族集团上市公司来源异质性与期限异质性债务融资选择的影响因素及经济后果。

1.2.2　研究框架

本书基于积极稳妥推进企业降杠杆和防范化解重大风险的供给侧结构性改革制度背景和金融危机冲击后系族集团上市公司债务融资重要性日益凸显的现实状况，以 2009～2017 年沪深 A 股上市公司及其中的系族集团上市公司为样本，遵循"结构—行为—绩效"的研究方法，按照"系族集团上市公司债务融资选择的影响因素→系族集团上市公司异质性债务融资选择→系族集团上市公司债务融资选择的经济后果"的逻辑主线，在债务异质性视角下展开对系族集团上市公司债务融资选择影响因素及经济后果研究。全书共分为八章，主要内容如下。

第 1 章绪论。本章阐述全书的研究背景和研究意义，明确研究目的，介绍研究方法和研究逻辑框架，并对本书相关核心概念进行界定与分析，总结本书可能的创新之处。

第 2 章文献回顾与述评。本章分别对系族集团上市公司相关文献和债务融资及其经济后果相关文献进行梳理和回顾，并在此基础上对相关文献进行统计分析和内容分析。通过对现有文献进行研究述评，发现研究缺口并奠定研究的文献基础。

第 3 章理论基础。本章基于企业集团理论、资本结构理论、预算软约束理论分析系族集团及其上市公司产生发展的理论动因，研究系族集团上市公司债务融资的理论依据，并结合中国制度环境中的预算软约束问题进行了理论适用性分析。

第 4 章企业债务融资及系族集团上市公司制度背景分析。本章从三个方面展开。首先，从银行业改革、债券市场发展和商业信用演变三个维度对我国企业债务融资制度变迁进行全面分析。其次，结合改革开放以来中国经济体制改革与社会主义市场经济发展进程，分别研究不同产权性质系族集团的构建动因及系族集团上市公司战略定位。最后，从系族集团上市公司企业特征、行业与地域分布及其债务融资方面描绘和展现中国系族集团上市公司发展及其债务融资选择现状。

第 5 章系族集团上市公司债务融资选择理论分析。首先，梳理系族集团上市公司异质性债务融资的主要内容，并在债务异质性视角下比较分析系族集团上市公司异质性债务融资的系统差异。其次，在微观层面及系族集团上市公司个体层面对系族集团上市公司异质性债务融资选择的影响因素及经济后果进行初步分析。最后，在中观层面和宏观层面及系族集团层面对系族集团上市公司债务融资选择的影响因素及经济后果进行整合分析。

第 6 章系族集团上市公司债务融资选择的影响因素研究。首先，在微观层面实证检验系族与非系族集团上市公司在债务融资方面存在的差异，以及微观层面系族集团上市公司企业特征对其债务融资选择的影响。其次，在中观层面对系族集团上市公司所处行业产品市场竞争对其债务融资选择的影响进行检验，并结合系族集团多元化经营展开研究。最后，在宏观层面对系族集团上市公司所处地区市场化程度对其债务融资选择的影响进行实证检验，并结合系族集团跨地域经营展开研究。

第 7 章系族集团上市公司债务融资选择的绩效传染效应研究。首先，在债务异质性视角下考察系族集团上市公司个体层面的债务融资选择对其企业绩效的直接影响效应。其次，在债务异质性视角下分析系族集团层面其他上市公司的债务融资选择对该系族集团上市公司企业绩效的间接传染效应。

第 8 章研究结论、对策建议与展望。对全书的理论分析和实证研究的结论进行归纳总结，在此基础上结合当前系族集团上市公司发展前景和全面深化改革现实要求提出具有针对性的对策建议，并对未来的研究做出展望。

研究路线见图 1 –1。

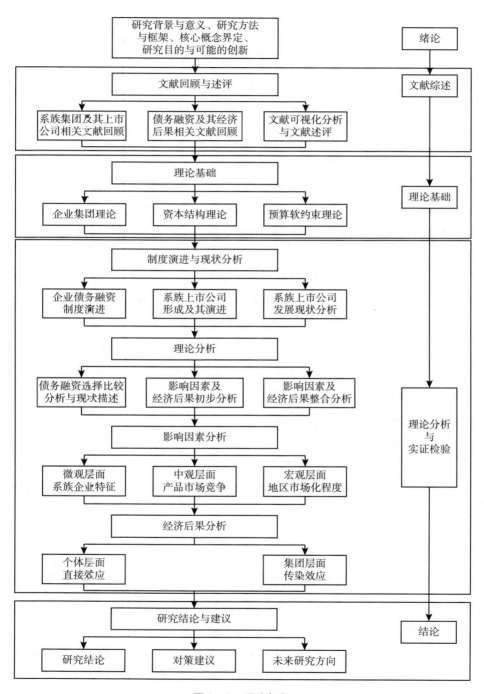

图 1 -1 研究框架

1.3   重要概念界定

1.3.1   系族集团上市公司

21 世纪以来，系族集团上市公司不仅成长为中国资本市场中的重要力量，还对国民经济的健康发展施加重要影响。系族集团上市公司是隶属于系族集团的上市公司，准确把握和清晰界定系族集团上市公司的关键在于理解其背后的进行实际控制的经济主体，即系族集团。系族集团的概念是由企业集团演变发展而来，一般将企业集团理解为"市场"与"企业"间的混合组织形式。世界各地企业集团的形式各有千秋（Khanna and Yafeh，2010），如以日本和德国为代表的银行等财团控制的企业集团，以韩国、印度尼西亚和意大利为代表的家族控制的企业集团，以及以美国为代表的分散股东控制的企业集团。企业集团概念引入中国是改革开放的结果（蓝海林，2013）。1987 年，国家体改委、国家经委印发《关于组建和发展企业集团的几点意见》中首次提出："企业集团是适应社会主义有计划商品经济和社会化大生产的客观需要而出现的一种具有多层次组织结构的经济组织，它的核心层是自主经营、独立核算、自负盈亏、照章纳税、能够承担经济责任、具有法人资格的经济实体。"此后，在法制建设深化、产权关系调整和现代企业制度改革的有力推动下，中国的许多企业以分拆、并购、合资等方式快速形成企业集团（Lee et al.，2009）。1998 年，国家工商行政管理局制定并颁发了《企业集团登记管理暂行规定》，明确了企业集团的定义和标准，即"企业集团是指以资本为主要联结纽带的母子公司为主体，以集团章程为共同行为规范的母公司、子公司、参股公司及其他成员企业或机构共同组成的具有一定规模的企业法人联合体。企业集团不具有企业法人资格""企业集团应当具备下列条件：企业集团的母公司注册资本在 5000 万元人民币以上，并至少拥有 5 家子公司；母公司和其子公司的注册资本总和在 1 亿元人民币以上；集团成员单位均具有法人资格。国家试点企业集团还应符合国务院确定的试点企业集团条件"。

　　然而，随着国资监管体制的改革和非国有经济的发展，企业集团逐渐发展演变为系族集团，上述暂行规定实际上不再适用。一方面系族集团没有政府要求的"集团章程"约束，而是通过控股股东的战略安排组织协作，另一方面系族集团由两家或两家以上上市公司构成，而企业集团并未对控制的子公司做这方面的要求。从系族集团组织形态来看，系族集团一般存在控股股东，其实际控制人可以追溯到同一个经济主体（马永强和陈欢，2013）[①]，国有系族集团一般为各级国资监管机构或下设机构，非国有系族集团一般由个人或家族控制。同时，系族集团一般采取金字塔股权结构，由控股集团公司控制系族集团上市公司，再由系族集团上市公司控制下属子公司及孙公司。此外，系族集团大多未实现整体上市，作为母公司的控股集团公司一般未上市。综上所述，本书根据系族集团上市公司的发展历程及企业特征，并综合蒋屏和于谦（2014）、马永强和陈欢（2013）、杨棉之等（2010）、肖星和王琨（2006）、克莱森等（Claessens et al. ，2000）对系族集团相关研究文献的定义和判断标准，将系族集团上市公司定义为：若同一经济主体控制两家或者更多上市公司，则这些上市公司共同构成一个系族，系族内的上市公司定义为系族集团上市公司。

1.3.2　债务异质性

　　"债务异质性"（debt heterogeneity）一词最早由戴维等（David et al. ，

---

　　① 这种定义和判断标准在中国系族企业研究中广泛应用。关于系族集团上市公司的另一种判断标准是在此基础上根据国家工商行政管理局《企业集团登记管理暂行规定》中对企业集团的定义判断实际控制人是否为企业集团。综合考虑之下选择第一种定义和判断标准主要是基于以下考虑：一是国家工商行政管理局于 1998 年印发的上述文件，主要依据当时颁发实施的国有企业集团相关政策文件，没能客观地反映 21 世纪以来通过资本市场运作形成的非国有系族集团现实状况及国资委成立后构建的国有系族集团情况；二是根据 CSMAR 国泰安上市公司股东数据库中从上市公司年报中提取的股东控制关系链公告图发现，系族集团上市公司基本上均为某某集团公司、某某（集团）公司或投资公司，反映中国资本市场中并未依照国家工商行政管理局 1998 年相关规定在公司名称中使用集团字样，同时上述规定要求企业集团订立企业集团章程，而现实系族集团中并未订立相关集团章程，因此与现实出入较大；三是使用第二类标准进行系族集团上市公司研究需要进一步结合国家统计局《中国大企业集团年度发展报告》，而国家统计局于 2012 年后停止相关数据统计，因此无法对 2012 年后系族集团上市公司展开研究，样本极大受限，无法反映系族集团上市公司发展现状。

2008）在《债务异质性对研发投资和企业绩效的影响（The Implications of Debt Heterogeneity for R&D Investment and Firm Performance）》[①] 一文中提出。戴维等受布特（David and Boot，2000）论述银行借款时提出的"关系型银行借款"（relationship banking）[②] 概念启发，在威廉姆森（Williamson，1988）[③] 基于交易费用理论阐释企业融资和公司治理的基础上，将企业债务融资划分为交易型债务融资（transactional debt，主要为公开债务融资）和关系型债务融资（relational debt，主要为私有债务融资）。戴维等（2008）进一步从公司治理中的争端解决机制、适应性机制和监督机制三个方面论述了交易型债务融资更倾向于发挥市场治理（market governance）作用，而关系型债务融资更倾向于发挥科层治理（hierarchical governance）作用，即交易型债务融资与关系型债务融资在公司治理方面发挥着较为显著的差异，交易型债务融资扮演着外部市场治理机制的角色，而关系型债务融资扮演着内部科层治理的角色（见表1-1）。

表1-1　　　　　　　交易型债务融资与关系型债务融资的异质性

主要方面	交易型债务融资	关系型债务融资
争端解决	债务契约执行及违约处置严格	债务契约执行及违约处置松弛
适应性	破产机制约束下被动适应企业	获取部分管理控制权主动适应企业
监督	依靠外部披露数据监督	依靠内部专有数据监督

然而，西方债务融资普遍建立与其金融发展水平和制度环境相契合的"政府无效假说""资本成本假说""经济常态假说""债务同质假说"前提基础之上（李心合等，2014），一方面与现实经济运行存在出入，另一方面与我国制度环境和企业债务融资现状不符，因此，国内学者之前的研究忽视

---

① David P，O'Brien J P，Yoshikawa T. The Implications of Debt Heterogeneity for R&D Investment and Firm Performance ［J］. Academy of Management Journal，2008，51（1）：165-181.
② "关系型银行借款"（relationship banking）指金融中介在提供融资服务时：一是专注于获取客户信息尤其是专有信息；二是为同一客户提供多期以及（或）多个产品融资服务，并以此评估投资回报（Boot，2000）。
③ Oliver E. Williamson. Corporate Finance and Corporate Governance ［J］. The Journal of Finance，1988，43（3）：567-591。

了一个能够让中国企业资本结构选择理论研究大放异彩的地方，这就是债务异质性假说及其对西方资本结构选择理论的创新或突破效果（李心合等，2014）。李心合等（2014）在《债务异质性假说与资本结构选择理论的新解释》一文中指出，企业面对"两类市场"（金融市场与商品市场）、"两类信用"（商业信用和银行信用）和"两类负债"（金融性负债和经营性负债）。我国企业中存在大量的经营性负债，与之相关的债务融资成本很低甚至无成本，金融性负债和经营性负债存在显著差异（见表1－2）。

表1－2　　　　　　　　　经营性负债与金融性负债的异质性

主要方面	经营性负债	金融性负债
来源渠道	商品市场的经营活动	金融市场的融资活动
范围与内容	应付票据、应付账款、预收账款、应付职工薪酬、其他应付款等	交易性金融负债、短期借款、长期借款、应付债券、应付利息
债务成本	低成本甚至无成本	高成本，包括高息率和高费率
债务条件	一般无附加条件，纯信用、无担保	苛刻的抵押等担保条件
债务期限	有弹性，违约事件频发且缺乏惩罚	时间硬度大

　　国内学者基于中国债务融资现状进一步将债务异质性分为来源异质性和期限异质性（胡建雄和茅宁，2015；张志宏和仇莹，2017；马庆魁等，2017）。其中，来源异质性依据我国企业负债三大来源，即银行借款、商业信用与公司债券（黄乾富和沈红波，2009），分为金融机构债务融资、商业信用融资和债券融资（胡建雄和茅宁，2015）。期限异质性依据我国企业负债期限结构分为短期债务融资和长期债务融资（张志宏和仇莹，2017）。因此，本书将债务异质性定义为在来源渠道、融资可获得性、融资成本、融资弹性、融资治理效应等存在显著差异的债务融资类型，进一步借鉴现有相关文献并根据中国制度环境中企业债务融资来源结构和期限结构，将债务异质性划分为来源异质性债务和期限异质性债务。

1.3.3 预算软约束

"预算软约束"（soft budget constraint）一词最早由雅诺什·科尔奈（Janos Kornai）提出（田利辉，2005），科尔奈（Kornai，1980）在其论述社会主义经济微观理论基础的代表性著作《短缺经济学（Economics of Shortage)》一书中的第十三章"企业：预算约束和利润"第五节中提出了"预算软约束"。科尔奈指出预算硬约束代表着一种理想状态，需要满足同时满足五个前提条件才能实现：（1）外生价格，即投入品和产品的价格是给定的，企业是价格的被动接受者；（2）税收制度是硬的，即企业无法影响税收，税收是客观、无条件、不能减免的；（3）不存在无偿的国家拨款；（4）不存在任何形式的信贷；（5）不存在外部的货币投资资金。但是，现实经济无法满足上述类似于处在"真空"中的假设，现实经济中的企业只能实现近乎于硬的预算约束，而当上述假设无法得到满足时便存在着"预算约束软化"的可能性。这就意味着"预算软约束——与预算硬约束相反——不能作为有效的行为约束，而只作为一种财务关系而存在"。因此，在传统的社会主义经济中，企业的预算约束是软的，该现象背后的动因是政府对企业实施"父爱主义"。

德瓦特里邦和马斯金（Dewatripont and Maskin，1995）提出道德风险下的内生化预算软约束理论模型，着重论述了企业贷款的预算软约束问题。该模型的假设存在两类不同的投资项目，分别是投产见效快的项目（快项目）和投产见效慢的（慢项目）。由于资金借贷双方之间存在信息不对称，银行在期初无法识别项目的类型。进一步假设，快项目和慢项目的预期回报分别是是 R_f 和 R_S，经理在项目未完成时和完成时获得的私人利益分别为 E_i 和 E_c，且 $E_i < 0 < E_c$。在集权体制下，仅存在一家银行，拥有两个单位以上的资产。当这家银行在第一时期向企业的投资项目贷出一单位的资产之后，如果在第二期开始，银行发现所投的项目是快项目，则银行用不着再贷款，可以将另一单位资产投于另一个新项目。银行与企业家的净所得分别为 R_{f-1} 与 E_c。由于模型假定快项目是赢利的，所以 $R_{f-1} > 0$。然而，如果银行在第一期所贷出的款项是给了慢项目，则到第二期开始时银行就面临两种选择：停止贷款或再贷款。若停止贷款，则前期投入资金变为沉没成本企业无法收回，此时银行和企业家收益分别为 -1 和 E_i。若银行软化借款政策，继续放贷，则最终得到随机回报 R_s，$R_s = 0$ 或 $R_{s'}(>0)$，发生的概率分别是 p 和 $1-p$。$\phi(P)$ 为银行对慢项目的监督成本，且 $\phi'(P) > 0$，$\phi''(P) > 0$。银行在对慢项目实施再贷的政策的前提下，其净收益为：$Rs \cdot P + 0 \cdot (1-P) - \phi(P) - 2$，对上式求关于 P 的一阶条件，则银行会选择 $P = P^*$ 满足 $R'_s = \phi'(P^*)$，企业家收益为 Ec。则只要银行的回报 $\pi^* = P^* R'_s - \phi(P^*) - 2 > -1$，银行是会选择再贷款政策。进一步而言，当集权金融体制转变为分权金融体制，第一家银行会因新增的银行瓜分再贷款的预期回报而降低监督，企业家会考虑到可能无法得到"事后效益"[①]，而不会支持这种不盈利的投资项目，导致在分权金融体制下"慢"项目极易被淘汰，预算约束硬化。预算约束的软或硬，本质上是事后的有效与事先的有效之间的替代，软的好处便是再贷款可以带来长期项目的完成，而硬的好处则是一开始就使效益不好的企业不敢申请差的投资项目，从而避免将资金沉没于那些糟项目上。如果坚持预算硬约束，则需要承受由于这一政策造成的事后的无效。为使预算硬约束不至于牺牲掉软预算带来的事后的有效，企业的金融结构应该是多元的，投资的主体也应该是多元的（平新乔，1998）。由此可见，德瓦特里邦和马斯金（Dewatripont and Maskin，1995）提出道德风险下的内生化预算软约束理论模型为预算软约束奠定了理论基础，在此基础上，科尔奈（1998）提出在非计划经济体制下的"预算软约束"是因为政府和某些企业存在隶属关系，所以该企业管理者产生了对政府援助的理性预期，致使企业财务的预算约束变软，在这种情况下，即使投资项目继续进行的边际经济收益为负，企业经理也可能不会终止投资（田利辉，2005）。综上所述，预算软约束可以定义为由于企业内外部因素共同作用造成企业预算约束偏离近乎于硬的预算约束，致使企业资金使用途径和范围超出其未来收入现值所确定的限度的财务关系与经济行为。

---

① 如果不再贷款，原先一单位资本就白白沉没；如再贷款，则有可能使损失小一些。这就是所谓的预算软约束的事后效益（ex post efficiency）。

1.4 研究目的与可能的创新

1.4.1 研究目的

本书旨在基于中国制度环境和企业实践，在债务异质性视角下深入研究和分析不同产权性质系族集团上市公司债务融资选择的影响因素及经济后果，以期实现以下目标。

1. 在产权异质性视角下探求中国资本市场系族集团上市公司债务融资的发展现状

21 世纪以来，伴随着国内资本市场的快速发展、国有资产产业布局的战略调整及国有资产监管体制的全面改革，国有系族集团上市公司和非国有系族集团上市公司纷纷涌现，成为推动资本市场发展的生力军。与非国有系族集团上市公司相比，国有系族集团上市公司拥有更雄厚的系族集团背景、更庞大的组织规模结构、更复杂的股权结构安排、更具挑战的管理人才配置以及更突出的债务融资能力，这些因素导致系族集团上市公司与非系族集团上市公司在运行发展和战略决策中存在显著差异。进一步而言，不同产权性质的系族集团上市公司在组织结构、股权安排和人事管理等方面存在共性且"共处一室"，但是迥然不同的系族构建动机、大相径庭的系族发展方式以及不同发展起点下差异化的制度环境导致国有系族集团上市公司与非国有系族集团上市公司之间也存在重大差别。因此，通过搜集整理中国资本市场中系族集团上市公司的相关数据，在产权异质性视角下，从数量规模、企业特征、行业结构和地区分布等方面对中国系族集团上市公司运行及发展现状进行全面梳理，并在此基础上详细统计系族集团上市公司债务融资的规模结构、来源异质性债务融资与期限异质性债务融资现有水平及变动趋势，以期更加全面地呈现和更加清晰地把握中国资本市场中系族集团上市公司及其债务融资的发展现状。

2. 在债务异质性视角下考察不同产权系族集团上市公司债务融资选择的影响因素

债务融资是系族集团主要的融资渠道和重要的资金来源,由融资渠道和融资能力构成的金融链条常常决定整个系族企业集团的成败(巴曙松,2005),特别是在 2008 年金融危机的冲击下系族集团上市公司债务融资在其生存和发展中的作用和意义更加凸显。在中国制度环境和企业实践中,债务融资存在普遍的异质性,不同来源和不同期限的债务融资在融资渠道、融资可获得性、融资成本、融资弹性及融资治理效应等方面存在系统差异。与此同时,国有系族集团上市公司与非国有系族集团上市公司在集团组建动机、发展方式及政府干预等方面存在的显著差异进一步对其债务融资行为产生影响。进一步而言,系族集团上市公司并非是处于市场中的"孤岛",其深受所处行业和地区环境的影响。对此,借鉴黄(Wong,2016)提倡"Top-down"的研究框架,即"制度—市场—企业"的逻辑体系,该体系可以帮助我们跟踪国家层面的制度特征对企业行为的影响路径,进而从根本上辨别不同国家之间企业行为差异的制度诱因(李增泉,2016)。在债务异质性视角下通过从微观层面企业特征、中观层面行业产品市场竞争和宏观层面地区市场化程度三个层面着手,并结合系族集团上市公司所属系族集团多元化经营和跨地区经营情况,以期更加全面地考察系族集团上市公司债务融资选择的影响因素,更加深入地理解中国系族集团上市公司债务融资战略决策及其背后的行为逻辑。

3. 在债务异质性视角下检验不同产权系族集团上市公司债务融资选择的经济后果

长期以来,围绕系族集团及其上市公司的功用评判的主流文献主要从企业绩效展开(Lee and Kang,2010;郑国坚等,2016),企业绩效不仅是判断系族集团上市公司价值的重要依据,也是传统验证企业债务融资经济后果的重要内容(田利辉,2005;田侃等,2010)。在"结构—行为—绩效"的研究方法下,国有系族集团上市公司与非国有系族集团上市公司在集团组建动机、发展方式及政府干预方面等存在的显著差异可能会对系族集团上市公司债务融资选择造成系统性影响,而这一影响会进一步通过系族集团上市公司债务融资选择行为作用于其企业绩效。与此同时,系族集团上市公司一般隶属于系族集团，而系族集团的一个重要组织特征是系族集团中拥有众多上市公司及非上市公司，系族集团及上市公司的存在对系族集团内成员企业形成"声誉共享"和"风险共担"机制（何捷等，2017；韩鹏飞等，2018）。系族集团上市公司作为系族集团的重要战略构成和债务融资工具，其行为深受系族层面作用机制及其他成员上市公司的影响。因此，在债务异质性视角下选取系族集团上市公司个体层面和系族集团层面两个层级考察异质性债务融资对系族集团上市公司企业绩效产生的直接影响和间接影响，以检验不同产权性质系族集团上市公司债务融资选择的影响效应，以期更好地回答新时代中国资本市场中系族集团上市公司健康发展的现实问题。

1.4.2　研究可能的创新

第一，系族集团上市公司作为资本市场中的关键力量和影响国民经济运行的重要角色并未得到理论研究的足够重视，现有针对上市公司或企业集团展开的研究主要基于"独生子"上市公司的视角展开，忽视了系族集团上市公司与非系族集团上市公司在组织规模、股权结构、人事安排和集团管控等方面存在重大差异对其企业行为产生的影响。同时，少数关注系族集团及其上市公司的研究中大部分采用案例研究的方式探讨系族企业的运作方式及经济后果（郑国坚等，2016），基于大样本的实证研究较少。本书在按照现有文献对系族集团上市公司进行概念界定的基础上，按照上市公司控制人文件、股东控股关系链结构图和上市公司信息披露文件等相关资料手工收集整理了中国资本市场系族集团上市公司大样本数据，并在此基础上基于债务异质性视角对系族集团上市公司债务融资行为影响因素及后果展开了理论分析和实证研究，有助于进一步丰富系族集团上市公司大样本实证研究文献，为现有系族集团上市公司案例研究提供数据支撑。

第二，现有关于系族集团上市公司的研究视角主要围绕内部资本市场（邵军和刘志远，2009；杨棉之等，2010；陈金龙和谢建国，2010；张文龙等，2016）、高管薪酬（Cai and Zheng，2016）、产业网络（夏子航，2017）、企业风险（纳鹏杰等，2017）、企业绩效（郑国坚等，2016）等方面展开，对系族集团上市公司债务融资行为鲜有关注。鉴于金融危机冲击后系族集团内部资本市场逐渐被外部债务市场所替代的现实情况（马永强和陈欢，2013），债务融资对系族集团上市公司的重要意义日益凸显。目前仅有少数文献从整体债务层面或公司个体债务方面进行了初步探索，本书在债务异质性视角下以系族集团上市公司来源异质性和期限异质性债务融资选择为切入点，从微观企业特征、中观行业竞争和宏观市场发展三个层面全面考察了系族集团上市公司债务融资选择的影响因素，进一步拓展了系族集团上市公司及债务融资选择的研究视角。

第三，系族集团上市公司的企业绩效不仅是上市公司自身发展最为直观和生动的体现，也是外界评判系族集团价值的重要依据。由于系族集团上市公司数量增加的同时其企业绩效却一直不尽如人意，因此一直以来都是系族集团上市公司研究的重点。现有文献主要从系族集团上市公司股权结构（郑国坚和魏明海，2006）、内部资本市场（马永强和陈欢，2013；杨棉之等，2010）、企业组织特征（宁向东和陈宁，2005；郑国坚等，2016）、企业产权性质（郑国坚等，2017）等方面研究了系族集团上市公司企业绩效的影响因素及其内在机制。本书尝试在债务异质性视角下从债务融资选择角度探究系族集团上市公司企业绩效不如非系族集团上市公司背后的原因及机理，并创新地从系族集团上市公司个体直接影响效应和系族集团间接传染效应两个层级考察异质性债务融资对系族集团上市公司企业绩效的影响，为更加清晰地理解系族集团上市公司运行经济后果提供了新的思路。

2

文献回顾与述评

2.1 系族集团及其上市公司相关文献回顾

2.1.1 系族集团及其上市公司文献统计分析

本书选择 CNKI 中国学术期刊网络出版总库（"中国知网"）作为文献检索数据基础。该数据库不仅收录了包括《经济研究》《管理世界》《会计研究》等经管类权威核心期刊，也包含其他级别期刊和历年硕博士论文，收录文献完整且时间及时，为文献数据搜集提供合理保证（王满等，2015）。在此基础上，本小节以"系族"为主题进行检索，并依据中国知网的计量可视化分析板块功能进行指标分析、总体趋势分析和关键词共现网络分析（见表 2-1、图 2-1、图 2-2）。

表 2-1　　　　　以"系族"为主题检索文献的指标分析

文献数	总参考数	总被引数	总下载数	篇均参考数	篇均被引数	篇均下载数	下载被引比
138	3893	1118	65463	28.21	8.1	474.37	58.55

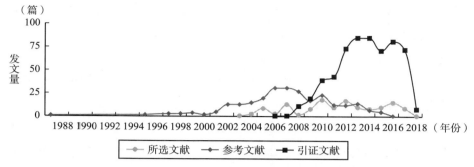

图 2 - 1　以"系族"为主题检索文献的总体趋势

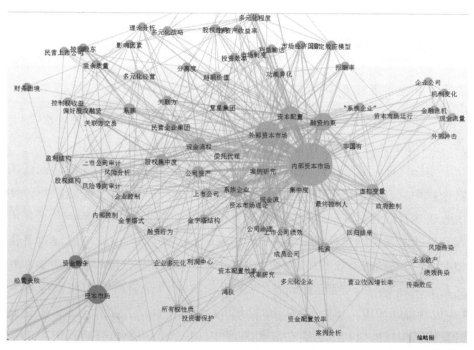

图 2 - 2　以"系族"为主题的检索文献共现网络

　　基于上述以"系族"为主题进行文献检索呈现的可视化分析内容，首先以"系族"为主题检索文献的指标表明，"系族"相关主题研究仍然较为匮乏，相关研究被引证次数较多。初步印证了在我国资本市场中，系族企业作为一种日益壮大的公司群体正发挥越来越重要的作用，但与此相关的大样本学术研究成果比较少（郑国坚等，2016）。其次，以"系族"为主题检索文献的总体趋势表明，对我国资本市场中"系族"的关注始自 2003 年《新财经》所关注的"泰达之危"，此后相关主题研究逐渐增多，特别是 2008 年金融危机后对"系族"的研究陡增，2010 后对"系族"主题的引证文献数量上升明显。截至 2018 年以"系族"为主题进行研究的博士论文共 7 篇，其中最早为 2010 年 2 篇分别围绕系族集团内部资本市场和多元化系族集团公司治理问题展开研究。最后，以"系族"为主题检索文献的关键词共现网络表明，对系族企业的研究主要围绕着上市公司、现金流、金字塔结构等主题展开，对系族企业的债务融资选择主题关注较少，现有研究方法多选用案例研究。同时，对系族企业的相关研究主要从内部资本市场视角展开，外部资本市场视角下的研究较少。

2.1.2 系族集团及其上市公司文献内容分析

2.1.2.1 委托代理视角下系族集团及其上市公司研究

委托代理问题是现代公司治理的核心问题，尽管亚当·斯密早在《国富论》中就已经论述了由于所有者和经营权的分离而产生的代理问题①，并主张建立有效的制度安排来解决所有者和经营者的利益冲突，但现代公司治理理论的发展则始自伯勒和米恩斯（Berle and Means，1932）的经典著作《现代公司与私有产权》（黄少安，2016）。该书中股权分散的观点对学术界产生了深远影响，导致后来的学者多以股权分散作为研究的假设或起点（姜付秀等，2016）。然而，从 20 世纪 80 年代开始，学者们发现英美企业的股权结构与伯勒和米恩斯在其经典著作《现代公司与私有产权中》的描述不符，即公司股权并非完全分散②（姜付秀等，2016），即使在美国，家

① "这种（合股）公司的董事管理的是别人的钱而不是他们自己的钱，我们不能指望他们像私人合伙企业中的合伙人那样尽心尽力管好别人的钱……因此，在合股公司的业务管理中，漫不经心和浪费在不同程度上总是存在。"引自《国富论》，亚当·斯密著，谢宗林、李华夏译，中央编译出版社，2012 年版。

② 霍德内斯（Holderness，2009）随机选取美国 376 家具有代表性的上市公司，发现大股东合计平均持有上市公司 39% 的股份，且美国公司的股权集中度和其他国家的股权集中度并没有显著的统计差异。

族控股的现象比想象中普遍施莱弗和维什尼（Shleifer and Vishny，1986）。实际上，在除英美外的世界其他国家中股权集中的情况成为普遍现象（Shleifer and Vishny，1997；LLSV，1999）。特别是在东亚国家，超过三分之二的公司由单一股东控制（Claessens et al.，2000）。股权集中下的大股东的存在能够有效缓解分散股权带来的股东监管"搭便车"行为（Shleifer and Vishny，1986），强化股东对管理层的激励和约束机制，缓解因股权分散导致的股东与管理层的代理冲突，进而提升企业价值（McCahery，2016）。但是，控股股东存在控制权私有收益（Grossman and Hart，1986）。施莱弗和维什尼（1997）指出，控股股东是否能够在公司治理中发挥重要价值取决于所处的法制环境，特别是当大股东拥有的控股权远超现金流权时，控股股东有侵占小股东和管理层的利益进而获取私利的动机。这就意味着，公司治理应该解决的是控股股东侵蚀小股东的第二类代理问题，而非管理层与股东间的第一类代理问题（LLSV，1999a；LLSV，2000）。由于控股股东通常通过金字塔结构使现金流权和控制权分离（La Porta et al.，1999），而金字塔结构又是系族集团的重要组织形式（李增泉等，2008；He et al.，2013），因此，系族集团中的控股股东有更为强烈的动机获取控制权私利，这构成了委托代理视角下分析系族集团及其上市公司行为的逻辑基础。约翰逊等（Johnson et al.，2000）针对1997～1998年新兴市场金融危机引发的公司治理问题，提出控股股东将企业资产或利润转移出企业以谋取私利进而损害小股东权益的"隧道"（tunneling，或译为"掏空"）行为的概念，并根据拉·波尔塔等（La Porta et al.，1998）关于大陆法系对小股东保护能力较弱的观点，提出大陆法系国家的法律制度加剧了控股股东的"隧道"行为。此后，国内学者以我国上市公司的经验数据为基础，分别从现金股利政策（李增泉等，2004）、市场环境（罗党论和唐清泉，2007）、其他应收款（Jiang et al.，2010）、财务困境（郑国坚等，2013）、非经营性资金占用（Jiang et al.，2015）、经理人异质性（刘少波和马超，2016）、卖空管制（侯青川等，2017）等多个方面提供了企业集团或上市公司层面控股股东"隧道"行为及动机的经验证据，同时研究发现与非企业集团相比，企业集团控制加剧了控股股东的"隧道"行为（Jian and Wong，2010）。

在此基础上，将文献视角进一步聚焦在系族集团上市公司上，安青松和祝晓辉（2004）较早开始从"系族"企业层面探讨民营上市公司委托代理问题，他们分析了民营企业构筑"一控多"系族的现状和动机，指出在监管机制不健全的背景下民营企业"一控多"体系尤其是金字塔式控股可能会强化其为实现控制权私利最大化的动机，而损害小股东的合法权益。肖星和王琨（2006）针对我国 140 家系族集团上市公司实证检验了集团多元化经营模式对成员企业价值产生的影响，研究发现集团多元化经营提升了系族集团上市公司的企业价值，但集团的代理问题会对两者间关系产生负面影响。马金城和王磊（2009）结合民营系族集团复星系的案例，研究了复星系控股股东对旗下上市公司的掏空与支持行为。研究发现复星集团在选择掏空或支持旗下上市公司时受到股权结构、连锁董事等微观因素和行业特质、行业周期等中观因素以及法律规范、监管环境等宏观因素的影响，且对旗下上市公司的掏空与支持行为存在不对称性。胡经生（2009）理论分析了"一控多"的成因，认为国家股和国有法人股的低价场外协议转让成为"一控多"现象大量涌现的关键性因素。进一步实证研究发现金字塔控制结构对民营"一控多"上市公司的经营业绩产生负面影响。高明华和杜雯翠（2011）则从信息披露的视角，探究了民营系族集团上市公司的信息披露行为。结果表明，民营系族集团上市公司两权分离度与自愿性信息披露呈负相关关系，且民营系族集团上市公司的自愿性信息披露水平显著低于非系族集团上市公司的自愿性信息披露水平。郑国坚等（2016）针对 2003～2013 年 274 个系族集团的 770 家上市公司研究发现，系族集团控股股东对成员上市公司的"厚此薄彼"损害了其公司业绩，系族集团内部业务的多元化有助于降低企业风险，提升企业效率。在此基础上，郑国坚等（2017）进一步针对国有系族集团内部结构的形成动因及其动态演变过程展开理论分析和大样本实证研究，研究发现国有系族集团的治理结构安排是政府选择的结果，虽然国企改革的初衷在于放权，但是政府在培育和发展系族集团的过程中却存在着过多的行政干预行为，从而弱化了国企改革效率。与此同时，邢立全（2017）从行业分布、地域分布、公司规模等方面统计了我国民营系族企业的现状，并对其资本运作进行了理论分析。研究发现我国民营系族企业初始实际控制人占比近半，且控制权和现金流权分离程度较高，与传统产业资本不同，近年来发展壮大的新兴资本则更倾向于通过并购重组快速搭建资本系族。

2.1.2.2 网络组织视角下系族集团及其上市公司研究

现代公司的核心问题在于其组织形式及其构成（Willismson，1985）。科斯（Coase，1937）运用交易成本对企业性质和边界进行分析时指出，"企业的本质特征是对价格机制的取代"，"企业主能以更低成本配置资源，包括他能以比他所取代的市场交易更低的价格获得生产要素，因为，如果他做不到这一点，他总能够回到公开市场上购买生产要素"。由此可见，"企业和市场是两种能够成为相互替代的协调生产的手段"。然而，在生产发展和组织形式变革的推动下，企业与市场之间直接协调和自动协调的两分法，使人误解为性质截然不同的协调方法，它忽视了企业间合作的事实，企业能力和资源决定企业在分工活动中的规模，受能力和资源的限制企业间的组织安排与企业间的分工协调（Richardson，1972）。普费弗和萨拉尼克（Pfeffer and Salancik，1978）进一步在资源依赖观下提出企业间分工创造了企业相互依赖的网络[①]，企业通过构建网络结构签订长期和互助的契约安排，进而推动技术的联合开发，提供对相关企业的控制，获取更多的外部资源，抑或进入新的行业领域（贾根良，1998）。里卡德·拉尔森（Rikard Larsson，1993）则基于组织间关系理论，提出用企业、网络组织、市场三分法替代企业、市场的传统两分法。他认为网络组织兼具有企业科层制的协调功能和市场价格机制，能够实现企业管理层"看得见的手"和市场"看不见的手"间的"握手"。琼斯（Jones，1997）将社会关系引入网络组织管理中，并强调嵌入的社会网络对企业间契约维护与交易协调的重要意义。这样，在网络组织生产活动中自动调节、强制调节和社会调节相互交织在一起。格兰多里（Grandori，1987）全面总结了网络组织的形态和类型，他认为控股或合资、特许经营、转包、卡特尔联合体、董事互派、系族和社会关系是存在于是独立法人之间的网络组织形态，而且由前向后的顺序表现了网络组织形态向纯市场交易形式演变的趋势。随着网络组织学的研究得到深入与发展，在管理

---

① 网络是以专业化联合的资产、共享的过程控制和共同的集体目的为基本特性的组织管理方式（罗仲伟，2000）。

学与经济学上不少分支学科依附于网络学说，在内涵边界与范式上都得到了延拓（夏子航，2017）。

企业集团则是一个多法人的企业联合体，它以一个或几个大企业为核心，通过企业之间的持股、控股和参股等手段兴盛一种比较严密的网络组织形态（胡雄飞，1996）。企业集团协调生产活动是以集团公司为轴心分层次有序进行的，集团公司通过控股、持股所赋予的控制权，在股权、人事、财务和发展战略等方面对集团成员企业施加不同程度的控制和影响，以协调和维护集团的正常运行（闫二旺，2006）。因此，企业集团作为介于企业和市场之间的一种中间组织（周守华等，2013），不仅是有经济意义，还是具有社会意义的网络组织（Khanna and Yafeh，2010）。卡尼等（Carney et al.，2011）在对企业集团所属公司之间关系、业绩、战略进行元分析时指出，一些学者从社会网络视角下研究了企业集团所属公司在企业集团所属公司构成的网络中获得的好处（Gerlach，1992；Granovetter，2005）。格拉赫（Gerlach，1992）指出企业集团所属公司间通过在投资决策中相互协调以及相互提供中间产品，能够有效降低企业的不确定性。韦登鲍姆和休斯（Weidenbaum and Hughes，1996）则认为企业集团所属公司间存在的非正式契约强化了其在信贷担保和联合风险投资中的能力和效率。林润辉等（2009）在对企业集团治理、网络组织以及网络治理理论进行梳理分析的基础上，结合企业集团的特性和系统评价理论运用层次分析法（analytic hierarchy process）从企业结点、企业间关系以及集团子网络特性三个方面构建了企业集团网络治理评价指标体系。并进一步在此基础上结合宏碁集团网络治理展开案例分，发现网络治理模式随着具体的情境有所不同，且各个阶段呈现出由层级治理到网络治理演进的趋势，企业集团母公司对子公司的治理应根据母公司自身实力以及子公司的规模、产业地位和市场地位而采取不同的治理模式。武立东等（2014）聚焦企业集团网络下的子公司行为和企业集团治理时提出，非正式的集团网络决定了正式组织的产出，所以企业集团的实质是作为非正式组织的企业集团网络，这个网络才是真正对企业集团绩效产生影响的决定因素，并认为企业集团网络观强调的是"子公司自主、公司间互动、整体目标实现与提升环境适应性"的网络关系，母公司能够为整个企业设置"企业免疫系统"①。进一步聚焦系族集团，彭明杰和陈金龙（2012）运用社会网络分析法对系族企业产业关联性展开了研究，为系族集团网络研究提供了直接证据。通过构建系族企业产业关联性指标体系对 2010 年我国 A 股上市公司进行了系族企业产业关联性测度，发现系族企业产业关联性对促进系族企业整体的协同发展具有巨大的推动和协调作用，同时过于紧密的产业联系也可能发展成为系族做大做强的羁绊。夏子航（2017）进一步深入系族集团上市公司产业网络与资本配置效率，研究发现系族集团上市公司之间所形成的产业网络密度越高，其对整体的资本配置效率能形成积极的影响，进一步检验产业网络对资本配置效率的影响，发现当只有在系族成员上市公司的产业相关程度较高的情形之下，产业网络密度的提升才会显著地提高整体的资本配置效率，而在系族成员上市公司的产业非相关程度较高的情形下，产业网络密度的提升并未能够对资本起到优化配置的作用。

2.1.2.3 内部资本市场视角下系族集团及其上市公司研究

内部资本市场（internal capital market，ICM）是伴随着企业组织结构的创新和多元化经营浪潮的兴起而出现的一个新兴研究领域（王化成等，2011），内部资本市场对于缓解外部融资约束和改善资源配置效率有至关重要的影响（叶康涛和曾雪云，2011），不仅在美国前 500 强公众公司的价值创造中扮演了相当重要的角色，而且有望在市场经济转型时期实现最优资本配置（Stein，2003）。威廉姆森（Williamson，1970；1975；1985）受阿尔钦（Alchian）最先提出的通用公司内部存在一个"投资资金市场"（investment funds market）的观点启发，将企业组织形式与内部资本市场相联系，提出"微型资金市场"（miniature capital market）是 M 型联合大企业（conglomerate）存在的重要基础，并强调内部资本市场在信息传递、资源配置和避税等方面存在明显优势。斯坦（Stein，1997）指出存在信贷约束的条件下，多元化企业总部通过"挑选胜者"（winner picking）机制将稀缺的资源

---

① 作为整体风险承担者的母公司更倾向于消除由子公司主导行为带来的多重后果所产生的不确定性，并对其行为加以控制，即"企业免疫系统"（武立东等，2014）。

在成员企业间分配，实现优化资源配置的"活钱效应"（smarter money effect）。同时，企业还可以通过部门协同和风险共担，获取提升企业整体的外部融资能力的"多钱效应"（more-money effect）。当然，内部资本市场也存在"阴暗面"，即在企业集团内部资源配置中可能采取的"社会主义"[①]低效率行为。企业集团在世界范围内广泛存在，尤其是市场不完善和制度环境较为薄弱的发展中经济体（Carney et al.，2011）。与发达经济体相比，为什么企业集团在发展中经济体内更为普遍和重要呢？莱夫（Leff，1978）从内部市场角度首次回答了这个问题。他认为，发展中经济体内的企业集团实际上扮演着"内部市场运营者"的角色，通过横向和纵向整合形成的企业集团能够有效地提升欠发达市场中的要素流动性，降低企业在市场中的不确定性和风险。后藤（Goto，1982）对此从交易成本角度进行阐释，提出在市场经济不健全的情况下，企业集团能够有效降低关联企业间的交易成本，是一种能够提升市场资源配置效率的制度设计。卡纳和帕勒普（Khanna and Palepu，1997）进一步将企业集团在发展中经济体内所发挥的作用细分为四个方面：（1）内部资本市场，以弥补发展中经济体风险投资的缺失；（2）内部人才市场，以弥补发展中经济体专业人才的不足；（3）声誉和品牌机制，填补发展中经济体合同执行制度环境的乏力；（4）更好地应对监管机构，扮演着发达经济体中游说机构的角色。多个国家的经验证据表明，相对于独立企业，企业集团普遍启用了内部资本市场以在各成员企业之间分配资源（Walker，2006；辛清泉等，2007）。

邵军和刘志远（2007）指出系族企业内部资本市场与单个企业内部资本市场的差异主要体现在三个方面：（1）基于系族企业整体利益进行的最优资源配置，对成员企业而言并非最优，造成了控股股东和成员企业股东间的冲突；（2）系族企业配置内部资本主要是依靠控制权在成员企业之间进行；（3）系族企业内部资本配置在公司成员的数据容易定义和计量。进一步针对多元化经营的鸿仪系内部资本市场进行案例研究，发现鸿仪系在配置内部资本时没有基于效率进行，控股股东的"战略"高于企业的"效率"

---

① 即企业集团中的资源配置并非是按照"挑选胜者"原则分配给拥有最优项目的企业集团成员，而是用于救助业绩不佳的企业集团成员（王化成等，2011）。

导致内部资本配置的无效率。杨棉之（2007）也强调在外部资本市场欠发达的情况，控股股东有很强的利益侵占动机，内部资本市场的存在很可能为控股股东进行利益输送提供违规运作的平台，同时也使公司治理问题更加复杂化。邵军和刘志远（2009）进一步针对系族企业内部资本市场进项实证研究，发现制度环境和产权性质对系族企业内部资本市场配置效率产生重要影响，市场化环境差、投资者保护弱的系族企业内部资本市场是有效率的，国有系族的内部资本市场是无效率的，相比之下，地方政府控制的系族企业的内部资本市场效率更低。许艳芳等（2009）研究了系族企业内部资本市场功能异化及其带来的研究后果。通过对民营系族企业控制结构进行详细分析，系族集团控制的具有较强融资能力的上市公司，常常处于系族企业金字塔结构的底部，在公司治理机制不健全的情况下，系族企业可能通过内部资本市场谋取私有收益，进而导致系族企业内部资本市场的功能异化。进一步结合明天科技的案例进行研究发现，明天系以明天科技为平台，在内部资本市场中通过向关联方廉价转让公司资产、高溢价收购关联企业股权以及掏空行为将对外筹集的资金转移到非上市公司中，内部资本市场功能的异化损害了公司的盈利能力和市场业绩。杨棉之（2010）则从系族企业内部资本市场存在性视角论证了系族企业内部资本市场是否存在及效率如何的议题，进一步补充了上述文献的研究基础。他发现系族企业存在活跃的内部资本市场，系族企业内上市公司投资水平不仅依赖于自由现金流，而且还依赖于系族企业内其他上市公司现金流，这一现象在民营系族企业内表现得更为突出，但是民营系族企业的内部资本市场配置效率较低。陈金龙和谢建国（2010）的研究不仅证实了杨棉之（2010）的研究结论，还进一步通过实证检验发现系族集团上市公司股权集中度与内部资本市场效率呈正相关关系，资产集中程度与内部资本市场效率呈负相关关系，股权激励、董事会治理等因素与内部资本市场间不存在显著的相关关系。

马永强和陈欢（2013）则聚焦金融危机冲击对民营系族集团内部资本市场运行产生的影响，发现金融危机前民营系族集团内部活跃的内部资本市场在金融危机爆发后消失了，当受到外部冲击时，民营系族集团内部资本市场被外部债务市场所替代。同时，还发现我国民营系族集团总部关注企业投资机会在行业中的相对水平，并基于此通过内部资本市场进行"交叉补贴"

而非"挑选胜者",进一步印证和阐释了邵军和刘志远(2007)的相关研究中关于民营系族企业内部资本市场无效率的观点。袁奋强(2014)从经济后果着手,研究了系族企业内部资本市场与企业资本配置行为间的关系,发现国有系族利用内部资本市场进行交叉补贴、民营系族利用内部资本市场进行掏空的现象主要体现在投资不足的系族企业中,在过度投资的企业中表现并不明显。张文龙等(2016)研究指出由于内部资本市场的存在及其产生的业务关联,系族集团上市公司之间存在绩效传染,当成员企业产权属性为中央所有或属于同一行业,这一现象更为明显。纳鹏杰等(2017)进一步研究发现系族集团内部上市公司间存在财务风险和市场风险现象,集团内关联交易、担保、债务是集团内公司风险传染的重要路径,而集团金字塔结构导致的两权分离、高管兼任会加剧风险传染。韩鹏飞等(2018)则发现市场制度环境会对企业组织形式产生重要影响,在关于系族集团相关研究中存在的"掏空"现象及"救助"现象,其本质是"风险共担机制"在发挥作用,根据 2011~2015 年流通的公司债券进行实证研究发现,大股东良好的财务状况能够有效降低债券融资成本。

2.2 债务融资及其经济后果相关文献回顾

2.2.1 债务融资及其经济后果文献统计分析

本书选择 CNKI 中国学术期刊网络出版总库("中国知网")作为文献检索数据基础。该数据库不仅收录了包括《经济研究》《管理世界》《会计研究》等经管类权威核心期刊,也包含其他级别期刊和历年硕博士论文,收录文献完整且时间及时,为文献数据搜集提供合理保证(王满等,2015)。在此基础上,本小节以"债务融资选择"和"债务融资结构"为关键词进行检索,并依据中国知网的计量可视化分析板块功能进行指标分析、总体趋势分析和关键词共现网络分析(见表 2-2、图 2-3、图 2-4)。

表 2 - 2　　　　　　　　以"债务融资选择"和"债务融资结构"

为关键词检索文献的指标分析

文献数	总参考数	总被引数	总下载数	篇均参考数	篇均被引数	篇均下载数	下载被引比
153	4226	1600	87717	27.62	10.46	573.31	54.82

注：与上一节"系族"主题相关文献数量有限不同，债务融资主题文献众多，为进一步聚焦论文研究主题，故以关键词为检索标准进行指标统计分析。

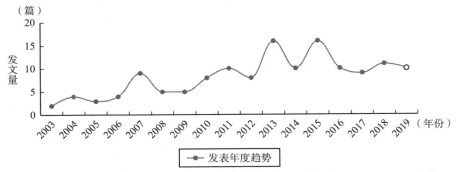

图 2 - 3　以"债务融资选择"和"债务融资结构"为关键词检索文献的总体趋势

基于上述以"债务融资选择"和"债务融资结构"为主题进行文献检索呈现的可视化分析内容，首先以"债务融资选择"为主题检索文献共153篇，2010年以来相关主题研究逐渐增多，年均稳定在10篇左右的水平，其中2008年至今文献共132篇，结合以"债务融资选择"为主题检索文献的动态总体趋势，表明伴随着公司债自2007年起由证监会核准发行（高强和邹恒甫，2015），我国两债市场的起步和公开债务融资的发展推动了债务融资选择主题的相关研究。其次，以"债务融资选择"为主题检索文献的关键词共现网络表明，对债务融资选择的研究主要围绕着融资结构、公司绩效、资本结构、公司治理、上市公司等主题展开，针对系族企业的债务融资选择主题关注较少。综上所述，通过对CNKI中国知网中的"系族"和"债务融资选择"进行文献检索和计量可视化分析发现，现有文献对我国资本市场中系族企业关注日益增多，但相关研究成果不足。

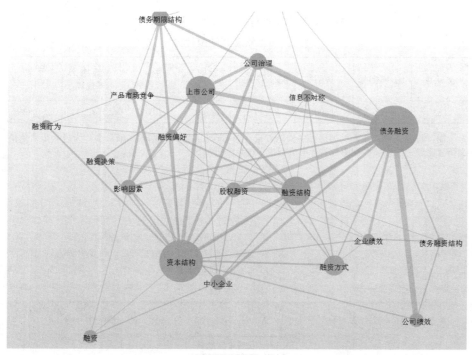

图 2 - 4   以"债务融资选择"和"债务融资结构"为关键词检索文献共现网络

2.2.2   债务融资及其经济后果文献内容分析

2.2.2.1   公司治理视角下债务融资及其经济后果研究

莫迪利亚尼和米勒（Modigliani and Miiler, 1958）在完美市场假设下，提出公司的融资决策对公司投资决策不产生影响，公司资本结构与其价值无关的观点。自此之后，大量的理论研究试图放松莫迪利亚尼和米勒的研究假设，给予公司债务融资一个合理的解释（姜付秀等，2016）。随着研究假设的逐步放宽及与实际资本市场运行相衔接，研究发现债务不仅是企业主要的融资手段，还发挥着重要的公司治理作用（Williamson, 1988）。詹森和梅克林（Jensen and Mekcling, 1976）在论述债务融资的代理成本时指出债务融资的治理作用，当企业资产全部来源于债务融资时，所有者和经营者会追求高风险高收益的项目，即使投资失败与之相关的损失也由债权人承担。因此，为了避免"高杠杆"所带来的这种"激励效应"（incentive effects），债务人通常通过在债务契约中限制分红、举借新债以及保有一定的营运资本对所有者和经营者进行有效监督。而债权人的这种监督活动资产会产生一定的代理成本，包括签订契约成本、监督契约执行的成本以及执行债务契约对企业价值产生的负面损失等。这些"名义成本"会体现在债务契约订立价格中，所有者与经营者为了降低债权人的价格保护会自愿约束自身行为。此外，与债务融资相关的破产成本和重组成本进一步强化了对所有者和经营者的自利行为约束力度。史密斯和华纳（Smith and Warner，1979）进一步梳理了债权人和股东间的代理问题，将其归纳为股利支付、债券稀释、资产替换以及投资不足四个方面。强调股东在未经过债权人同意的情况下，采取支付股利、举借新债投资在高于债权人风险预期的项目以及濒临破产时的投资不足等问题对债权人权益造成的损失及由此产生的代理问题。威廉姆森（1988）从交易成本理论强调了债务融资在公司治理中所发挥的关键作用。他将债务融资的治理作用归纳为以下四个方面：（1）债务税盾与破产约束。即企业有动机提高负债率，利用债务利息的税前抵扣效应，借以降低所得税负（Modigliani and Miiler，1963）。与此同时，过度的债务融资增加了企业破产的可能，也增加了企业全部盈利的风险性。特别是欠佳的外部经济环境下，依靠债务融资的企业更容易陷入破产清算的境地（Warner，1977）。（2）信号传递作用，即经营者和外部资本市场存在着信息不对称，区别于未来发展前景较差的企业，拥有更好发展前景企业利用债务融资向市场穿戴企业真实价值的信号（Ross，1977），债务融资在每期偿付或债务违约时，经营者会向债权人传递大量企业私有信息（Harris and Raviv，1990）。（3）资源约束作用，即债务融资减少公司自有现金流（Jensen，1986），在避免企业经营者不顾项目风险一味追求投资回报方面发挥的约束作用（Jensen and Mekling，1976）。（4）绑定效应（bonding），即企业经营者通过负债融资做出可信承诺，将自身利益与企业利益绑定在一起，避免企业清算给经营者个人带来的利益损失（Grossman and Hart，1983）。此后，大量研究在公司治理的视角下为上述研究中描述的债务融资的治理作用提供了经验证据。朗等（Lang et al.，1996）也选择相同视角进一步研究发现，债务融资并没有降低拥有良好投资机会的企业的成长性，而是降低了投资于不被资本市场认可项目的企业的成长性。哈维等（Harvey et al., 2004）研究发现债务融资能够显著降低管理层的机会主义行为，进而缓解控制权和现金流权两权分离对企业价值造成的负面影响。汪辉（2003）最早针对我国企业债务融资的治理进行了实证研究，发现债务融资具有加强公司治理、增加公司市场价值的作用，市场对公司发行债券有积极的反应，债务融资起到了传递公司业绩的信号作用。

　　传统委托代理理论视角下的债务融资通过债务契约的执行和监督发挥着重要的治理作用，然而与伯勒和米恩斯（Berle and Means）所描绘的公司高度分散的股权不同，世界范围内的大量公司中控股股股东通过金字塔结构，以远超现金流权的控制权控制对公司实施着控制。这种控制结构在一定程度上是由公司所处的法律环境所决定的（La porta et al., 1999）。施莱弗和维什尼（Shleifer and Vishnny, 1997）进一步指出债权人在公司治理效应依赖于债权人所有的法律权利，债权人需要有效的司法制度保障其行使投票权、处置债务违约、获取抵押物品或接管举债企业。拉·波尔塔等（La Porta et al., 1998）在法与金融视角下开创性地建立投资者保护指数和执法效率指数评价体系，研究发现法律环境（包括法律法规及其执行力度）对一个国家的资本市场规模和企业外部融资产生重要影响，良好的法律环境能够保护外部投资者免受企业的利益侵占，提升了其投融资意愿，进而扩大了资本市场规模（LLSV, 1999）。由此可见，制度环境对股东和债权人的保护是理解不同国家公司治理模式与效应的关键（LLSV, 2000）。当投资者法律保护不足、市场机制不健全时，债务融资也并不能有效地发挥约束管理层的治理效应，相反，债务融资甚至会成为控股股东侵蚀中小股东和债权人的工具，加剧公司内的代理冲突（姜付秀等, 2016）。埃昌尔（Ellul, 2009）针对来自38个国家的5975家上市公司进行研究，发现在法律环境不完善的国家中，控股股东在避免控制权稀释的情况下使用债务融资以控制更多的资源。法乔（Faccio, 2010）研究发现，在债权人保护完善的国家中，股权集中度与债务杠杆呈正比，由于股权和债务融资方式在风险方面的差异会使公司控股股东在二者中择其一。然而，债权人保护不完善的国家中，股权融资和债务融资在风险方面的差异不大，控股股东甚至能够用在公司经营状况不佳时，延迟或拒绝对债务进行偿付，进而将经营风险转移给债权人，控股股东会同时使用两种融资渠道以获取尽可能多的资源。萨尔卡（Sarkar，2010）结合印度的资本市场研究发现了同样的情况，债务融资在小股东更容易受到利益侵占的集团公司中被内部人用作利益攫取的工具，债务融资的治理作用只有在制度环境更加导向市场时才发挥治理作用。谢德仁和张高菊（2007）指出，负债要成为一种有效的公司治理机制，其首要条件是债权人是真正自为的市场主体，且要存在有效的债务合约履约机制（包括基于声誉的自我履约机制和法院等独立第三方监督履约机制）。实证研究发现金融生态环境较好地区的上市公司的财务杠杆水平与债务重组之间的正相关关系更弱，因此切实改善金融生态环境，提高金融机构等的经营独立性和信贷风险控制能力，对促进公司负债发挥治理效应是非常重要。李世辉和雷新途（2008）针对中小企业板上市公司研究发现，我国中小上市公司债务对显性代理成本具有显著抑制作用，而对隐性代理成本却无抑制作用或者抑制作用不显著。中小上市公司债务治理效应难以形成其可观测的财务绩效，其中债务期限结构极其不平衡是债务治理整体效应不显著的一个重要原因。罗韵轩（2016）在谢德仁和张高菊（2007）的基础上以异质性债务为切入点，从金融生态环境地区层面实证检验上市公司终极控制人的产权性质、来源及期限结构的异质性债务治理效应与债务重组之交互影响。研究发现：金融生态环境较差的地区，国有控股公司经营性负债水平与债务重组正相关，长期金融性负债水平与债务重组负相关；金融生态环境较好地区，国有控股公司金融性负债、经营性负债、短期金融性负债水平与债务重组正相关关系都更强。

2.2.2.2　债务异质性视角下债务融资及其经济后果研究

虽然基于中国预算软约束制度情景展开的债务融资及其经济后果的相关研究进一步深化和丰富了公司治理视角下对债务融资及其经济后果的理论认识，但是不难发现其仍然是将债务融资作为整体考量，而忽视了债务融资内部差异对企业债务融资所产生的影响。一般而言，不同来源的债务融资以及不同期限的债务融资在融资渠道、融资内容、融资成本、融资弹性等方面均存在显著差异，进而影响债务融资治理效应的发挥。事实上，西方理论界在20世纪80年代开始关注债务融资内部结构对企业债务融资产生的影响，但是相关研究始终聚焦银行借款融资及债券融资之间的差异，而对商业信用等经营性融资手段未加考虑。法玛（Fama，1985）从可转让定期存单（nego-tiable certificates of deposit）入手，比较研究了商业银行可转让定期存单与其他金融机构融资工具之间的差异，并初步探究了商业银行在债务融资中的比较优势。迪亚蒙德（Diamond，1991）从企业声誉效应和银行借款监督效应进一步分析了影响企业在债券融资工具和银行贷借款融资工具选择的内在机制，并认为与债券融资相比银行借款融资的债权人监督效应更强，信用好的企业凭借良好的企业声誉可以选择融资成本较低的债券融资工具，而信用一般的企业则需要借助银行借款融资的监督效应建立自身声誉，进而谋求直接债务融资。拉詹（Rajan，1992）则从银行借款融资所带来的成本角度分析指出在企业债务融资过程中，银行借款融资虽然有一定的灵活性但是也在企业利润方面存在议价能力，企业在权衡银行借款融资和债券融资之间的成本收益后，通过债务融资工具选择和债务融资优先权设置限制银行等金融机构在企业利润等方面施加的影响力。此后，大量研究针对不同来源和不同期限债务融资间的差异展开了较为全面的分析和研究。

一方面，从债务融资不同渠道将债务市场的融资渠道划分为公有债券和私有债券（金成隆等，2015）。公有债券（如公司债）和私有债券（如银行借款）在信息成本、专有信息、再谈判和经理自主权等方面存在显著差异。公开债券市场的投资者缺乏信息获取渠道，企业的公开信息对其至关重要，但是由于企业公开披露信息的成本很高，因此企业更倾向于选择私有债券（Armstrong et al.，2010）。私有债券的债权人更容易获取举债公司的私有信息。私有债券的债权人（如银行）具有更专业的人才、更容易从公司管理当局获取私有信息，因此能够实施更有效的监督（Diamond，1984）。同时，与私有债券债权人相比，公开债券债权人拥有更为集中，当需要重新修订债务契约时的谈判成本及后续执行较低，因此能获取能有力的谈判地位和议价能力（Smith and Warner，1979）。相比私有债券持有人较强的监管能力和较健全的监管机制，公司经营者处于个人机会主义动机，会倾向于选择对经理人自主权监督和约束力度更低的公开债券（肖作平和廖理，2008；Lin et al.，2012）。

另一方面，从债务融资期限入手将债务融资划分为长期债务融资和短期债务融资，债权人与债务人之间的利益冲突对不同期限的债务履约成本具有不同的影响：贷款期限越长，债权人对债务人违约行为的观测成本越大，从而债务人违约的可能性就越大，因此较长期的债务契约对外部履约机制的依赖性更强（Diamond，1993）。拉詹和温顿（Rajan and Winton，1995）发现短期债务由于需要频繁地续借，因而能够对经营者施加更为灵活的监督和约束。哈特和摩尔（Hart and Moorr，1995）研究发现短期债务能够有效降低经营者所拥有的自由现金流，进而抑制其出于个人私利而寻求构建"帝国"的动机。因此，从债务期限结构方面来看，短期负债成为抑制管理者个人机会主义行为的重要机制（Stulz，2000）。鲁阿和苏菲（Ruah and Sufi，2010）针对美国资本市场中拥有信用评级的公司进行研究发现，债务融资结构是影响企业资本结构的重要因素，信用评级越高的公司越倾向于同时利用银行借款融资和公开市场债券融资。

然而，上述国外学者从异质性债务融资展开的债务融资相关研究均是建立在"金融市场完全性"假设基础之上的，其理论构建和实证检验的基础是西方社会信用水平高和市场较为成熟的制度环境。李心合等（2014）指出债务同质性假设与现实并不相符，尤其是在具有低信任度的中国，大量经营性负债的存在冲击着债务同质性的假设，使得以债务同质性假设为前提所构建的资本结构选择理论多少具有了不适用性。与西方制度环境和金融市场不同，在中国资本市场中商业信用融资是企业债务融资的有效渠道（孙浦阳等，2014）。在中国债务异质性是实践中普遍的事实（胡建雄和茅宁，2015），异质性债务工具是按照债务某种特性对债务进行分类，依据债务来源异质性，可将债务融资分为商业信用债务融资、银行借款债务融资和债券融资等；依据债务期限异质性可以将债务分为短期债务和长期债务（张志宏和仇莹，2017）。在来源异质性债务融资影响因素及其经济后果方面，应千伟和蒋天骄（2012）从微观产权性质研究发现，国有股权对获取商业信用融资有隐性担保功能。张会丽和王开颜（2019）从中观产品市场竞争研究发现，公司所在行业的竞争越激烈，所提供的商业信用就越多。张光利和韩建雷（2014）从宏观金融发展研究发现在金融发展水平高的地区，企业容易通过银行贷款实现过度负债，拥有较少的商业信用替代性融资，表现为企业拥有较低的超额商业信用和较高的过度负债水平。杨勇等（2009）研究发现商业信用融资与强制性CEO更换呈正向关系，但银行贷款与强制性

CEO 更换却不存在明显的关系，结果表明商业信用融资在 CEO 强制性更换中起到了积极的作用，改善了上市公司的公司治理，而银行贷款却没有起到相应的作用，甚至有负面的作用。花中东等（2017）则发现商业信用融资的治理效应能有有效提升企业投资效率，具体表现为商业信用与银行贷款之比越大，公司投资效率越高。在期限异质性债务融资影响因素及其经济后果方面，微观层面的企业特征、中观层面的产品市场竞争和宏观层面的制度环境是影响期限异质性债务融资的重要因素。肖作平和廖理（2007）从微观企业特征研究发现大股东的产权性质和持股水平对企业债务期限结构选择产生显著影响，第一大股东持股比较高或为国有产权性质时，企业债务期限结构中长期债务占比更高。吴旻昊和王华（2009）从中观产品市场竞争研究发现，中国上市公司更青睐短期负债，且对短期负债具有"竞争型依赖"，行业产品市场竞争越激烈短期债务融资占比水平越高。梅波（2012）从宏观制度环境研究发现在市场化程度较高的地区，虽然政府已经放松了对企业与银行的控制，但由于缺乏完善的司法体系来保护债权人的利益，企业仍然很难获得银行的长期贷款，"短债常借"成为一种可能的替代机制。马庆魁等（2017）从期限异质性债务融资影响效应方面进行研究发现，随着我国债券市场的迅速发展和银行业改革的不断推进，债务契约在公司治理中的作用愈发凸显，其中长期债务对公司绩效有负向影响，短期债务对公司绩效有正向影响。此外，在债务异质性综合指标构建方面，胡建雄和茅宁（2015）按照来源异质性将债务融资划分为金融机构债务融资、商业信用融资、债券融资和其他债务融资，并在此基础上构建债务融资异质性程度指标并考察了其影响效应，研究发现债务融资来源异质性程度影响企业投资效率，具体表现为债务融资来源异质性程度越高，债务来源的多元化程度越高，企业投资扭曲程度越低。张志宏和仇莹（2017）进一步以信用债企业为样本，按照上述债务融资异质性程度指标构建方法研究了其影响因素，发现我国信用债企业整体债务异质性程度高，但对银行借款的依赖程度强，产权性质和大股东持股比都是影响债务异质性的重要因素。

2.3 文 献 述 评

本书从系族集团及其上市公司和债务融资及其经济后果两个维度对相关文献进行了统计分析和内容分析。

首先，从委托代理、网络组织和内部资本市场视角对系族集团上市公司的相关文献进行回顾和梳理。

（1）在委托代理视角下詹森和梅克林（Jensen and Meckling，1976）在伯勒和米恩斯（Berle and Means，1932）提出的股权分散的观点的基础上明确定义了代理成本并着重分析了代理成本的来源，以及降低代理成本的机制和作用。自此之后，管理层与股东间的代理问题便构成了委托代理观的分析基础。然而，施莱弗和维什尼（Shleifer and Vishny，1997）发现世界范围内大多数国家的公司是构建在集中股权基础之上，控股股东和中小投资者间的代理问题才是委托代理观的核心议题，且这一问题在东亚国家企业集团中表现得尤为突出。基于此，大量国内外研究采用规范分析和案例研究的方法对系族集团上市公司可能存在的控股股东利益侵占的问题，特别是非国有系族集团上市公司展开了案例研究，并提出了相应的治理措施。

（2）企业组织结构理论的发展中诞生了网络组织理论，部分学者选择这一视角对系族集团上市公司展开研究。现有相关文献着重从系族集团上市公司产业网络和网络治理两个方面进行研究，发现系族集团上市公司间的产业关联度与内部资本配置效率之间存在倒"U"型关系，即系族集团企业中的上市公司产业关联度分散和过度集中时，其内部资本配置效率皆较低。

（3）在内部资本市场视角下，内部资本市场作为企业内部资源配置的一种手段，存在"阳光面"和"阴暗面"。经验证据表明，相对于独立企业，系族集团普遍启用了内部资本市场以在各成员企业之间分配资源。系族集团及其所属上市公司的内部资本与非系族企业的内部资本市场规模、运作和方式方面存在显著差异。在此基础上，相关研究主要围绕着系族集团上市公司内部资本市场存在性、内部资本市场资本配资效率及其影响因素和影响效应展开研究，发现内部资本市场的存在与否受到外部冲击的影响。同时，系族集团及其上市公司构建的内部资本市场效率问题存在争议，大部分学者认为系族集团及其上市公司内部资本市场是低效率甚至是无效率的，并且在股权集中的情况下可能会沦为控股股东侵占中小股东利益的工具（见表2-3）。

表2-3 　　　　　　　　**系族集团及其上市公司部分文献汇总**

研究视角	研究主题	相关文献
委托代理视角	控股股东行为	简和黄（Jian and Wong，2010）、高明华和杜雯翠（2011）
	企业绩效与市场价值	肖星和王琨（2006）、娄祝坤等（2018）、夏雪等（2019）
	内部结构与演进	郑国坚等（2016）、郑国坚等（2017）、邢立全（2017）
网络组织视角	成员企业协调	格拉诺维茨（Granovetter，2005）、林润辉等（2009）
	集团网络治理	武立东等（2014）、Carney等（2011）
	集团产业关联	彭明杰和陈金龙（2012）、夏子航（2017）
内部资本市场视角	存在性与配置效率	杨棉之（2010）、袁奋强（2014）
	外部冲击	马永强和陈欢（2013）
	风险共担与传染	张文龙等（2016）、纳鹏杰等（2017）、韩鹏飞等（2018）

资料来源：根据前面文献总结整理，下同。

其次，关于债务融资及其经济后果的相关研究主要围绕公司治理视角、视角和债务异质性视角展开，形成了丰富的具有学术性和创新性的文献。

（1）在公司治理视角下，债务融资不仅是一项主要的融资手段，还发挥着公司治理的重要作用。债务融资通过税盾和破产约束、信号传递、资源约束和绑定效应等途径能有效降低企业经营者的机会主义行为。国内外大量文献从企业价值、企业绩效和企业成长性方面验证债务融资的经济后果。此外，债务融资及其经济后果一定程度上受地区法律等制度环境等因素重要影响。当投资者法律保护不足、市场机制不去健全时，债务融资也并不能有效地发挥约束管理层的治理效应，相反，债务融资可能会成为控股股东侵蚀中小股东和债权人的工具，加剧公司内的代理冲突。

（2）在债务异质性视角下的债务融资研究更加关注债务融资内部结构中不同类型债务融资在融资渠道、融资可获得性、融资成本、融资弹性及融

资治理效应等方面存在的普遍差异。国外针对债务异质性的相关研究，重点
关注上市公司公司债券融资和金融机构融资间的债务融资选择行为及经济后
果。国内学者基于债务异质性假设的相关研究关注"两类市场"（金融市场
与商品市场）、"两类信用"（商业信用和银行信用），强调商业信用融资在
中国企业债务融资中发挥的重要作用，并基于来源异质性、期限异质性构建
了异质性债务融资的相关指标，在债务异质性视角下对上市公司债务融资选
择行为展开了初步研究（见表2－4）。

表2－4   债务融资及其经济后果部分文献汇总

研究视角	研究主题	相关文献
公司治理视角	债务融资治理效应	LLSV（1999）、汪辉（2003）、李世辉和雷新途（2008）、埃吕尔（Ellul，2009）
	制度环境调节效应	谢德仁和张高菊（2007）、法乔（Faccio，2010）、罗韵轩（2016）
债务异质性视角	界定与分类研究	鲁阿和苏菲（Ruah and Sufi，2010）、科拉等（Colla et al.，2013）、李心合等（2014）
	影响因素研究	肖作平和廖理（2007）、吴旻昊和王华（2009）、梅波（2012）、张志宏和仇莹（2017）
	经济后果研究	马庆魁等（2017）、胡建雄和茅宁（2015）

综上所述，长期以来在资本市场中广泛存在且具有重要现实意义和理论
研究价值的系族集团及其上市公司并未得到足够重视。现有少数关于系族集
团及其上市公司和债务融资及其经济后果的相关研究主要基于"独生子"
上市公司的视角，分析集团控制给成员企业带来的经济后果（郑国坚等，
2016），包括多元化经营（甄红线，2015）、资本结构（李增泉等2008）、
预算软约束（田利辉，2005）、母子公司（张会丽和陆正飞，2012）、股
权结构（窦欢等，2014）、债务风险（韩鹏飞等，2018）、掏空行为
（Jiang et al.，2010；Jiang et al.，2015）。传统委托代理视角下的系族集团
及其上市公司的相关研究片面强调利益侵占等负面影响，忽视了股东支持企
业发展动机。同时网络组织视角下展开的相关研究忽视了微观层面和宏观层

面影响因素对系族集团及其上市公司的重要影响。此外，内部资本市场视角下关于系族集团及其上市公司的相关研究没能综合考虑内部资本市场在外部冲击下作用受限并逐渐被外部债务市场替代的现实情况，系族集团及其上市公司的外部债务融资行为及机制有待进行系统深入的研究。

　　进一步而言，系族集团及其上市公司作为大型企业集团的一种重要形式在我国资本市场普遍存在且影响重大，系族控制模式下的上市公司相比非系族模式控制的上市公司在组织规模、股权结构、人事安排、资本运作和企业管控等方面存在显著差异。现有关于系族集团上市公司的相关研究大多采用案例研究的方法（肖星和王琨，2006；邵军和刘志远，2007；马金城和王磊，2009；许艳芳等，2009）。

　　少数基于大样本的实证研究主要从内部资本市场（邵军和刘志远，2009；杨棉之等，2010；陈金龙和谢建国，2010；张文龙等，2016）、高管薪酬（Cai and Zheng，2015）、产业网络（夏子航，2017）、企业绩效（郑国坚等，2016）等角度展开。此外，现有关于系族集团上市公司相关研究多围绕着非国有系族集团上市公司展开（马永强和陈欢，2013；邢立全，2017），鲜有学者关注不同产权性质系族集团上市公司间在系族构建动机、股权结构安排、集团管控方面存在的系统差异（见表 2 - 5）。

表 2 - 5　　　　　　　　　　　　　文献述评小结

研究维度	研究视角与主要结论	现有研究的不足
系族集团及其上市公司的相关文献	①系族集团及其上市公司存在两类委托代理问题并对企业行为产生负面影响 ②系族集团及其上市公司形成非正式网络，并实现彼此协调与合作 ③系族集团及其上市公司能够通过内部资本市场进行资源配置或利益输送	①委托代理视角片面强调利益侵占等负面影响，忽视了股东支持企业发展动机 ②系族集团网络聚焦产业（行业）层面，忽视了微观层面和宏观层面的影响 ③内部资本市场在外部冲击下作用受限，外部债务市场作用凸显但未受重视
债务融资及其经济后果的相关文献	①债务融资能够在一定程度上发挥治理效应，但易受制度环境影响而异化 ②预算软约束普遍存在，且在国企中更突出，扭曲了债务融资行为及其经济后果 ③不同来源及期限的债务融资间存在系统差异，并产生差异化的经济后果	①基于独立企业展开研究，忽视了企业间的联系与影响，鲜有关注系族集团上市公司债务融资行为及其经济后果 ②基于债务同质性假说主要关注债务融资整体水平或某一类债务融资工具，关于异质性债务融资实证研究较少且不系统

　　与此同时，近年来两债市场发展迅猛，推动了上市公司债务融资形式的多元化和渠道的多样化。以往关于我国上市公司债务融资及其经济后果的相关研究主要基于独立企业展开研究，而忽视了企业间的联系及相互影响，鲜有关注资本市场中普遍存在的系族集团上市公司债务融资行为及其经济后果。同时，现有研究多基于债务融资同质性假设并笼统地以资产负债率加以量化研究（李心合等，2014），且关于债务融资经济后果的相关研究结论不一、充满分歧（田利辉，2007；李增泉等，2008；田侃等，2010；郭泽光等，2015）。

　　中国与西方的债务市场迥异，政府在整个债务市场的借贷双方之间扮演着积极的角色（金成隆等，2015），法律制度中破产法出台较晚且破产的执行情况较差（Allen et al.，2005），政府直接干预及隐性担保诱发"政府—国有银行—国有企业"双重预算软约束问题进一步异化了上市公司的债务融资经济后果（姜付秀等，2016）。此外，中国上市公司面对"两类市场"（金融市场与商品市场）、"两类信用"（商业信用和银行信用）和"两类负债"（金融性负债和经营性负债），且主要以商业信用为代表的"经营性负债"为数众多。虽然已有部分学者尝试在债务异质性视角下对企业债务融资行为展开研究（胡建雄和茅宁，2015；张志宏和仇莹，2017），但是关于异质性债务融资实证研究较少且尚不系统。现有针对系族集团上市公司债务融资的相关研究主要围绕整体债务融资水平（何捷等，2017）或某一类债务融资工具（韩鹏飞等，2018）展开，鲜有学者尝试从债务异质性视角着手分析系族集团上市公司债务选择的影响因素及经济后果。

　　由此可见，立足与中国制度环境更为契合的债务融资异质性假说，并结合中国制度环境发展、产业竞争和组织特征深入研究系族集团上市公司债务融资选择及其经济后果，有助于填补现有关于系族集团上市公司和债务融资相关研究的文献缺口，具有较好的研究前景和研究价值。本书聚焦债务异质性视角下的系族集团上市公司外部债务融资行为，在厘清和界定系族集团上市公司及债务异质性相关概念的基础上，基于大样本数据全景展现并详细描绘了国内资本市场中系族集团上市公司及其债务融资的发展现状，进而在债务异质性视角下遵循"结构—行为—绩效"的研究方法，沿着"系族集团上市公司债务融资选择的影响因素→系族集团上市公司异质性债务融资选择→系族集团上市公司债务融资选择的经济后果"的逻辑主线，分别从微观层面系族集团上市公司企业特征、中观层面系族集团上市公司所处行业产品市场竞争和宏观层面系族集团上市公司所处地区市场化程度三个维度系统研究了不同产权性质系族集团上市公司债务融资选择的影响因素，并从系族集团上市公司个体层面和所属集团层面分别考察了不同产权性质的系族集团上市公司债务融资选择行为对其企业绩效产生的经济后果。

3

理论基础

3.1 企业集团理论

3.1.1 企业成长理论

从古典企业发展到现代企业是企业组织结构的一次质的变化，而企业集团的出现乃是现代企业组织结构的再一次创新，是市场经济高度发展的结果，是社会化大生产和专业化分工的必然产物（盛毅，2010）。马克思在《资本论》① 第一卷第四篇第十一章"合作"中指出，"单纯的合作，也可以生出伟大的结果来""与各个相互分开的劳动日的总和比较，等量的结合的劳动日，可以生产较大量的使用价值，从而，减少生产一定了效用所必要的劳动时间"。建立在分工基础之上的制造业以及建立在机械基础之上的大工业推动了社会生产力以合作的形式不断向前跃进。与古典经济学家的企业成长思想相对应，从企业经营管理的角度来分析影响企业成长决定因素的相关

---

① 卡尔·马克思著：《资本论》（第一卷），郭大力、王亚南译，上海三联书店出版社 2011年版。

理论称为现代企业成长理论，企业成长理论的思想起源于古典经济学家对大规模生产规律的研究，然而企业成长理论的开山之作还属伊迪丝·彭罗斯（Edith T. Penrose）所著的《企业成长理论》，从此正式奠定了企业成长理论的基础，彭罗斯也因此被认为是现代企业成长理论的奠基人（赵晓，2007）。

伊迪丝·彭罗斯（1959）发展了马歇尔的企业内部成长理论，并将注意力集中到单个企业的内生成长过程，她以单个企业为研究对象，以"不折不扣的理论"来分析企业成长这一过程，探究了决定企业成长的因素和企业成长的机会，建立了一个"企业资源—企业能力—企业成长"的分析框架（李军波等，2011）。伊迪丝·彭罗斯（1959）在《企业成长理论》中将企业定义为"基于管理框架下的资源集合体（a collection of resources），管理框架的边界则取决于'管理协调'和'权威沟通'"，并将企业成长理论构建在两个假设基础之上：一是"企业管理者对企业的长期利益负责，股东的职能只是保证权益资本供给的所谓'管理企业'"；二是"利润被看作扩张或成长的必要条件，成长因此是管理者对利润感兴趣的一个主要原因"。企业拥有的资源大致上可分为人力资源和物质资源两类，企业在人力资源和物质资源的相互作用下通过不断地将未充分利用的资源转化成为服务而实现企业成长。企业规模是企业成长过程的结果体现，受到管理能力、风险递增和市场需求的限制，企业通过成长而获得更大的企业规模不仅能有效降低生产和销售成本，还能够"获得其向某个方向扩张的比较优势"。在此基础上，伊迪丝·彭罗斯（1959）进一步考察了随企业规模增加而变化的成长速度，并指出"在某一时刻，企业到达这一点后，虽然它的绝对规模仍将增加，但企业的成长速度趋于下降"，"规模的极限并不在于成长的过程，而在于我们所设立的管理准则"。更为重要的是，"只要大企业的经济规模能够满足成长经济的要求，即便从母公司分离出来的子公司各自独立进行经营活动，也不会导致企业整体无效性的产生"。此外，企业成长既可以通过内部成长获得，也可以通过外部成长实现。外部成长比内部成长所需时间更短，但可能会付出更高的成本。"从原理上讲，内部成长必然要么是比较光滑的曲线要么是台阶式的曲线，每一个台阶都和他的下一个阶有着密切的联系；另外，通过并购实现的外部成长能够给予上一步有一个大的发展，但实际经过一个大的发展后，会有一个很长的'平原期'。"巴尼

（Barney，1991）运用企业成长理论进一步从战略管理的视角着手，提出"资源基础理论"（resource-based theory）①。该理论主要基于两个假设：一是行业中的企业可能拥有不同的资源；二是这些资源在企业间具有不可复制性，企业差异可以持续相当长一段时间（Barney et al.，2001）。资源基础理论认为，企业相对于其他企业的竞争优势是建立在所拥有的异质性资源和关系基础之上，企业可以通过获取有价值的、稀缺的、不可模仿的，以及可持续的异质性资源获得竞争优势（Barney，2009）。

吉伦（Guillen，2000）在研究新兴经济体中的企业集团问题时，依据彭罗斯（1959）的企业成长理论及巴尼（1991）的资源基础理论提出了企业集团的资源基础观（resource-based view）。在企业集团的资源基础观中，企业及企业家在进入某个行业时通常需要三种类型的资源：（1）劳动、资本、原材料等类似资源的投入；（2）与生产相关的知识资源，包括技术知识和运营知识；（3）市场资源，包括在国内外市场分销渠道及与消费者、政府之间的关系。吉伦（2000）认为企业集团所拥有的资源既包括米勒和沙姆西（Miller and Shamsie，1996）所划分的不相关资产为基础的资源和系统知识为基础的资源，也包括巴尼（1991）及霍斯基森和希特（Hoskisson and Hitt，1990）所划分的无形资源（订立合同、融资渠道、吸收国外技术、建立工厂等）和有形资源（集团所属企业进出口的产品等），那些能够快速和高效地整合上述资源的企业往往能够迅速进入一些行业进而组建企业集团。吉伦（2000）进一步指出，依据资源基础观由于进入某行业所需的国内外资源整合存在限制，以及在此过程中存在的不对称外贸和投资条件使（多元化的）企业集团对新兴经济体而言十分重要②。李和金（Lee and Jin，2009）对中国企业集团的起源进行了实证研究，发现企业规模、企业资产负债率和企业政治关联等衡量企业资源的变量在企业集团的形成和发展中发挥着重要作用，初步证实了构建在企业成长基础理论之上的资源基础观在解释中国企业集团行为方面的合理性（Lee and Kang，2010）。

---

① 在巴尼（Barney，1991）构建的资源基础模型中，按照达弗特（Daft，1983）的观点其将企业资源定义为'企业控制的能够帮助企业构建和实施战略以提升自身效率及效用的资源，包括资产、能力、组织流程、企业特质、信息、知识等"。

② 笔者据此提出假设：若外贸和投资不对称越严重，则企业集团在经济体中的重要程度越大，通过选取阿根廷、西班牙、韩国等九个新兴经济体数据加以实证检验并证实假设。

3.1.2 规模经济与"大推进"理论

规模经济作为经济学的重要理论和现代企业研究的重要内容，一般是指在一特定时期内，由于经济组织生产经营规模的扩大而出现的单位产品成本下降、收益上升的现象（吴忠良，2005）。萨缪尔森和诺德豪斯（2008）指出规模经济和大规模生产在过去的一个世纪里成为促使生产率增长的最重要的要素。规模经济的理论研究跳出了规模报酬不变的一般均衡分析框架，在早期的研究中规模经济被初步定义为：当生产或经销单一产品的单一经营单位所增加的规模减小了生产或经销的单位成本时而导致的经济（钱德勒，1999）。马歇尔在《经济学原理》①中进一步论述了大规模生产在技术、机械和原材料等方面优势，他指出"企业往往能因为扩大规模而得到更多的经济利益"，"同一工业或行业中许多企业合并成为一个大的联合组织的主要原因之一是极有组织地采购和销售所带来的节约"。杨小凯（2003）认为，如果一个企业的生产力随着企业规模的扩大而提高，就存在着内部规模经济，而外部规模经济意味着一个企业的生产力随着整个经济或一个部门规模的扩大而提高。规模经济的存在是导致企业集团产生的一个技术经济因素，在规模经济条件下只有规模扩大到一定水平的企业才能生存和发展，企业集团为了获得这种经济型，必然要通过横向或纵向的扩张，使集团内的组织成本低于市场上的交易费用，因此，企业集团是发展规模经济的必然结果（盛毅，2010）。

保罗·罗森斯坦—罗丹（Paul Rosenstein – Rodan）1943 年在分析东欧和东南欧工业化②问题时提出了大推进理论（the big push theory）③。大推进理论建立在两个关键假设之上，即规模经济的假设，它体现在工厂的规模必须很大的断言中；这些工人可以很容易地从失业转入就业，或者从报酬低的

---

① 阿尔弗雷德·马歇尔著：《经济学原理》，刘生龙译，中国社会科学出版社 2008 年版。
② 根据保罗·罗森斯坦—罗丹的定义，我们把从传统技术到现代技术的转移过程称为工业化过程（姚洋，2018）。
③ 罗森斯坦·罗丹在提出大推进理论的时候，已经明确提出了企业规模经济的作用，但是在很长时间里，由于缺乏在一般均衡框架内处理规模经济的数理模型，经济学家无法把他的思想模型化（姚洋，2018）。

农业部门转移出来的假设（克鲁格曼，2000）。大推进理论认为，发展中国家的经济存在某种不可分性（indivisibilities）和外在经济（external economy），除非其他投资同时进行，否则许多单个投资项目会因风险太大而无法进行，因此决定了发展中国家投资必须是大规模开展的，即通过规模效应带来的某种外溢效应使得各部门的投资相互协调，直至促使整个经济走出无工业化（no-industrialization）的陷阱，实现工业化（邹薇，2007）。罗丹（Rodan，1943）指出，投资一般依赖于企业家凭借已有经验开展，在经济欠发达地区，这种模式驱动下的投资不仅规模小、效率低，还会导致不同地区间经济发展和结构不均衡，导致最终均衡水平远低于东欧大规模工业托拉斯能够实现的最优水平。墨菲、施莱弗和维什尼（1989）将罗丹提出的大推进理论构建了数理模型。他们最早认识到有无止境的规模经济均衡对解释工业化过程中协调问题的重要意义，在其构建的大推进工业化模型中，每种商品既可以用规模报酬不变的传统技术生产，也可以用规模经济的现代技术生产，每个现代企业都是一个垄断竞争者，在进行生产决策时有两个均衡同时存在：一是所有现代企业都开工生产，即非工业化；二是所有现代企业都不运作，即完全工业化（杨小凯，2003）。克鲁格曼（1995）在上述模型的基础上进行了进一步分析，假设现代技术企业为拥有优先定价权的垄断厂商，K 为劳动力的边际产出，W 为工资，W/K 为平均可变成本，在没有工业化部门利润为 0 时的部门总收入为工资 L/N，令 η 为工业化部门比例，F 为固定投入，则经过推演企业利润 π 可以表达为外生参数的函数：

$$\pi(\eta) = \frac{\left(1 - \dfrac{w}{k}\right) \times \left[1 + \eta(w-1)\right] \times \dfrac{L}{N} - wF}{1 - \eta\left(1 - \dfrac{w}{k}\right)}$$

可知，在 $K > W > 1$ 的条件下企业利润是 η 的单调增函数（见图 3 - 1），由于 π 可能小于 0，所以它必定与横轴有一个交点 η^*，如果同时工业化的部门比例大于 η^*，则所有部门都会工业化；反之则没有工业化。因此，大推进理论的政策含义就是，为了让经济跳出无工业化（no-industrialization）的陷阱，政府必须扮演协调人的角色，让起始时期进入工业化的部门比例大于一定的数理（姚洋，2018）。

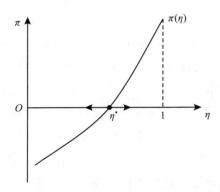

图 3 - 1　大推进理论图解

资料来源：姚洋著：《发展经济学》，北京大学出版社 2018 年版。

　　20 世纪西方各国进一步拉开了与世界其他大部分地区的差距，但也有些国家和地区逆流而动，赶上了西方的脚步，这些国家和地区包括日本、韩国、中国台湾地区和（没有完全取得成功的）苏联，它们普遍采用大推进式工业化实现了快速增长和经济赶超（艾伦，2015）。在许多国家，企业集团的大量出现都是政府政策强力影响的结果，企业集团可能协助政府有力地推动多产业的共同发展（Khanna and Yafeh，2010），还能够在开放经济中有力抗衡国外企业的市场渗透（Lee and Jin，2009）。中国政府采取了同日本和韩国一样的举措，将推动大型企业集团发展作为推进工业化、实现经济赶超（economic catch-up）的有效手段（Lee，2006；Keister，2000）。国家计委、经贸委、体改委《关于深化大型企业集团试点工作意见》中明确提出，"在国民经济的关键领域和关键行业中形成一大批大型企业集团，积极发挥大型企业集团在国民经济中的骨干作用""推动生产要素的合理流动和资源的优化配置，带动一批企业的改组和发展，形成规模经济，增强在国内外市场上的竞争力"是深化大型企业集团试点的主要目的。在这种理念下，中国通过产业结构高级化实现经济增长方式转变的历史任务将具体化在一批大型企业和企业集团的成长上，只有大企业和企业集团的发展壮大，形成一批国家级和世界级的主力舰队，我国新一代支柱产业才可能有竞争力，才可能在国际竞争中站住脚（国家计委宏观经济研究院课题组，1997）。为了发展地区经济和提高我国企业集团国际竞争力，政府常常通过推动国企兼并重组、资产划拨、"拉郎配"（forced marriages）等行政干预方式构建"强强联合"（strong-strong combination）的大型国有企业集团（Lee and Kang，2010）。

3.1.3 制度缺失理论

制度缺失（institutional voids）理论源自奥利弗·威廉姆森（Oliver Williamson）在新制度经济学（the new institutional economics）框架下对企业或经济组织边界的理解和认识（Langois，1986；Klein，2000）。罗纳德·科斯（Ronald Coase）在 1937 年发表的《企业的性质》论文中指出，"企业的本质特征是对价格机制的取代""企业将持续扩张直到在企业内多组织一笔交易的成本，等于在公开市场上进行这笔交易的成本，或者在另一个企业内组织这笔交易的成本"。他特别强调，"在其他条件相同时，企业规模会变得越来越大，如果：（1）组织交易的成本越小，并且随着所组织的交易的数量上升，这些成本上升的越慢；（2）企业主犯错误的可能性越小，并且随着所组织的交易的数量上升，犯错的数量上升的越小；（3）对越大规模的企业，生产要素的供给价格下降的越多"①。在此基础上，威廉姆森（Williamson，1971）提出以通常的规模经济和成本最小的要素比例的意义而言，企业不仅仅是一种简单而有效的工具，而且还拥有优势超越市场的潜在协调能力②。考虑到不完全契约下长期和短期契约存在的问题，企业纵向一体化实现交易内部化能够有效规避市场失灵。与此同时，哈维·莱宾斯坦（Harvey Leibenstein，1968）指出经济发展的过程实质上就是不断在生产投入链条中填补缺失（gap-filling）环节的过程。20 世纪 70 年代，受上述理论和观点启发，那些关注经济史和发展中国家的经济学者开始意识到可以将企业集

---

① 罗纳德·科斯（Ronald Coase）在该文中特别提到，"本书给出的企业定义能为'联合'和'一体化'两个术语提供更精确的含义。当先前由两个或更多个企业主组织的交易，现在有一个企业主组织时就是联合，此前在市场上在企业主之间进行的交易，现在组织在一个企业内时就是一体化。企业可以以其中一种或两种方式进行扩张。于是整个'竞争行业的结构'就能用一般的经济学分析进行处理"。

② 威廉姆森（Williamson，1971）指出，如内部组织替代市场交换并不是因为与生产想换的技术经济，而是因为那些被广泛提及的中间产品市场运行中的"交易失灵"，这种内部组织对市场交换的替代被称为"内部化"。

团类似的组织形式理解为填补缺陷的制度机制。

莱夫（Leff，1978）认为在发展中国家中，企业集团能够运用企业内部机制应对和解决不完善市场中在风险、间接产品等诸多重要方面存在的缺陷。在分析发展中国家工业企业和企业家精神时指出，在发展中国家广泛存在的集团模式的经济组织（economic group）可以概念化为通过占有获取稀缺的和不完善的市场投入资源合理获取准租金的组织结构，在欠发达国家中企业集团是一种重要的制度创新。卡纳和帕莱普（1997）则认为新兴市场在资本市场、劳动市场、产品市场、政府法规与合约执行方面存在制度维度的缺陷和不足，而企业集团在新兴市场中填补各项制度维度缺陷（filling the institutional voids）过程中扮演着重要角色。在产品市场中，由于顾客和企业之间信息不对称致使建立品牌的成本相当高昂，企业集团不仅能够提升品牌价值，还能够有效分担降低企业品牌建设成本。在资本市场中，由于投资者和企业之间信息不对称，且缺乏有效的信息披露制度，企业集团能够通过构建内部资本市场和提升融资议价能力缓解融资约束。在劳动市场中，新兴经济体中人才培养的基础设施和制度较弱，企业集团则承担起类似管理学院的职能，培训和评估企业发展所需的各种人才，同时还能够形成内部劳动市场。在政府监管方面，新兴经济体中普遍存在着政府干涉企业经营的现象，企业集团承担起附属企业与政府之间"中间人"的角色，发挥着游说政府的作用。在合约执行方面，新兴经济体法治环境不佳，合约履行过程中容易产生纠纷且难以通过司法渠道解决，企业集团扮演者类似法庭的法外仲裁机构的角色，能够有效调解合同履行过程中产生的纠纷（见表3-1）。与发达经济体相比，企业集团广泛存在于新兴经济体中的客观事实恰恰在某种程度上支撑了填补制度缺点的理论观点，制度缺失理论称为解释新兴市场中企业集团形成原因的主流观点（Poczter，2018；Carney et al.，2011）。

表 3-1　　新兴市场中企业集团填补制度缺陷和提升企业价值的角色

制度维度	企业集团扮演的机构角色
资本市场	风险投资公司，私募机构，银行，会计师事务所
劳动市场	管理学院/商学院，猎头公司，认证机构

制度维度	企业集团扮演的机构角色
产品市场	认证机构、监管机构、法外仲裁服务
政府监管	游说机构
合约执行	法庭，法外仲裁服务

上述解释在中国尤为适用，对于新兴加转型经济体，企业集团在市场、组织、政府三者关系间可能很大程度上充当了非官方的"中间人"角色，对于转型经济中由于各种资源、利益保护制度等的缺失，企业集团在很大程度中扮演"替代缺失"的角色（王斌，2013）[①]。在社会主义市场经济中，中国企业集团在一定程度上发挥着市场替代和政府替代的作用。表现在：一方面，在一定条件下企业集团将企业间市场交易行为转化为企业内部的分工协作关系，有效节约交易费用，在一定范围内成为市场的替代组织；另一方面，企业集团被确定为国家（政府）授权投资机构后，可以替代传统体制政府专业经济部门[②]的市场决策、投资决策职能，成为中观决策主体（国家计委宏观经济研究院课题组，1997）。李和金（Lee and Jin，2009）针对中国企业集团的实证研究证实了上述观点。

3.2 资本结构理论

资本结构理论是财务领域古老而又常新的话题，它在一定程度上贯穿了财务研究的全过程（叶凡和刘峰，2015）。从早期的杜兰德（Durand）归纳总结的传统资本结构理论到以权衡理论和优序融资理论为代表的经典资本结

[①] "在这里，缺失的不仅仅包括各种资源（以财务资源为主），还包括制度资源（如市场交易规则、证券市场、法律制度、股东及权益保护制度等各方面）。"引自周守华等主编《财务管理理论前沿专题》第13章"企业集团财务研究：两个不同视角"（王斌撰写），中国人民大学出版社2013年版。

[②] 在中国经济转轨过程和政府职能转换过程中，专业经济部门的职能一分为三，行政管理职能由政府综合经济部门行使，行业管理职能由行业协会行使，市场决策、投资决策由具备条件的企业组织承担（国家计委宏观经济研究院课题组，1997）

构理论，再到以控制权理论、产业组织理论、声誉理论和市场择时理论为代表的现代资本结构理论，资本结构理论沿着实践和认识的辩证统一关系螺旋上升，在企业组织发展演进的脉络中不断丰富和细化，为探索企业融资行为、打开企业融资的"黑箱"提供了理论支撑和持续动力。

3.2.1　传统资本结构理论

戴维·杜兰德（David Durand，1952）首次梳理了资本结构理论研究早期所涉及的基本论点，即净收入法、净营业收入法和传统理论（王斌，2015）。他认为，即使在新投资项目的回报超过负债的利息成本时企业负债引发的风险也会抑制投资。设 RR（required return）为要求的投资回报，I 为边际利率，V 为投资价值，dC/dV 为企业债务负担增加时资本化率的变动比率，则有 $RR = I + V \times dC/dV$。公式表明，只要资本化率保持不变则要求的投资回报与负债利率相等，一旦资本化率开始增加则要求的投资回报超过负债利率。在上述公式中最为关键的是"资本化率"概念，在财务学意义上资本化率主要是用于收益的资本化，收益资本化指把收益转化为资本价值（沈艺峰，1999）。就此引出两种计算收益资本化率的两种模式：一是净营业收入法（net operating income）；二是净收入法（net income）。假设企业融资来源主要由债券和普通股构成，由于主要考察的问题是收益资本化率的问题，因此资产及其账面价值等问题暂不考虑。

首先，在净营业收入法模式中，全部债券和股票的总价值总是相等的。负债筹资会使得财务杠杆作用扩大，即便债务资本成本不变，但是会增加企业权益资本的风险，从而使得权益资本成本上升，因此企业的加权平均资本成本不会因为负债比率的提高而降低，而是维持不变（祝映兰，2009）。这就意味着根据经营业收入法，随着负债率增加，企业债务成本和加权平均资本成本保持不变，则企业价值也将保持不变，而权益成本会随之增加（王斌，2015），代表学者如格雷厄姆和多德（Graham and Dodd，1940）。设 V 为企业价值，企业债务价值为 D，企业权益价值为 S，E 为企业营业收益，$WACC$ 为加权平均资本成本，K_D 为企业债务成本，K_S 为企业权益成本。

则有：$V = E/WACC = S + D$

因为 $WACC = K_D \times D/(D+S) + K_S \times S/(D+S)$，

所以，$K_S = WACC + (WACC - K_D) \times D/S$

因此，在净营业收入法模式下资本结构的变化不会影响企业营业收益，进而也不会对企业价值产生影响。

其次，在净收入法（net income）模式下，总投资价值并非保持不变，而是随着资本结构中负债的比例增加。也就是说，随着企业财务杠杆率的提高，债务利率并未随财务风险的提高而边际提高，同样股东权益成本也不受杠杆比率的影响（王斌，2015）。按照这种理论，负债可以降低企业的加权平均资本成本，只要债务成本低于权益成本，则债务越多企业加权平均资本成本越低，企业价值越大（祝映兰，2009），代表学者如威廉姆斯（Williams，1938）。设 V 为企业价值，企业债务价值为 D，企业权益价值为 S，E 为企业营业收益，$WACC$ 为加权平均资本成本，K_D 为企业债务成本，K_S 为企业权益成本，股东净收益为 SNE。

则有：$WACC = K_D \times D/V + K_S \times S/V = K_D \times D/V + K_S \times (1 - D/V) = K_S - (K_S - K_D) \times D/V$

因为企业债务成本 K_D 与企业权益成本 K_S 不变，且 $K_S > K_D$，可得随着加权资本成本和企业债务价值与企业价值之比负相关。又因为，$SNE = E - D \times K_D$，$S = SNE/K_S = (E - D \times K_D)/K_S$。

所以，$V = D + S = D + [(E - D \times K_D)/K_S] = E/K_S + D \times (K_S - K_D)/K_S$

因此，在净收入法模式下资本结构的变化会影响企业营业收益，随着企业负债价值的增加，企业加权平均资本成本降低，企业价值提升。

此外，所谓传统理论则是指介于上述净收入法与净营业收入法之间的折中观点，代表学者如杜兰德（Durand，1952）。传统理论认为谨慎增加企业负债不会增加普通股股东的风险，同时谨慎地利用一部分债务融资会比完全不利用债务融资具有更高的价值（沈艺峰，1999）。在这一理论看来，当企业资本结构由无负债转为少量负债时，由于负债成本较低，因此会促使公司加权平均资本成本降低，企业价值上升；但是当企业进一步提升负债率后，企业财务风险逐渐增加，权益资本成本会随之上升，从而在一定程度上抵销低成本债务融资所带来的好处（王斌，2015）。

3.2.2 经典资本结构理论

莫迪利亚尼和米勒（Modigliani and Miller，1958）提出的著名的 M&M 定理为现代资本结构理论奠定了讨论的基石和出发点（陈晓等，2013）。他们在假定所有债权的单位时间里产生一个固定收入以及债券像股票一样在一个完全市场上交易的基础上提出 M&M 第一定理（M&M Proposition Ⅰ，即在均衡时，任何企业的市场价值独立于资本结构之外）和 M&M 第二定理（M&M Proposition Ⅱ，即任何企业权益资本成本等于同类无债企业的权益成本加上与融资风险相关的溢价报酬）并加以证明。在不考虑所得税的情况下，市场均衡时无论资产对应着怎样的要求权，资产的价值都将保持不变；或者说企业价值由企业资产负债表资产决定，与企业发行的债券和权益证券之间的比例无关（Brealey and Myers，2004）。M&M 无关理论是建立在完美市场假设基础之上的，这些理想化假设有助于帮助人们在构建理论体系时树立"坐标和参照"，然后通过逐步放松假设（使其与现实经济生活更逼近），从而丰富和发展理论体系（王斌，2015）。如果说 M&M 无关理论是一种理论抽象，对资本结构的讨论以包括完美市场、零交易成本等为前提假设而与现实世界无关，那么后续的资本结构研究就是在寻求理论与现实一致性的过程中不断增加企业现实制度环境的关注与妥协（刘峰和叶凡，2013）。莫迪利亚尼和米勒（Modigliani and Miller，1963）进一步对 M&M 无关理论进行修正，意图证明"'套利'能使任何类的价值不仅是税后期望利润的函数，而且是税率和杠杆水平的函数"，"这就意味着债务融资的税收好处比我们原先设想的要大"。考虑所得税情况下 M&M 第一定理强调利用企业债务杠杆的企业价值等于不利用债务杠杆的企业价值加上利息税盾的现值，表明债务融资非常有益，企业的最优资本结构是百分之百的负债，同时企业的加权平均资本成本随着企业债务融资的依赖程度加大而降低（Ross，2017）。有税情况下 M&M 第二定理则进一步明确与融资相关的风险溢价由企业债务比率和所得税税率共同决定。米勒（Miller，1977）将个人所得税纳入企业资本结构与企业价值的分析框架，进一步修正后的 M&M 理论研究结论没有变化①。

然而，在现实世界的不完全市场中为何企业不通过最大化债务融资实现企业价值最大化？罗比切克和迈尔斯（Robichek and Myers，1966）指出，虽然企业可以利用债务融资的税盾效应，通过增加负债来增加企业价值；但是随着杠杆程度的增加，企业面临的财务风险也在增加，从而使得企业可能因为无法偿还债务而导致破产（陈晓等，2013）。在现实世界中企业破产存在高昂的破产成本（bankruptcy cost），包括以破产过程中的法律费用和管理费用为代表的直接破产成本和财务困境企业为了避免提出破产而发生的间接破产成本（Ross，2017）。斯科特（Scott，1976）利用比较静态分析分别论述了股票、负债和企业的市场价值，并构建了关于企业价值的多期限模型，模型围绕破产成本提出企业存在唯一的最优资本结构。迈尔斯（Myers，1977）进一步指出如果企业债务的税盾效应存在，则在企业负债的税收好处与次优的未来投资成本之间存在使两者均衡的最优策略。此后，迈尔斯在1983 年美国金融学会（American Finance Association）的会长致辞中首次将投资不足的成本与企业负债的税收好处间关系的理论阐释描述为"静态权衡理论"（static trade-off theory）（Allen and Rajan，2010）。静态权衡理论认为企业存在最优资本结构，当资产负债比超过某一水平时，企业债务的增加所带来的破产概率显著上升，由此诱发的财务困境成本抵消了企业债务税盾效应所带来的全部好处，最终导致企业价值下降。在静态权衡理论的基础上，费舍尔等（Fischer et al.，1989）进一步构建了一个包含交易成本的连续时间的动态资本结构模型，在该模型中企业负债和权益的价值是其在资本化决策的函数，最优的动态资本结构政策取决于负债融资的收益（如避税效应）、潜在成本（如破产成本）、标的资产收益的波动率、无风险利率以及再资本化成本的大小（潘敏和郭厦，2009）。在动态权衡理论下，企业最优资本结构成为围绕某一中心值上下浮动的区间，在现实世界中企业通

① 迈尔斯（Myers，1984）指出："米勒的这篇论文使我们从原始 M&M 理论的极端含义中脱离开，原始 M&M 理论中利息税盾如此有价值以至于我们不能解释为什么不是所有的公司都有大量的负债。米勒描述了公司债务总体上的供给和需求之间的均衡，其中公司债务的边际投资者支付的个人所得税刚好抵销了公司的税收节约。"引自卢俊编译《资本结构理论译文集》，上海人民出版社2003 年版。

过对自身资本结构进行不断的调整以期实现企业债务和所有者权益的最佳配置。

詹森和梅克林（1976）认为债务比例的上升，可能促使股东倾向于选择风险更高的项目，进行资产替代，损害债权人利益；反过来，债权人对这一损失的预期将使负债成本上升，提高了债务代理成本，因此企业需要权衡股权代理成本的降低和债务代理成本的上升选择最优资本结构（叶凡和刘峰，2015），也可以理解为企业最优资本结构是由债务代理成本正好等于债务收益时实现的（Harris and Raviv，1991）。债务的代理成本源于债务价值与企业资产风险的关系，因此削弱这种关系可以有效降低债务的代理成本，一方面，发行有抵押的债务可以缓解资产替代问题和投资不足问题；另一方面，发行可转换金融工具可以降低资产替代行为产生的代理成本（唐国正和刘力，2006）。詹森和梅克林（1976）将企业资本结构的研究视角从企业整体层面研究转向企业内部具有索取权的全体之间的利益冲突，在"经理人—股东—债权人"的框架中探讨代理成本影响下的企业资本结构和企业债务的治理效应。詹森（1986）进一步论述了企业负债的"控制功能"，即企业债务能够限制企业经理人掌握的自由现金流降低其将企业资源进行非效率投资，进而降低自由现金流的代理成本。企业债务的这一作用在现金流充裕而成长缓慢的大企业中尤为明显。斯图尔森（Stulz，1990）认为企业的资本结构取决于企业自由现金流的分配和企业的投资机会，同时企业债务的成本和收益之间存在的平衡意味着存在能够使企业价值最大化的企业债务水平。企业债务融资降低了过度投资的代理成本但增加了投资不足的代理成本，而权益融资增加了过度投资的代理成本而降低了投资不足的代理成本，因此债务和股权分别增加了企业经理人一部分自由裁量权而削弱了另一部分，两者之间的关系决定了企业的资本结构。在詹森和梅克林（1976）代理成本理论的基础上，格罗斯曼和哈特（1982）提出债务担保模型、哈里斯和拉维夫（Harris and Raviv）提出债务缓和模型、迪亚蒙德（Diamond，1989）提出声誉模型。

罗斯（Ross，1977）认为破产成本无法明确具体内容因而在对 M&M 理论进行修订时应聚焦理论本身，并按照"现实世界"中信息不对称的实际情况提出了经理人激励—信号均衡模型。在罗斯的模型中企业经理人与投资人之间信息不对称，企业经理人掌握企业利润的真实分布函数，经理人使用企业的资本结构向投资者传递企业利润的分布信息，由于企业破产概率与企业质量负相关而与企业资产负债率正相关，企业经理人在企业破产时一无所获（张维迎，2012），又因为对任何债务水平而言，低质量的企业都有更高的预期边际破产成本，所以低质量企业的经理人不能通过提升债务比重来模仿高质量企业（Harris and Raviv，1991），因此资产负债率高的企业质量更好。根据该模型资本结构中企业负债成为企业经理人向投资者传递企业质量信息、缓解信息不对称的有力工具，质量越高的企业，债务比重越高，也即资本结构中债务比重与企业价值正相关。利兰和派尔（Leland and Pyle，1977）进一步指出，在信息不对称的情况下，即使不考虑所得税因素企业资本结构仍与企业价值存在相关关系。在企业经理人为风险厌恶者的前提下，企业价值随着企业激励人持股比例的上升而提高。因为在信息不对称的情况下，经营者将会以自己资金投资项目的方式，向外部投资者发出企业的投资项目预期收益高的信号，以吸引潜在投资者（陈晓等，2013）。迈尔斯和马赫卢夫（Myers and Majluf，1984）在信息不对称理论的基础上提出优序融资理论（pecking-order theory），即相对于外部融资而言，企业偏好内部融资。企业会在需要为净现值为正的投资项目融资时寻求外部融资；如果需要外部融资，企业会优先选择债务融资，然后才会考虑股权融资。其理由是由于存在信息不对称，内部人比外部投资者拥有更多信息，逆向选择问题会使得外部融资成本较高，因此在公司面临资金短缺时，外部投资者会将股票发行看作负面信号，企业为了降低由此给股价带来的负面影响，会优先采用内部融资，其次是债务融资，最后使用股权融资（陈晓等，2013）。在优序融资理论中，静态权衡理论所强调的利息税盾和财务困境成本不再重要，企业资本结构中债务比率的变动主要由企业外部融资需求决定，而非刻意追求最优资本结构（Allen and Rajan，2010）。

3.2.3 现代资本结构理论

哈里斯和拉维夫（1988）着眼于一个在位的企业经理人通过改变他所拥有的股票份额来操纵接管方式以及接管成功概率的能力，由于企业经理人的所有权份额间接决定于企业的资本结构，所以这种替代关系产生了资本结构的控制权理论（Harris and Raviv，1991）。由于普通股拥有债务不享有的表决权，所以经理人对资本结构的选择会影响企业表决的结果，且部分地决定了谁能掌握企业资源的控制权（沈艺峰等，2004）。在哈里斯和拉维夫构建的模型中，资本结构中的企业债务被经理人用作提升其企业控制权的有力工具，能够在企业并购中发挥"反并购"的作用。斯图尔兹（Stulz，1988）基于几乎以相同逻辑"独立地"提出基于表决权的资本结构理论，且认为企业资本结构由现经理人、潜在竞争者、消极股东三者在"表决权"争夺的动态过程中被决定（王斌，2015）。阿吉翁和博尔顿（Aghion and Bolton，1992）在不完全契约理论和优序融资理论基础上，通过构建模型解释债务契约和股权契约在目标上的不同，来证明债务的存在导致了控制权随着公司前景的变化而在经理人与债权人之间相机转移，并因此实现公司价值的最大化（祝映兰，2009）。在不完全契约和融资约束的限制下，企业经理人与股东之间的利益冲突不能完全依靠事前契约解决，而对此有效的治理机制包括企业经理人控制、投资者控制和相机控制。最初企业的最优选择是企业经理人控制，如果在此情况下企业经理人无法有效保护投资者权益则应实施相机控制，如果仍然不能保护投资者权益，企业应由投资者完全控制。与此顺序相匹配的资本结构是：优先使用无表决权股权融资，其次尝试进行部分表决权股权融资或债务融资，最后通过交换股权的方式将全部控制权交由投资者。

与此同时，运用产业组织理论的资本结构模型开始在文献中出现，这些模型大致可以分为两类：一类探索企业资本结构与其在产品市场中竞争时的战略之间的关系，另一类讲述企业资本结构与预期产品或投入的特性之间的关系（Harris and Raviv，1991）。布兰德和刘易斯（Brander and Lewis，1986）认为资本市场与产品市场间存在着联系，并证明了企业资本结构和产品市场竞争间存在着交互影响。他们从债务融资的"有限责任"效应着手，指出资本结构的变化会影响股权人和债权人之间的收益分配，进而改变股权人在产品市场中的产出策略。具体表现为：企业可能会忽略资本结构对企业价值的影响而寻求在产品市场中获得有力的竞争地位，当预期投资收益大于债务成本时企业将进一步通过债务融资进行冒险投资，通过提升产出等更具攻击性的行为施压竞争对手。提特曼（Titman，1984）则从顾客、雇员及供应商等利益相关者视角研究了企业资本结构在企业清算时对企业产品特性之间的影响，他认为企业破产成本包括给上述利益相关者带来的成本，而这些成本同股东和债权人的利益冲突一样，会对企业资本结构产生影响。企业应该制定最优的破产政策，以规避企业破产时以低价出售商品或高价购入材料的形式支付给利益相关者的代理成本。

克雷普斯和罗伯特（Kreps and Robert，1982）以及米尔格罗姆和威西森（Milgrom and Wsisom，1982）将不完全信息引入重复博弈模型构建了著名的声誉模型（Reputation Model，或称"KMRW 模型"），证明了参与人对其他参与人支付函数或战略空间的不完全信息对均衡结果有重要影响，只要博弈重复的次数足够多，合作行为在有限次博弈中会出现（张维迎，2012）。这就意味着，在有限次的博弈中无论是合作型参与者还是非合作型参与者都会通过建立良好声誉获取长期合作利益。在 KMRW（1982）声誉模型的理论基础上，迪亚蒙德（Diamond，1989）研究了债务融资市场中的企业获取声誉行为，通过构建不完全信息重复博弈模型发现一定时期内声誉机制形成的激励效应能够降低企业在项目投资方面的逆向选择问题，有效缓解债务融资双方的利益冲突。更为重要的是，上述模型对资本结构中的债务融资行为进行了探索，提出拥有长期较好信用评级的企业更倾向于在公开市场直接融资，反之信用较差的企业则寻求通过金融中介间接融资。迪亚蒙德（Diamond，1991）进一步研究声誉机制对企业债务融资中银行借款和直接发行债券间抉择的影响，并发现在道德风险普遍存在的情况下，新的企业将选择银行借款等金融中介发挥监督作用的间接融资方式以获取良好声誉，当建立起良好声誉后，声誉机制的激励效应将促使企业转向公于债券市场进行直接债务融资，该作用机制从企业生命周期的维度进行理解。

此外，20 世纪末迅速崛起和发展的行为金融学（behavior finance）的发展推动了非理性人假设下的资本结构理论研究。行为金融学认为，资产定价也可理解为对基本价值的偏离，这种偏离源于非完全理性交易者的存在，同时非理性投资者情绪会影响公司的融资决策（Thaler，2014）。斯坦（Stein，

1996）指出处在非效率市场中的企业经理人在进行投融资决策时必须考虑三个问题：（1）投资的净现值；（2）与股票发行与回购相关的"市场择时"（market timing）收益及损失；（3）投融资决策导致企业偏离最优资本结构的程度。资本市场非理性导致股价与企业投资之间的关系弱化，企业经理人倾向于在企业股价被高估时增发股票，在企业股票被低估时回购股票。市场择时理论认为，企业资本结构是企业财务决策行为的结果，而企业经理人所做的财务决策在本质上取决于市场时机，从而形成不同企业或同一企业在不同时期的不同资本结构（王斌，2015）。格雷厄姆和哈维（Graham and Harvey，2001）的调查结果和贝克和沃尔格勒（Baker and Wurgler，2002）的实证研究初步证实了上述理论构想（见表3-2）。

表3-2 资本结构理论体系及发展脉络

发展阶段		主要理论	代表学者
传统资本结构理论		净营业收入理论	威廉姆（William，1938）
		净收入理论	格雷厄姆和多德（Graham and Dodd，1940）
		传统理论	杜兰德（Durand，1952）
经典资本结构理论	M&M理论	M&M无关定理	莫迪利亚尼和米勒（Modigliani and Miller，1958）
		修正M&M定理	莫迪利亚尼和米勒（1963）
		Miller模型	米勒（Miller，1977）
	权衡理论	静态权衡理论	罗比切克和迈尔斯（Robichek and Myers，1966）；斯科特（Scott，1976）
		动态权衡理论	菲舍尔、海因克尔和岑克纳（Fischer，Heinkel and Zenchner，1989）
	代理成本理论		詹森和梅克林（Jensen and Meckling，1976）
	信号理论	Ross模型	罗斯（Ross，1977）
		风险厌恶模型	利兰和派尔（Leland and Pyle，1977）
		优序融资模型	迈尔斯和马赫卢夫（Myers and Majluf，1984）

续表

发展阶段	主要理论	代表学者
现代资本结构理论	产业组织理论	提特曼（Titman，1984）；布兰德和刘易斯（Brander and Lewis，1986）
	控制权理论	哈里斯和拉维夫（Harris and Raviv，1988）；斯图尔兹（Stulz，1988）
	声誉理论	迪亚蒙德（Diamond，1989，1991）
	市场择时理论	斯坦（Stein，1996）

资料来源：内容根据《新帕尔格雷夫经济学大辞典（第三版）》（2018）以及王斌（2015）、祝映兰（2009）、沈艺峰（1999）、哈里斯和拉维夫（Harris and Raviv，1991）综述及相关领域文献整理而成。

4

企业债务融资及系族集团上市
公司制度背景分析

4.1 金融发展视角下中国企业债务
融资的制度演进分析

　　债务融资不仅构成了企业生存和成长的重要战略资源，还生动反映了企业发展所依赖的客观社会经济制度。现有关于企业债务融资中较为成熟的理论认识主要是在西方发达资本市场的制度环境或理想状态下的经济假设基础之上建立起来的，暗含了企业在债务融资决策时有充分选择空间和备选工具的前提假设。然而，制度变迁深刻影响着置身其中的微观主体行为，一定历史时期中的企业决策无疑会受到其所处制度变迁阶段和环境的深刻影响与规制。在马克思主义政治经济学原理中，制度属于生产关系的组成部分，由社会生产力发展水平决定，并能动地反作用于社会生产力。在新制度经济学的阐释下，制度作为社会的博弈规则，塑造了历史发展进程中的社会群像，它的变迁决定了人类社会演化的形式。诺斯（North，1990）指出，"制度对经济绩效的影响是无可争议的，不同经济的长期绩效差异从根本上受制度演化方式的影响，这是毋庸置疑的"。目前，关于企业债务融资的最新理论研究表明，制度变迁在企业债务融资行为的诸多影响要素中扮演着十分重要的角色。改革开放40多年来制度变迁对中国企业的债务融资行为影响尤为明显，不论是改革开放早期的"拨改贷"①，还是贯穿改革开放的"倒逼机制"②，抑或是近年来快速发展的中国债券市场，演进和变迁中的金融制度成为推动中国企业债务融资决策的路标，客观上塑造着中国企业债务融资行为，引领中国企业债务融资规模、水平和结构不断发展变化。因此，从金融发展视角切入，沿着中国企业债务融资制度变迁的研究主线，从中国银行行业改革、中国债券市场发展和中国商业信用演变三方面刻画金融发展过程中中国企业债务融资行为的发展状况，探索中国企业债务融资背后的行为动机与内在逻辑。

4.1.1 中国银行业改革与企业债务融资

改革开放伊始推行的"拨改贷"不仅是我国金融改革的时间起点和逻辑起点（易纲，2009），也是拉开国企改革序幕的重要举措，为企业债务融资奠定了制度基础③。1978年8月，国务院批转国家计委、国家建委、财政部《关于基本建设投资试行贷款办法的报告》及《基本建设贷款试行条例》，标志着我国财政金融史上著名的"拨改贷"开始④（汪昌云等，2013）。1984年，国务院批转国家计委《关于改进计划体制的若干暂行规定》，规定'从1985年起，凡是由国家预算内拨款安排的建设项目，都改

---

①　"拨改贷（replacing fiscal appropriation of investment funds by bank loans），是对国家预算内建设投资由财政拨款改为银行贷款的简称。该项改革于1979年开始试点，1988年终止。"引自汪昌云、陈雨露、郭庆旺主编：《新中国财政金融制度变迁事件解读》第九章"拨改贷"，中国人民大学出版社2013年版。

②　"倒逼机制（anti-driving mechanism）是指由于预算软约束现象的存在，国有企业借款要求不断增加，促使国有银行增加贷款额度，进而迫使中央银行被动扩张再贷款规模的货币扩张过程。"引自汪昌云、陈雨露、郭庆旺主编：《新中国财政金融制度变迁事件解读》第十五章"倒逼机制"，中国人民大学出版社2013年版。

③　在计划经济体制下，长期存在着"大财政、小银行"的现象，即在资金关系上国民经济中的资金活动基本上都由财政包下来，企业的定额流动资金都由财政提供，银行只负责企业超定额部分的流动资金的临时需要（刘晓路，2013）。

④　《基本建设贷款试行条例》规定，"凡实行独立核算，有还款能力的工业、交通运输、农垦、畜牧、水产、商业、旅游等企业进行基本建设所需的资金，建设银行可根据国家基本建设计划，给予贷款"。

为银行贷款"。"拨改贷"的实施意味着信贷进入企业投资领域，企业资金使用不再无偿，必须考虑资金利息的机会成本（董志凯，2016），企业开始有了还本付息的压力，企业作为还贷主体开始有了产权约束，银行也开始有了追求利润的激励（易纲，2009）。

与此同时，中国银行业也在组织体系、管理体制和信贷管理等方面加速改革。在组织体系方面，1978 年初中国人民银行总行由财政部所属二级机构恢复为独立部级单位（刘晓路，2013）。1986 年 1 月，《中华人民共和国银行管理暂行条例》规定，"中国人民银行是国务院领导和管理全国金融事业的国家机关，是国家的中央银行""国家根据国民经济发展的需要，设立若干专业银行"。在中国人民银行由单一的国家银行向中央银行转型过程中①（许亦平等，2011），中央银行与国家专业银行相继分离（易纲，2009）。1979 年 2 月至 1984 年 1 月，中国农业银行、中国银行、中国建设银行和中国工商银行作为国家专业银行先后设立。1993 年 12 月国务院在《关于金融体制改革的决定》中进一步明确，"建立政策性金融与商业性金融分离，以国有商业银行为主体、多种金融机构并存的金融组织体系"，国家专业银行开始剥离政策性业务并向国有商业银行转型②。1994～2003 年四大国有银行进入市场化改革阶段，国家成立国家开发银行、中国进出口银行和中国农业发展银行从四大国有银行接收政策性业务，成立信达、东方、长城和华融资产管理公司负责处置从四大国有银行剥离的不良资产（祝继高，2014），我国金融组织体系基本确立。

在管理体制方面，改革开放初期，中国人民银行总行对各省分行进行统一管理，履行信贷核发职能。中国银行业组织体系改革后，国有专业银行下设各省分行进行分级管理。1995 年《中国人民银行法》和《商业银行法》颁布实施，中国人民银行的央行地位在法律上加以确认，同时取消了商业银

---

① 1979 年之前中国实行计划经济，中国人民银行作为单一的国家银行主要负责为国家管账的职能，实行综合信贷计划管理，又称"统存统贷"，即中国人民银行各级分行吸收的存款全部集中于总行，统一支配（许亦平等，2011）。

② 1986 年后股份制商业银行和地方银行相继成立，如交通银行、兴业银行、中国光大银行、华夏银行等。"1996 年 1 月，由全国工商联牵头、民企作为会员单位出资的民办全国性商业银行——中国民生银行成立。"引自《民营企业有"希望"》，刘永好口述、黄子懿采访、整理，见《三联生活周刊》改革开放 40 年专刊。

行的行政级别，使其成为受国务院银行业监管机构管理的经济实体。1999年1月中国人民银行颁布《中国人民银行关于管理体制重大改革的公告》，规定"撤销中国人民银行各省、自治区、直辖市分行，在全国设立9个跨省、自治区、直辖市分行，作为中国人民银行的派出机构"。改革突出了中央银行组织体系的垂直领导，强化了中央银行实施货币政策的独立性（李德，2008）。

在信贷管理方面，长期以来中国银行业实施信贷指标①管理。改革开放初期，计划经济体制下的"统存统贷"开始向"统一计划、分级管理、存贷挂钩、差额包干"的"信贷差额包干"政策过渡。1985年，在信贷差额包干的基础上实行"统一计划、划分资金、实贷实存、相互融通"的"实贷实存"政策。1993年，《关于金融体制改革的决定》将实施货币政策的工具扩展为存款准备金率、再贴现利率、公开市场操作、中央银行外汇操作、贷款限额等。1994年在改革后的金融组织体系下实行"总量控制、比例管理、分类指导、市场融通"的信贷管理办法。1997年12月，中国人民银行颁布《关于改进国有商业银行贷款规模管理的通知》，规定于1998年1月1日起取消对国有商业银行贷款限额的控制，在推行资产负债比例管理的基础上，实行"计划指导、自求平衡、比例管理、间接控制"的信贷管理办法②。此后信贷指标管理逐渐淡化，实现由计划经济下的"资金供给制"向市场经济的"资金交易制"的转变（江其务，2003）。2008年，央行公开恢复信贷指标控制并要求1月至10月严格执行，同年11月央行为克服金融危机影响，取消贷款限额控制，次年7月信贷指标事实上再次恢复（类承曜，2013）③。2013年7月，央行全面放开贷款利率管制，取消金融机构贷款利率0.7倍的下限，由金融机构根据商业原则自主确定贷款利率水平；取

---

① "信贷指标（credit indicators）是指信贷规模指标，也称作贷款限额控制或信贷规模控制，其本质上是中央银行控制信贷总量，进而控制货币供应量、管理总需求的一种数量化的货币政策工具，具有一定的行政化控制色彩。"见王昌云、陈雨露、郭庆旺主编：《新中国财政金融制度变迁事件解读》第六章"信贷指标"，中国人民大学出版社，2013年版。

② "1998年之所以取消信贷指标，一个重要因素是当时的宏观经济出现了通货紧缩的迹象，商业银行体系出现了'惜贷'的现象，信贷指标形同虚设。"引自汪昌云、陈雨露、郭庆旺主编：《新中国财政金融制度变迁事件解读》第六章"信贷指标"，中国人民大学出版社2013年版。

③ 2009年新增9.59万亿元"天量"信贷后，2010年全年信贷额度被控制在7.5万亿元以内，且要求按照3∶3∶2∶2的季度投放比例投放（类承曜，2013）。

消票据贴现利率管制，改变贴现利率在再贴现利率基础上加点确定的方式，由金融机构自主确定，并不再对农村信用社贷款利率设立上限。2015 年 10 月，央行对商业银行和农村合作金融机构等不再设置存款利率浮动上限，利率市场化改革取得重要突破。

4.1.2 中国债券市场发展与企业债务融资

债券市场作为资本市场的重要组成部分，是衡量金融市场发达程度的重要标志，在一国（地区）经济发展中发挥着至关重要的作用（时文朝，2013）。中国债券市场是从 20 世纪 80 年代开始逐步发展起来的，经历了以场外柜台市场为主（1988～1990 年）、以交易所市场为主（1990～1997 年）和以银行间市场为主（1997 年至今）三个发展阶段（吴敬琏，2016）。在以场外柜台市场为主的发展阶段①，1987 年 1 月，中国人民银行上海市分行发布《证券柜台交易暂行规定》，要求"凡章程规定的可转让的政府债券、金融债券、公司债券、公司股票和大面额可转让的存款证，均可在批准经营证券转让买卖业务的金融机构办理柜台交易②"，并规定了"柜台交易的公司债券和公司股票"应具备的条件。1988 年 6 月，财政部先后批准 54 个大中城市开展国债流通转让的试点，地方性债券交易中心及柜台交易中心形成，成为债券交易的典型场外市场（沈炳熙和曹媛媛，2014）。在以交易所为主的发展阶段，1990 年底上海证券交易所成立并开始国债交易，建立了相对集中统一的全国性国债登记、托管体系，标志着交易所债券市场的建立（中国证券监督管理委员会，2012）。1994 年，深圳证券交易所开通证券交易业务。在此期间，天津证券交易中心、武汉证券交易中心等区域性交易中心相继成立。然而，由于场外债券交易中出现了较为严重的欺诈情况，国家开始对债券交易进行治理整顿，最终证券交易所成为债券交易的唯一合法场所。在以银行间市场为主阶段，中国银行间债券市场于 1997 年组建，商业

---

① "在这一时期，全国国债市场处于分割状态，中介机构的交易柜台缺乏清算和监督机制，从而频频出现国债卖空现象。"引自李扬《新中国金融 60 年》，中国财政经济出版社 2009 年版。

② "本暂行规定所称的柜台交易又叫店头交易或直接交易，是指在证券交易所以外的场所进行证券的转让买卖活动。"引自《中国人民银行上海市分行证券柜台交易暂行规定》。

银行退出证券交易所国债交易，交由中央国债登记结算公司托管国债交易。
2002 年，银行间债券市场准入由核准制改为备案制，企业等非金融机构开
始进入银行间债券市场，并逐渐成为市场的主体（吴敬琏，2016）。2004
年，国务院发布《关于推进资本市场改革开放和稳定发展的若干意见》，提
出"积极稳妥发展债券市场""改革债券融资发展相对滞后的状况，丰富债
券市场品种，促进资本市场协调发展"。2004 年以后，与我国大力发展资本
市场的形势相呼应，债券市场改革创新进入了一个新的高潮，我国债券市场
从此驶入了发展的快车道，获得了迅猛发展（沈炳熙和曹媛媛，2014）。
2014 年，国务院发布《关于进一步促进资本市场健康发展的若干意见》，提
出"积极发展债券市场""强化债券市场信用约束""深化债券市场互联互
通""加强债券市场监管协调"，进一步促进和规范了中国债券市场发展。
经过 30 多年，中国已发展形成门类齐全、品种结构较为合理、信用层次不
断拓展的债券市场①。

　　在中国债券市场改革的过程中，曲折前行中的企业信用债券市场经历了
从改革开放初期的快速发展到 20 世纪 90 年代严格管制下的回落和低潮，再
到近年来的爆发式增长不平凡的发展历程。在 80 年代中期，中国出现了企
业债券，1985 年 5 月，沈阳市房地产开发公司向社会公开发行 5 年期企业
债券，这是改革开放后有记载的第一只企业债券（李扬，2009）。1987 年 3
月，国务院颁布《企业债券管理暂行条例》，规定"本条例适用于中国境内
具有法人资格的全民所有制企业在境内发行的债券""中国人民银行对企业
发行债券实行集中管理、分级审批制度"。同时按照《企业债券管理暂行条
例》的要求，"中国人民银行会同国家计划委、财政部等部门拟定全国企业
债券发行的年度控制额度，下达各省、自治区、直辖市和计划单列省辖市执
行"，当年企业债券发行计划的发行规模为 75 亿元，其中重点建设项目 45
亿元。1990 年国家计划委员会和中国人民银行联合发布《关于企业债券额
度审批制度及管理办法》。1993 年 8 月，国务院颁布《企业债券管理条例》
并同时废止了 1987 年 3 月颁发的《企业债券管理暂行条例》，将企业债券
适用范围扩大至"中国境内具有法人资格的企业"，进一步明确"企业发行

---

① 引自《中国债券市场概览（2016 年版）》，中国国债登记结算有限责任公司网站。

企业债券，应当由证券经营机构承销"，并首次提出"企业发行企业债券，可以向经认可的债券评信机构申请信用评级"，同时维持了企业债券发行的额度计划管理和企业债券利率不得高于银行定期存款利率的40%等相关规定。[①] 1993年出台的《公司法》对公司债券的发行、转让和管理进行了具体规定，确立了企业信用债券管理的顶层制度设计。1999年7月实施的《证券法》规定上市公司发行公司债券须由国务院证券监督管理机构核准。1999~2000年间，上海证券交易所和深圳证券交易所先后发布《企业债券上市规则》。2002年，随着一级市场发行限制的放松，企业债券发行规模的扩大，证券交易所陆续推出措施降低企业债券交易成本、提高二级市场流动性（李扬，2009）。2004年，国务院提出"改革债券融资发展相对滞后的状况"。2007年8月中国证监会发布《公司债券发行试点办法》，当年12月第一只公司债"中国长江电力股份有限公司债券"在交易所挂牌交易，公司债逐渐成为企业信用债的重要代表品种（中国证券监督管理委员会，2009）。2008年，国家发改委等发布《关于推进企业债券市场发展、简化发行核准程序有关事项的通知》，改变了企业债发行管理方式，企业债市场迎来了新的发展契机（沈炳熙和曹媛媛，2014）[②]。2015年1月，中国证监会发布《公司债券发行与交易管理办法》，将公司债发行主体扩展至所有公司制法人，丰富债券发行方式，增加债券交易场所，取消公司债券公开发行保荐制和发审委制。同年底，国家发改委办公厅发布《关于简化企业债券申报程序加强风险防范和改革监管方式的意见》，放宽信用优良企业审核与发债指标限制，强化信息披露和中介机构责任，加强事中事后监管，简化申报程序，提升审核效率。2016年3月，国家发改委印发《关于建立部分地区企业申请企业债券"直通车"机制的通知》，对2015年国务院大督查中落实有关政策措施成效较明显的地区实行申请企业债券"直通车"机制的激励支持。2017年8月，国家发改委印发《关于在企业债券领域进一步防范风险加强监管和服务实体经济有关工作的通知》，进一步强调加强事中事后

---

① 1998年国家计划委员会更名为国家发展计划委员会，2003年国家机构改革后其改组为国家发展和改革委员会，企业债审批的职能由国家发改委继承下来（沈炳熙和曹媛媛，2014）。

② "先核定规模、后核准发行"简化为直接核准发行，相关审批权力部分下放到行业主管部门和省级政府，不再强制担保，加快企业债审批时间，扩大企业债筹集资金的投向范围等（沈炳熙和曹媛媛，2014）。

监管，防范企业债券违约风险。

4.1.3 中国商业信用演变与企业债务融资

商业信用是市场经济的基础，是企业之间直接与商品的生产和流通相关联的信用形式，主要有三类形式：一是通过提供商品实现资金融通，二是通过提供与商品交易有关的货币实现资金融通，三是通过签发票据实现资金融通（汤莹玮，2018）。市场经济中，企业选择商业信用的动机不外是两类：一类是经营性动机，另一类是融资性动机，即主动提供商业信用的企业主要是出于经营性动机，而接受商业信用的企业则主要是出于融资性动机（赵学军，2015）。商业信用的融资性动机主要是建立在商业信用的融资比较优势理论（Petersen and Rajan，1997）基础之上。彼得森和拉扬（Petersen and Rajan，1997）指出，与银行信用相比商业信用在获取信息、控制买方和挽回损失等方面存在显著比较优势①。事实上，在一些国家商业信用的使用甚至远远超过了企业从银行获得的融资额，中国作为金融体系上尚不健全的发展中国家，商业信用对国民经济尤其是非国有经济的支持可能会超过银行贷款（陆正飞和杨德明，2011；Allen et al.，2005）。已有基于中国制度背景的研究表明，商业信用作为中国企业重要的融资渠道（王彦超，2014），与银行信用融资之间存在显著的替代关系（陆正飞和杨德明，2011；石晓军和李杰，2009），商业信用的融资功能在非国有企业和金融发展水平较低的地区更明显（孙浦阳等，2014）。从中国商业信用演变的历史进程来看，中国商业信用早在中古时期便已有之（周建波等，2018），新中国成立后在计划经济体制下商业信用曾受严格管制。改革开放后，伴随着社会主义市场经济的萌发，商业信用得以重新恢复并实现规范化和制度化发展。

改革开放前，政府一直对企业实行统分统配、统收统支、统一计划、直接管理（刘仲藜，1999）。计划经济体制下，国有企业以商业信用方式占用

---

① 基于融资比较优势的理论认识，商业信用融资成本低于银行信用融资成本，在存在信贷配给的情况下，即使商业信用融资成本高于银行信用融资成本，企业在融资渠道受限的情况下仍将选择商业信用融资。

的资金是其他企业的流动资金，实质上仍是全社会财政资金的一部分，归根
到底，国有企业商业信用融资仍来源于政府以计划手段分配的财政资金
（赵学军，2015）。1955 年 5 月，商业部和中国人民银行发布《关于取消商
业信用改进按财务收支差额放款的联合指示》，明确指出"在商业系统内部
与各企业部门之间，仍然存在着较为普遍的和多样形式的商业信用，这既影
响国家资金的合理运用和国家计划的全面贯彻执行，亦妨碍企业进一步贯彻
经济核算制""为此，本部、行决定自 1955 年第三季度开始进一步取消商
业信用"。此后，除了个别行业的商业信用得到批准继续存在外[1]，企业间
商业信用失去了合法地位。改革开放后，发展横向经济联系成为搞活经
济、形成商品市场体系的重大举措（杨纪琬，1986）。在由计划经济向市
场经济体制转轨的过程当中，当集中计划的经济体制已经解体，生产经营
决策权已经下放到企业，企业与企业之间发生横向财务关系（樊纲，
1996）。1980 年 8 月，时任中国人民银行总行副行长李飞在分行行长座谈
会上的总结发言中指出，"要根据新的情况，改进信用制度。信用仍应集
中于银行，但要有控制地、有条件地放开某些商业信用"[2]。1982 年 12
月，国务院在《批转关于加强企业流动资金管理的报告》中提出，"对于
有利于发展生产，搞活经济，扩大商品销售的商业信用，对于经过批准允
许赊销的商品、分期付款和预收货款的，各级银行要予以支持"。市场经
济中经济资源通过自由流动实现优化配置的客观规律奠定了商业信用恢复
和发展的现实基础，改革开放初期获得生产经营自主权的企业开始广泛应
用商业信用。

　　然而，尽管经济体制转型时期企业间债务出现了正常的"体制性增
长"[3]，但是由于国有企业"预算软约束"的体制特征决定着企业减债务可

---

[1]　中国人民银行、财政部《关于对商业部、供销社系统所属企业目前允许存在的预收、预付
货款范围问题的请示报告》（1965 年 3 月 3 日，银商字第 17 号、财商字第 19 号）中具体规定了八
类在商业部、供销合作社系统所属企业中可以允许继续存在的预收、预付货款。同时，规定个别企
业"确实需要预收、预付货款的"，须在不影响国家计划分配物资和资金、不妨碍企业经济核算、
不违反现金管理规定的条件下由主管部门审查，提交财政部、中国人民银行总行审批。

[2]　引自《总行李飞副行长在分行行长座谈会上的总结发言》，吉林省金融学会编印《商业信
用研究资料汇编》，1984 年，第 42 页。

[3]　即"在转轨时期，企业间债务总额的增长在一定程度上属于经济'货币化''信用化'的
一种正常现象。我们称这种因体制变化引起的企业间债务增长为'体制性增长'"。引自樊纲：《企
业间债务与宏观经济波动（上）》，《经济研究》1996 年第 4 期。

能会大大超出"预算硬约束"条件下的债务水平（樊纲，1996），商业信用恢复并广泛应用后中国经济运行中出现了大量企业相互之间超过正常商业信用期限的债务积累，产生了严重的"三角债"问题（瞿强，2013）。1990年3月，国务院发布《关于在全国范围内开展清理"三角债"工作的通知》，决定成立国务院清理"三角债"领导小组组织领导全国清理"三角债"的工作，同时按照"条块结合、自上而下"的办法进行清欠。1993年，国务院批准《关于全国清理三角债工作情况的报告》标志着此阶段"三角债"清欠任务完成。与此同时，政府通过加强票据管理推进商业信用制度建设，规范企业间商业信用行为。实际上，20世纪80年代初期，政府刚放开国有企业商业信用时，已认识到最有效的规制手段是推行商业信用的票据化管理，但将商业票据的承兑、贴现、再贴现业务限定在国家银行系统内运行，实现以银行信用引导商业信用的目的（赵学军，2015）。1994年7月，中国人民银行颁布《商业汇票管理办法》，规定"在银行开立账户的法人之间根据购销合同进行的商品交易，可使用商业承兑汇票"。同年，中国人民银行根据《商业汇票管理办法》制定《再贴现办法》。1995年全国人大第十三次会议审议通过《中华人民共和国票据法》，将企业间票据活动纳入法制轨道。21世纪以来，管理部门采用更加市场化的方式推动票据市场发展，推动票据市场利率市场化，取消商业银行承兑总量的指标限制，积极推广商业承兑汇票，建成电子商业汇票系统（ECDS）（汤莹玮，2018）。1997年央行制定并印发《商业汇票承兑、贴现与再贴现管理暂行办法》。但是，由于接受商业承兑汇票的风险较大，企业喜欢风险较小的银行承兑汇票，商业承兑汇票一直规模较小，银行承兑汇票占据了商业信用票据市场90%以上的份额（赵学军，2015）。对此，2007年1月央行印发了《关于促进商业承兑汇票业务发展的指导意见》，推广使用商业承兑汇票有利于促进银行信用和企业商业信用的有机结合，缓解中小企业融资难问题，并要求调动各方积极性，建立推广商业承兑汇票的良性机制。2009年，为规范纸质商业汇票登记查询业务，促进纸质商业汇票流通，央行颁布《纸质商业汇票业务登记查询管理办法》。2016年8月，为了充分发挥电子商业汇票系统和电票业务优势，防范纸质商业汇票业务风险，加快票据市场电子化进程，央行印发了《关于规范和促进电子商业汇票业务发展的通知》，通过创新电票系统内商业信用，发展电子商业承兑汇票，增强商业信用。

4.2 中国系族集团上市公司形成及其演进分析

改革开放 40 多年来，伴随着经济体制改革的持续推进和对外开放程度
的不断扩大，系族集团上市公司不仅成长为中国资本市场中的重要力量，还
对国民经济的健康发展施加重要影响。一般而言，与非系族集团上市公司不
同，系族集团上市公司组织规模庞大，内部股权结构和外部利益主体复杂，
同一集团控制的多家系族集团上市公司间在控股股东的战略布局和协调下商
业往来密切、资本运作频繁，拥有强大的资源获取能力。然而，与西方分散
股权下控制的非国有系族集团上市公司和东亚家族控制下的非国有系族集团
上市公司不同，中国公有制为主体、多种所有制经济共同发展的基本经济制
度造就了国有系族集团上市公司与非国有上市公司共存共荣的发展局面。虽
然不同产权性质的系族集团上市公司在组织结构、股权安排和人事管理等方
面存在共性且"共处一室"，但是迥然不同的系族构建动机、大相径庭的系
族发展方式以及不同发展起点下差异化的制度环境导致国有系族集团上市公
司与非国有系族集团上市公司之间存在重大差别。因此，本节尝试在制度变
迁视角下对国有系族集团上市公司与非国有系族集团上市公司发展路径分别
展开梳理分析，以期更加清晰和准确地理解中国系族集团上市公司战略决策
及其背后的行为逻辑。

4.2.1 制度变迁视角下国有系族集团上市公司形成及其演进分析

国有系族集团上市公司成长发展的逻辑起点是改革开放后国家持续推进
大型企业集团发展战略和国企股份制改革下建立发展现代企业制度。改革开
放后，中国经济体制开始由计划经济体制向社会主义市场经济体制转轨，在
此过程中企业之间的关系也开始由行政管理下的纵向联系向相互竞争合作的

横向联系转变，经济联合体成为改革开放伊始企业集团萌发的雏形①。在此背景下，国家开始实施大型企业集团发展战略，尝试通过发展大型企业集团"促进企业组织结构调整""推动生产要素合理流动""形成群体优势和综合能力""提高国际竞争力和宏观调控的有效性"②。1986 年 12 月，《国务院关于深化企业改革增强企业活力的若干规定》中首次明确提出"鼓励发展企业集团""在发展横向经济联合的基础上，以大型骨干企业或名牌产品生产企业为主体，根据自愿互利原则，由企业自主组建企业集团，政府部门不得阻止"③。1991 年 12 月，国务院确定第一批 55 家试点企业集团名单。1993 年党的十四届三中全会通过《中共中央关于建立社会主义市场经济体制若干问题的决定》，着重强调"转换国有企业经营机制，建立现代企业制度"，并进一步要求"按照现代企业制度的要求，现有全国性行业总公司要逐步改组为控股公司，发展一批以公有制为主体，以产权联结为主要纽带的跨地区、跨行业的大型企业集团，发挥其在促进结构调整，提高规模效益，加快新技术、新产品开发，增强国际竞争能力等方面的重要作用"。此后，随着中国资本市场的建立发展和我国法制化建设进程的不断加快，企业集团发展进入遵照《公司法》构建产权关系清晰的母子公司体制发展阶段，大部分国有企业集团通过分拆方式实现股票上市（李懋劼，2011）。在国务院第一批试点 55 家企业集团中，有 15 家企业集团进行了建立现代企业制度试点，有 32 家企业通过股票上市实现了公司制改建，发行 A 股的公司有 30 家，发行 B 股的有 3 家，境外上市的 10 家（国家经贸委经济研究中心课题组，2002），隶属于国有企业集团的上市公司纷纷涌现。1997 年 4 月，国务院提出"本世纪末，大型企业集团母、子公司初步建立现代企业制度，成为自主经营、自负盈亏、自我发展、自我约束的法人实体和市场经济主体，建立以资本为主要联结纽带的母子公司体制"，并确定了 63 家参加第二批

---

　　①　早在 20 世纪 60 年代，我国便试办和组建过托拉斯性质的专业公司，并在短期内取得较好的成绩，此后由于"文化大革命"的冲击而夭折（国家经贸委经济研究中心课题组，2002）。1980年 7 月，国务院发布《关于推动经济联合的暂行规定》，指出"走联合之路，组织各种形式的经济联合体，是调整好国民经济和进一步改革经济体制的需要，是我国国民经济发展的必然趋势"。
　　②　引自国家计划委员会等部委 1991 年 8 月印发的《关于选择一批大型企业集团进行试点的请示》。
　　③　1987 年 12 月。国家体改委、经委印发《关于组建和发展企业集团的几点意见》，首次明确了企业集团的含义和内部管理，并规定了企业集团的组建原则和条件。

试点的大型企业集团①。培育国有企业集团的发展战略和推进股份制改革、建立现代企业制度下诞生的国有企业集团及国有上市公司为系族集团及系族集团上市公司的诞生创造了前提条件。

然而，由于极为分散的国有资产管理体制导致控制上市公司的国有企业集团并没用尝试通过控制多家上市公司建立系族集团②。2002 年，党的十六大对国有资产管理体制做出重大改革，提出"建立中央政府和地方政府分别代表国家履行出资人职责，享有所有者权益，权利、义务和责任相统一，管资产和管人、管事相结合的国有资产管理体制"。2003 年开始中央和地方国有资产管理机构相继成立，改革后的国有资产管理体制极大地加快了国有经济的布局和结构调整。国有企业集团在国有资产监管机构的统一协调下开始布局国内资本市场，通过控制多家系族集团上市公司构建国有系族集团。以本书调查统计的国有系族集团"五矿系"为例，1991 年中国五金矿产进出口总公司位列国务院首批试点 55 家大型国企集团，1992 年国家计委等部委正式批准成立中国五矿集团，1997 年中国五矿集团独家发起设立五矿发展股份有限公司（600058）并在 A 股主板上市，然而此后五矿集团的发展壮大并没有通过控制多家上市公司构建系族集团。2003 年国有资产监督管理体制改革后，在国务院国资委的直接干预下五矿集团自 2009 年开始在不到一年的时间内相继控制关铝股份（000831）、金瑞科技（600390）、中钨高新（000657）、株冶集团（600961）四家上市公司，并通过直接无偿划转或"增资入股+无偿划转"等方式以极低的成本完成了国内资本市场系族集团构建，其控制的上述系族集团上市公司分散在北京市、山西省、湖南省和海南省。2015 年 12 月，国务院国资委宣布对五矿集团和中冶集团进行战略重组，半年后中冶集团（601618）整体并入中国五矿集团并成为其全资子公司。此次战略重组的目的是"落实党中央、国务院关于'做强做优做大国有企业''不断增强国有经济活力、控制力、影响力、抗风险能力'的

---

① 引自《国务院批转国家计委、国家经贸委、国家体改委〈关于深化大型企业集团试点工作意见〉》。

② "当时政府对国有资产实行归口分级管理，例如，产权归财政部管理，投资立项国家计委管理，日常运营归国家经贸委管理，劳动与工资归社会保障部门管理，高管的人事任免权归组织部和大企业工委管理，因此被形象地称为'五龙治水'"，引自财经网，http://business.sohu.com/20140630/n401564412.shtml。

要求，深化国有企业改革，推进国有经济布局结构调整，打造具有国际竞争力世界一流企业"。此次战略重组完成后中国五矿集团在国内资本市场中构建的"五矿系"控制六家 A 股上市公司，掌控的资产总规模达到 1.68 万亿元，在世界 500 强榜单中金属行业排名第一①。

4.2.2 制度变迁视角下非国有系族集团上市公司形成及其演进分析

改革开放以来，政治体制改革和社会主义市场经济建设推动非国有经济破茧而出、蓬勃生长。1982 年新修订的《中华人民共和国宪法》明确规定"在法律规定范围内的城乡劳动者个体经济，是社会主义公有制的补充"。1993 年党的十四届三中全会通过《关于建立社会主义市场经济体制若干决定的问题》，并强调"必须坚持公有制为主体、多种所有制经济成分共同发展的方针"。1997 年党的十五大报告进一步明确提出"非公有制经济是我国社会主义市场经济的重要组成部分。对个体、私营等非公有制经济要继续鼓励、引导，使之健康发展"。此后伴随着政府对非国有经济认识的不断深化，非国有经济在社会主义市场经济建设中的地位不断提升，作用日益凸显。截至 1998 年底我国民营企业上市公司共 53 家。

在上述制度背景下，由非国有系族集团上市公司构建的系族集团大量涌现，相继诞生的"复星系""万向系""明天系""中植系""德隆系""精功系"等非国有系族集团在中国资本市场中产生重要影响，其中"复星系""精功系"等相对成功的系族集团实现了持续稳定发展，而"德隆系""格林柯尔系"等失败的系族集团成为中国资本市场的"系族之殇"。以非国有系族集团上市公司构建的"精功系"为例，20 世纪 80 年代金良顺凭借科研技术创新成果建立乡镇企业绍兴经编机械总厂，并积极响应"星火计划""火炬计划"等国家和地方产业发展战略，通过承揽多项"星火计划"和"火炬计划"项目实现了企业快速发展。90 年代集体股权经过两次企业改制

---

① 引自中国五矿集团有限公司官方网站五矿简介，http：//www.minmetals.com.cn/wkjj/gy-wk/。

基本退出绍兴经编机械总厂，金良顺从厂长变为企业实际控制人。2002 年
12 月，金良顺控制的精功集团通过协议转让方式收购上市公司轻纺城
（600790）的第一大股东绍兴县彩虹实业有限公司股份实现对上市公司的控
制，一年后又通过其控制的浙江精工钢结构建设集团以协议转让方式控制上
市公司长江股份（600496）并将其主业注入上市公司，通过买壳方式实现
企业上市。次年 6 月，精功集团发起设立的浙江精工科技股份有限公司
（002006）又在 A 股成功上市，构建起了由实际控制人金良顺控制的三家 A
股上市公司构成的"精功系"非国有系族集团。此后，虽然轻纺城
（600790）经过股权转让剥离出"精功系"，但是又将上市公司会稽山绍兴
酒股份有限公司（601579）纳入系族集团中，系族集团控制的系族集团上
市公司主要集中在浙江省，且数量保持不变。与"精功系"形成鲜明对比
的是经历"初期发展—快速扩张—快速短期融资—再扩张—资金链紧张—
危机—溃败"路线而昙花一现的"德隆系""格林柯尔系"等系族集团
（巴曙松，2005）。这些系族集团实际控制人通过控制多家系族集团上市公
司有效提升融资能力，同时也触发"资源诅咒"，一味地在大规模融资支撑
下追求构建"私人帝国"而忽视主业及融资风险，最终导致系族集团的全
面溃败，并在一定程度上破坏了资本市场的生态环境。

　　"精功系"及其控制系族集团上市公司是中国资本市场中稳定成长的非
国有系族集团的一个缩影。在系族集团构建初期实际控制人以协议转让等方
式通过"买壳"实现上市，其后利用资本市场发展及持续扩容的制度环境
优势，通过发起设立企业并成功上市进一步扩大系族集团规模。实际控制人
通过控制多家系族集团上市公司既能有效提升控股集团公司发展所需的融资
资金获取能力，同时能够借助相关产业整合与多元化经营实现系族集团发展
壮大。由此可见，非系族集团上市公司是中国资本市场和金融发展制度环境
塑造的产物。实际控制人通过控制多家上市公司缔造"私人企业帝国"的
主要目的是为了充分利用资本市场资源配置优势缓解控股公司的融资约束，
在系族集团构建的过程中受政府直接干预或国家发展战略意图影响较小，实
际控制人基本围绕控股公司主业组建系族集团，并能根据系族集团上市公司
发展情况及时对系族规模进行调整，系族集团成员上市公司规模较小、地域
分布较为集中，彼此间联系相对紧密。

4.3 中国系族集团上市公司及其债务融资选择现状分析

4.3.1 中国系族集团上市公司企业特征现状分析

图 4 - 1 是系族集团上市公司①数量及增长趋势统计，从图中可以看出，自 2004 年中国资本市场中的系族集团上市公司呈现出逐年稳步递增的发展趋势，系族集团上市公司数量增长率在 2008 年达到高点，随后受金融危机

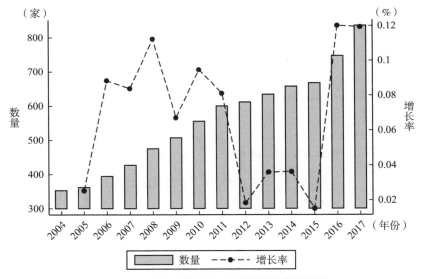

图 4 - 1 系族集团上市公司数量及增长趋势

资料来源：根据 CSMAR 数据库使用 STATA 绘制。

---

① 基于前面关于系族集团上市公司的概念界定，结合 CSMAR 数据库相关数据，考虑到数据库中控股股东关系链公告图初始数据年份为 2004 年，以及我国国有系族集团上市公司构建很大程度上受 2003 年国资管理影响，因此以 2004～2017 年为观测期统计描述我国系族集团上市公司现状，最终得到 2004～2017 年间共 7820 家系族集团上市公司，其中 2004 年 353 家，2005 年 362 家，2006 年 394 家，2007 年 427 家，2008 年 475 家，2009 年 507 家，2010 年 555 家，2011 年 600 家，2012 年 611 家，2013 年 633 家，2014 年 656 家，2015 年 666 家，2016 年 746 家，2017 年 835 家。

爆发影响开始直线下落，经历 2010 年小幅反弹后继续下降，这一趋势一直保持到 2015 年，并于 2016 年重回高点，说明中国资本市场中系族集团上市公司的成长与系族集团组建同宏观经济发展基本保持同步脉动。从图 4 - 2 和图 4 - 3 可以看出，在中国资本市场中系族集团上市公司平均占比保持在四成以上并于 2008 年达到高点，随着金融危机爆发和中国资本市场增资扩容，系族集团上市公司在全部上市公司总量中占比呈逐年下降趋势。与此同时，伴随着系族集团上市公司数量的逐步递增，系族集团上市公司规模总量也在持续扩大，系族集团上市公司规模年均量在稳步提高。

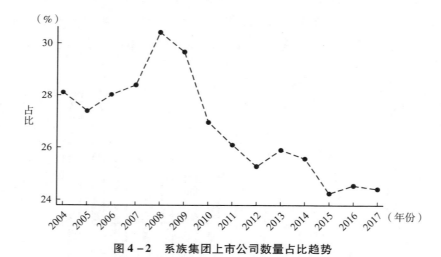

图 4 - 2　系族集团上市公司数量占比趋势

资料来源：根据 CSMAR 数据库使用 STATA 绘制。

图 4 - 4 描绘的是系族集团上市公司产权性质占比及其发展趋势，国有系族集团上市公司在全部系族集团上市公司占据主导地位，其中中央国企占比高于地方国企占比。但是随着时间推移，非国有系族集团上市公司占比呈现明显的上升趋势，而国有系族集团上市公司占比呈现明显的下降趋势。2015 年后非国有企业系族集团上市公司占比首次超越地方国有系族集团上市公司占比，且与中央国有系族集团上市公司占比更为接近。这说明随着全面深化经济体制改革的逐渐推进和资本市场的稳步发展，在非国有经济不断发展和资本运作机制逐渐成熟的背景下，非国有经济日渐热衷于通过控制多

家上市公司缔造系族集团谋求发展。

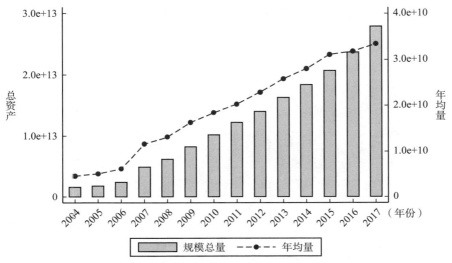

图 4 - 3 系族集团上市公司规模及其年均变化趋势

资料来源：根据 CSMAR 数据库使用 STATA 绘制。

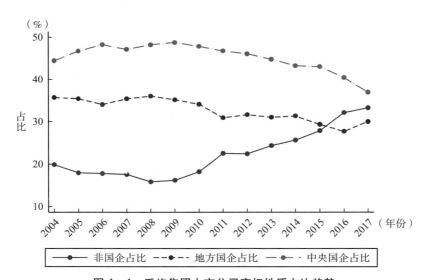

图 4 - 4 系族集团上市公司产权性质占比趋势

资料来源：根据 CSMAR 数据库使用 STATA 绘制。

图 4 - 5 描绘的是系族成员上市公司数量及其发展趋势，从图中可知大部分系族集团的成员上市公司规模维持在 6 家以下，其中由两家和三家系族集团上市公司构建的系族集团占据较大比重。图 4 - 6 进一步针对占据比重

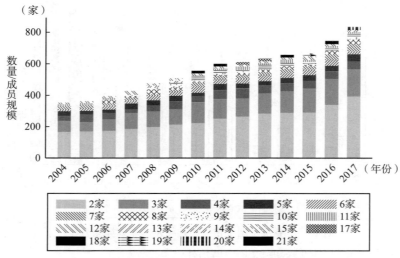

图 4 - 5　系族集团上市公司成员数量及趋势

资料来源：根据 CSMAR 数据库使用 STATA 绘制。

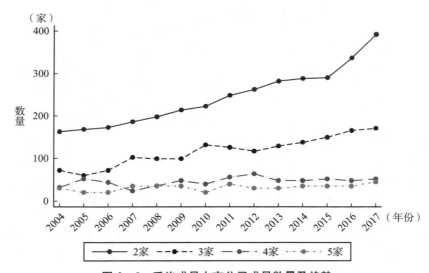

图 4 - 6　系族成员上市公司成员数量及趋势

资料来源：根据 CSMAR 数据库使用 STATA 绘制。

较大的控制 6 家以下的系族成员上市公司及其发展趋势进行描绘分析可知，有 2 家系族集团上市公司和 3 家系族集团上市公司组成的系族集团数量增长较快，而控制 4 家或 5 家系族集团上市公司的系族集团也在稳步增加，但增长幅度略低。这说明组织规模较小的系族集团正在资本市场中快速发展，这是由于组建小规模系族集团难度小、成本低，也得益于资本市场的不断扩容及并购重组的持续高涨。

4.3.2 中国系族集团上市公司行业与地域分布现状分析

图 4 - 7 是我国系族集团上市公司行业分布及趋势，从图中可以看出系族集团上市公司普遍集中于制造业，其次是信息技术业和批发零售业，且随着时间推移和系族集团上市公司数量的不断增长，行业分布情况并未出现明显变化。这说明以制造业为代表的实体经济仍是我国系族集团上市公司从事的主业，其中国有系族集团上市公司在国有资本战略布局下集中于关乎国家安全、国民经济命脉的制造业关键领域，在制造业中占据较大比重。非国有系族集团上市公司也基本围绕制造业、零售业等行业实现稳定持续发展。进一步结合图 4 - 8 系族集团多元化占比及趋势发现，以制造业二级分类和其

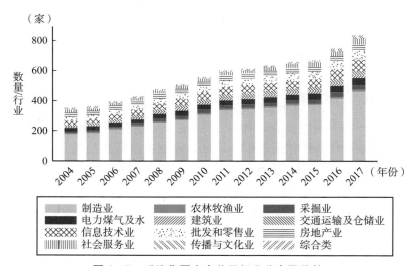

图 4 - 7 系族集团上市公司行业分布及趋势

资料来源：根据 CSMAR 数据库使用 STATA 绘制。

余行业一级分类定义系族集团是否进行跨行业的多元化经营，隶属于跨行业经营系族集团的系族集团上市公司占比超过55%，系族集团上市公司隶属的系族集团较为普遍地实施多元化经营战略，且这一趋势呈现震荡上涨态势，在经历2007年和2012年两次下降触底后均出现了明显反弹上涨趋势，说明跨行业多元化仍是我国系族集团普遍采取的发展战略，其背后的动机可能是通过跨行业布局扩大市场资源、分散行业风险。

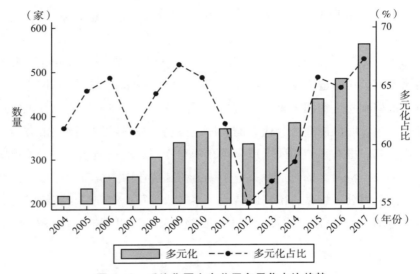

图 4 - 8　系族集团上市公司多元化占比趋势

资料来源：根据 CSMAR 数据库使用 STATA 绘制。

图 4 - 9 是系族集团上市公司地域分布及其趋势，从图中不难发现系族集团上市公司主要集中于北京市、广东省、上海市、浙江省和江苏省等经济相对发达和市场化程度较高的沿海地区，根据本书样本统计 2017 年上述五省市系族集团上市公司在全国系族集团上市公司总体中占比约为 47.7%，相比之下经济发展水平和市场化程度较低地区的系族集团上市公司数量较少。这说明国家改革开放和区域经济发展战略深刻影响着系族集团上市公司的形成和发展，这一情况在非国有系族集团上市公司中更为凸显，地区市场化程度高意味着金融发展更为成熟、法治化环境更为完善、产品市场和要素市场发育更加健康，这都为系族集团上市公司成长发展创造了便利的制度环

境。进一步结合图 4－10 可以看出，系族集团普遍采取跨地区经营发展战略。然而，由于地区制度环境差异、地方政府保护和区域资源禀赋所造成的地区之间的制度距离大和市场分割严重等问题，众多中国企业宁可选择进入国际市场也不在国内开展跨地区经营，导致企业国际化轰轰烈烈，而国内跨地区经营却驻足不前（宋渊洋和黄礼伟，2014）。系族集团上市公司之所以克服了跨地区经营问题主要是两方面原因，一方面，对于国有系族集团上市公司而言国资委在国有资产战略布局中主要考虑产业整合，以"五矿系"为例，在国资委干预下不到一年之内控制的三家系族集团上市公司分别位于海南省和湖南省，而两省份的市场化程度排名处于中游偏下位置，31 个省份市场化排名①中分列第 18 位和第 21 位。另一方面，非国有系族集团上市公司其跨地区经营一般选择市场化程度较高地区，以"精功系"为例，三家系族集团上市公司中两家在浙江省、一家在安徽省，两省份市场化程度较高且制度环境相近，在 31 个省份市场化排名中分列第 11 位和第 12 位。

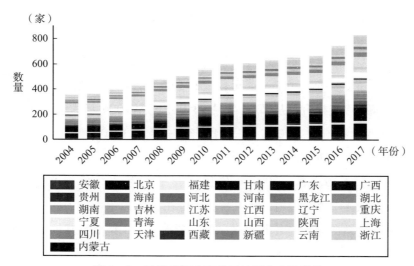

图 4－9　系族集团上市公司地域分布及趋势

资料来源：根据 CSMAR 数据库使用 STATA 绘制。

---

①　相关排名统计数据引自王小鲁、樊纲和余静文著《中国分省份市场化指数报告（2016）》，社会科学文献出版社 2017 年版。

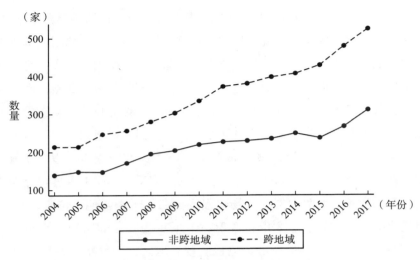

图 4 - 10　系族集团上市公司跨地域构成及趋势

资料来源：根据 CSMAR 数据库使用 STATA 绘制。

4.3.3　中国系族集团上市公司债务融资选择现状分析[①]

图 4 - 11 是系族集团上市公司债务融资总量及债务与资产总量比趋势，从图中可知随着系族集团上市公司数量的不断增加，系族集团上市公司债务融资总量规模逐年提升，从 2004 年约 8350 亿元至 2006 年达到 13700 亿元，再至 2014 年达到约 113000 亿元，2017 年底达到约 171000 亿元，是 2004 年的 20 多倍[②]。系族集团上市公司债务融资与资产规模比值在 2004 年约为 51% 并在此后不断上涨，2007 年经历短暂下降后快速反弹并快速增加，2009 年后占比超过 55% 并在 2011 年后稳定在 60% 以上。这说明伴随着经济体制改革的全面深化和对外开放水平的不断提升，中国系族集团上市公司债

---

　　①　结合中国系族集团上市公司发展现状和中国金融市场制度环境，本书研究选取 2004～2017 年中国沪、深 A 股系族集团上市公司债务融资选择相关数据为初始研究样本，尝试在债务异质性视角下对系族集团上市公司债务融资选择行为进行全景展现。在样本选取时遵循以下原则：（1）由于上市公司财务报表统计差异，剔除金融行业样本公司；（2）剔除资产负债率大于 1 的数据异常样本公司；（3）剔除数据缺失及无法获取相关数据的样本公司。最终得到 7726 个系族集团上市公司年面板数据，相关数据来源于 CSMAR 国泰安数据库，统计和主要绘图软件为 Stata14.0，聚类分析绘图软件为 Excel。
　　②　根据国家统计局公布的《2017 中国统计年鉴》社会融资规模存量及增长率相关数据估算。

务融资规模体量巨大且增长迅速，不仅有力地支撑着系族集团上市公司资产规模增长，还在整个国民经济运行中发挥着重要作用。

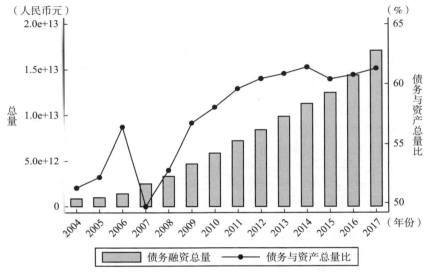

图 4 – 11　系族集团上市公司债务融资规模及总量比趋势

资料来源：根据 CSMAR 数据库使用 STATA 绘制。

　　进一步从图 4 – 12 来源异质性债务融资选择横向对比情况来看，系族集团上市公司金融机构债务融资率呈现出逐步下降的趋势，而商业信用融资率呈现出逐步上升的趋势，且两者在 2008 年金融危机后呈现出较为明显的交叉分化趋势，这与杨玉龙等（2018）针对中国全部上市公司金融负债和经营负债占比趋势统计基本一致。债券融资率占比仍处在较低水平，但呈现出逐步上升的变化趋势。这说明金融机构融资和商业信用融资仍是中国系族集团上市公司债务融资的主要来源，且两者呈现出此消彼长的动态变化趋势。

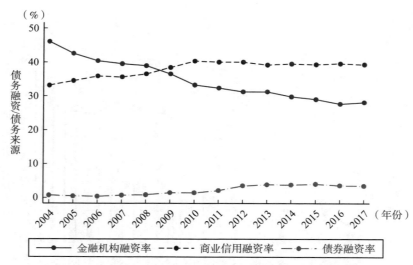

图 4 - 12　系族集团上市公司不同来源债务融资占比及趋势

资料来源：根据 CSMAR 数据库使用 STATA 绘制。

　　从图 4 - 13 期限异质性债务融资选择横向对比情况来看，短期债务融资一直在系族集团上市公司债务融资期限结构中占据主导地位，但呈现出较为平缓的下降趋势，长期债务融资占比持续较低，2008 年后占比有所提升。这主要是由于中国金融市场中金融机构行业市场竞争程度低，长期债务融资资源相对稀缺且受政府干预影响较大。对于金融机构，特别是商业银行而言短期债务融资风险低，出于风险考虑选择长期信贷意愿较低，往往通过短期信贷方式控制企业违约风险（Fan et al. , 2012），同时短期信贷也可以使银行具备更高的灵活性，以便应对监管部门针对信贷发放与回收的考核压力（钟凯等，2016），因此金融机构更倾向于提供短期债务融资。但是，伴随着供给侧结构性改革的全面推进和金融市场改革不断深化，政府与市场关系的调整和债券市场的发展在一定程度上提升了长期债务融资的供给水平。

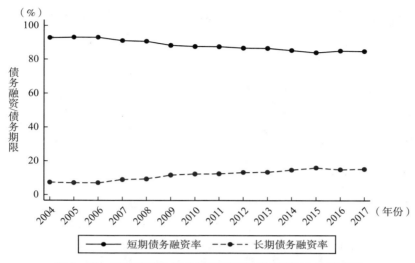

图 4 – 13　系族集团上市公司不同期限债务融资占比及趋势

资料来源：根据 CSMAR 数据库使用 STATA 绘制。

图 4 – 14 反映的是系族集团上市公司年均资产负债率及其趋势，从图中发现在 2004 年非国有系族集团上市公司年均资产负债率接近 60%，而国有系族集团上市公司年均资产负债率低于 50%，非系族集团上市公司年均资产负债率明显高于国有系族集团上市公司年均资产负债率。但此后非国有系族集团上市公司年均资产负债率不断下降，而国有系族集团上市公司年均资产负债率不断提升，二者于 2007 年出现交汇。2007 年后国有系族集团上市公司年均资产负债率则相对平稳，呈现出稳中有涨态势，而非国有系族集团上市公司年均资产负债率则一路下降，在 2013 年出现小幅回升后与国有系族集团上市公司年均资产负债率之间的差距不断扩大。上述不同产权性质的系族集团上市公司年均资产负债率趋势与张一林和蒲明（2018）针对我国国有和非国有企业杠杆率统计结果完全一致，这说明系族集团上市公司年均资产负债率及其趋势一方面受宏观经济形势影响，非国有系族集团上市公司投资机会减少、融资需求降低，加之后金融危机时期金融机构为规避风险而普遍惜贷，导致资产负债率下降；另一方面，在政府实施“四万亿计划”后国有系族集团上市公司投机机会并未受宏观经济严重冲击，加之债务融资需求“政府—金融机构—企业”的双重软约束，国有系族集团上市公司资

产负债率稳中有涨，中央与地方国有系族集团上市公司变动趋势较为一致。

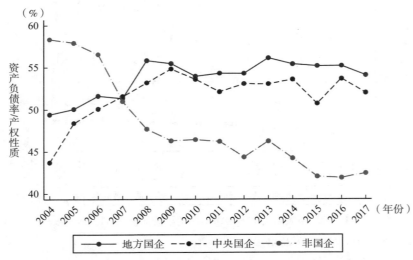

图 4 – 14　系族集团上市公司平均资产的负债率及变动趋势

资料来源：根据 CSMAR 数据库使用 STATA 绘制。

　　在来源异质性债务融资选择方面，图 4 – 15 是系族集团上市公司金融机构融资率及其趋势，从图中可知，金融机构债务融资仍是系族集团上市公司的主要融资渠道，在其债务融资结构中占据较大比重。从系族集团上市公司金融机构融资率变化趋势来看，国有系族集团上市公司和非国有系族集团上市公司金融机构债务融资率均呈现出较为明显的下降趋势，其中非国有系族集团上市公司和地方国有系族集团上市公司债务融资率下降幅度较大，中央国有系族集团上市公司债务融资率稳中有降。图 4 – 16 是系族集团上市公司商业信用融资率及其变动趋势，从图中可知，商业信用债务融资是系族集团上市公司债务融资的另一个重要渠道，在系族集团上市公司债务融资结构中一直占据重要位置。从系族集团上市公司商业信用融资率变化趋势来看，系族集团上市公司商业信用融资率在其金融机构债务融资率下降过程中呈现出较为明显的上升趋势，其中中央国有系族集团上市公司一直处于稳步上升过程中，而地方系族集团上市公司则呈现出波动上升趋势。与此同时，非国有系族集团上市公司商业信用上升持续至 2012 年后开始下降，并持续至 2017

年。图4-17是系族集团上市公司债券融资率及其变动趋势,从图中可知不同产权性质的系族集团上市公司债券融资占比普遍较低,远不及金融机构融

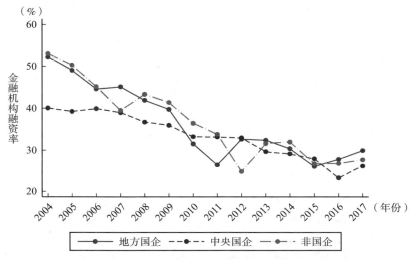

图4-15　系族集团上市公司金融机构融资率及趋势

资料来源:根据 CSMAR 数据库使用 STATA 绘制。

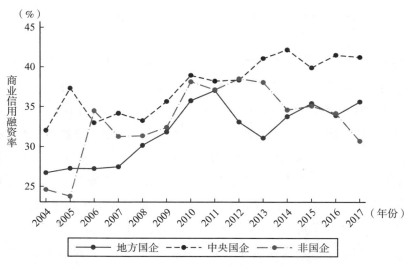

图4-16　系族集团上市公司商业信用融资率及趋势

资料来源:根据 CSMAR 数据库使用 STATA 绘制。

资和商业信用融资占比。但是 2004 年以来系族集团上市公司债券融资率均呈现出明显的上涨趋势，特别是在 2011 年后地方国有系族集团上市公司和非国有系族集团上市公司债券融资占比均出现大幅上涨，虽然后续有所回落但整体已经跃升至新水平。

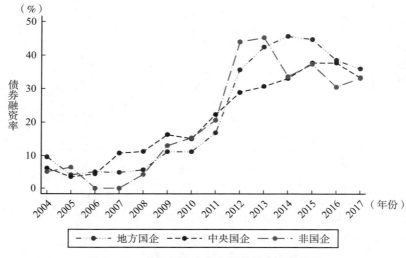

图 4 – 17　系族集团上市公司债券资率及趋势

资料来源：根据 CSMAR 数据库使用 STATA 绘制。

　　在期限异质性债务融资方面，图 4 – 18 是系族集团上市公司短期债务融资率及其趋势，从图中可知，系族集团上市公司中短期债务融资均占据主导地位，非国有系族集团上市公司短期债务融资占比明显高于国有系族集团上市公司。系族集团上市公司短期债务融资占比均呈现出下降趋势但下降幅度有限，截至 2017 年短期债务融资占比仍保持在 85% 左右水平上。与之相呼应，图 4 – 19 显示长期债务融资在系族集团上市公司债务融资中占比保持在 15% 左右水平上，这与胡援成和王艳（2017）针对我国上市公司债务期限结构进行的统计结果基本一致。系族集团上市公司长期债务融资占比较低，国有系族集团上市公司长期债务融资占比明显高于非国有系族集团上市公司。系族集团上市公司长期债务融资占比呈现出不断上升趋势，由于金融供给侧改革的影响，非国有系族集团上市公司长期债务融资占比显著提升，受结构性去杠杆影响，国有系族集团上市公司长期债务融资占比于 2015 年开始呈现出逐渐下降趋势。

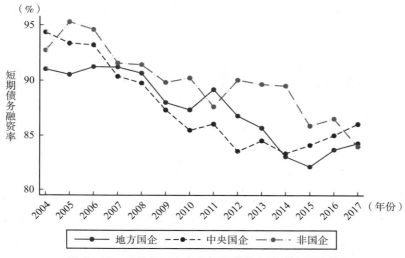

图 4 - 18　系族集团上市公司短期债务融资率及趋势

资料来源：根据 CSMAR 数据库使用 STATA 绘制。

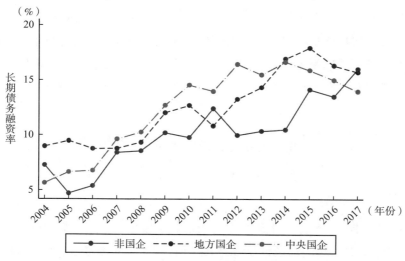

图 4 - 19　系族集团上市公司长期债务融资率及趋势

资料来源：根据 CSMAR 数据库使用 STATA 绘制。

5

系族集团上市公司债务融资选择理论分析

系族集团上市公司组织规模庞大、股权结构复杂，不仅在资本市场中占据重要位置，还深刻影响着国民经济平稳健康发展。债务融资作为系族集团上市公司生存发展重要的战略资源在实现上述发展目标中发挥着举足轻重的作用。那么，债务异质性视角下系族集团上市公司债务融资选择受哪些因素影响？系族集团上市公司债务融资选择又会产生怎样的经济后果，这些经济后果是否会受集团层面因素影响而发生变化？这些都是理解系族集团上市公司债务融资选择行为必须直面的现实问题。本章在全面描绘系族集团上市公司债务融资选择现状的基础上，以债务异质性为切入点，通过对系族集团上市公司债务融资选择的影响因素及经济后果进行整合分析，以期能够更好地回答上述问题。

5.1 系族集团上市公司异质性债务
融资选择的比较分析

西方资本结构理论着重研究企业的最优负债比例及其影响因素，较少关注负债内部结构差异及其对资本结构的影响，所以隐含的一个基本假设是负债内部是无差异的，各类债务资金都是同质的（李心合等，2014），然而不可否认各类债务融资间存在显著差异，一般认为债务异质性表现为企业债务具有不同的规模结构、期限结构和来源结构（胡建雄和茅宁，2015），而不同规模结构下融资来源和融资期限迥异的债务融资在融资成本、融资风险、融资弹性和融资可获得性等方面存在显著差异。事实上，自法玛（Fama，1985）和迪亚蒙德（Diamond，1991）开启企业债务融资选择研究议题后，国外学者将对企业债务融资异质性及债务融资结构的关注主要聚焦在银行借款融资和债券融资间的差异及其影响方面，并在此基础上展开对企业最优债务融资选择的深入研究。劳赫和苏菲（Rauh and Sufi，2010）将美国企业债务融资工具进行详细划分并针对资本市场中具有信用评级的上市公司进行研究发现，在美国信用评级是影响企业债务融资选择的重要因素，其中大多数上市公司资产负债率未变的情况下，内部债务融资结构发生了剧烈变化。在此基础上，科拉等（Colla et al.，2013）进一步将研究范围扩展至包含无信用评级在内的美国上市公司进行研究，发现美国资本市场的样本公司中85%采用某一类债务融资，而选择多样化和异质性的债务融资工具的样本公司主要集中在信用评级高的大型上市公司中。此外，还发现虽然企业债务融资整体与企业利润呈负相关关系，但是其中银行借款与企业利润呈正相关关系。

根据现有相关研究，按照债务异质性可以具体划分为融资来源异质性和融资期限异质性，其中根据融资来源异质性将上市公司债务融资划分为金融机构借款、商业信用和公司债券，根据融资期限异质性将上市公司债务融资划分为长期债务融资和短期债务融资（张志宏和仇莹，2017）。

从债务融资来源异质性角度看，金融机构借款、商业信用和公司债券在融资可获得性、融资成本、融资风险、融资治理等方面存在显著差异。首先，从融资可获得性来看，商业信用债务融资主要来自产品市场的经营活动，债务融资借贷双方在长期合作中成为以经营活动为纽带、具有共同商业利益的商业伙伴。商业信用债务融资的门槛较低，一般而言企业通过日常生产经营活动形成较为稳定的商业合作关系即可获得商业信用融资，中国上市公司中超过50%的公司前五大客户的销售占比超过30%（李增泉，2017），商业信用债务融资已经普遍成为中国企业有效的融资渠道，也成为中小企业缓解融资约束的重要手段（孙浦阳等，2014）。相比之下，金融机构不但拥有专业的信贷分析人员和较为全面的信息优势，还通常要求融资方有形资产抵押担保且有明确的合同条款约束，其债务融资门槛较高。公司债券融资在融资方净资产、经营利润、内部控制和募集资金投向是否符合产业政策等方面提出更为严格和明确的要求，并须经证监部门或国资委审核批准，因此相对而言其债务融资门槛最高，债券融资可获得性最低。其次，从融资成本来看，商业信用债务融资尚未实行计息制度，相关负债属于低成本甚至无成本（李心合等，2014）。公司债券融资定价主要由无风险利率、信用利差和相关发行费用构成。从融资弹性来看，商业信用融资弹性较高。对公司而言，只要从与客户长期的商业关系中获得的所有未来收益的折现价值高于资金成本，公司提供商业信用就是有利的，一般为了未来的销售收入和长期的客户关系，商业合作伙伴间会提供商业信用帮助客户渡过难关（陈胜蓝和刘晓玲，2018）。而债务融资弹性与破产风险直接相关，债务融资弹性小常常意味着企业面临较高概率的破产清算。因此，对于金融机构借款和公司债券融资等金融性债务融资的破产风险来说，以商业信用为主要内容的经营性负债的破产风险小得多，尤其是对那些在供应链体系中扮演核心地位或龙头地位的企业而言风险更小（李心合等，2014）。同时，金融机构债务融资与公司债券融资相比融资融资弹性较高，这是因为金融机构借款债权人相对集中和单一，当企业面临较高破产风险时债务重组谈判效率高、成本低。而公司债券融资债权人较多且分散，在债务重组谈判中众多债权人之间的利益诉求存在差异导致协调成本高，特别是 2015 年前中国债券市场存在"刚性兑付"的情况，这就意味着债券融资债务重组谈判成本高、效率低、难度大，破产清算风险高，融资弹性最低。最后，从债务融资治理来看，商业伙伴间交易频繁，融资双方在获取彼此信用信息方面存在成本优势，商业信用债务融资双方可以通过威胁切断未来合作来降低彼此违约的可能性（陈胜蓝和刘晓玲，2018）。已有研究表明，商业信用提供者在债权人治理过程中存在监督激励和监督能力方面的优势，能够增加强制更换业绩不善的经理人的可能性，从而在一定程度上改善上市公司的公司治理（杨勇等，2009）。同时，在西方资本市场上市公司债务融资选择相关研究中普遍认为金融机构债务融资的治理效应优于债券融资的治理效应，理由是债券融资的债权人相对分散，实施监督的高昂成本及可能产生的"搭便车"行为在一定程度上降低了债券融资债权人的监督意愿（见表 5-1）。

表 5 – 1 来源异质性债务融资比较分析

	商业信用融资	金融机构债务融资	公司债券融资
融资渠道	产品市场	金融中介市场	债券市场
融资可获得性	高	中	低
融资成本	低	高	中
融资弹性	高	中	低
融资治理	高	低	中

从债务融资期限异质性角度来看，短期债务融资和长期债务融资在融资可获得性、融资成本和融资治理方面同样存在显著差异，产品市场中的商业信用融资主要属于短期债务融资，金融机构提供的短期银行借款亦属于短期债务融资。而机构提供的长期银行借款和债券市场发行的公司债券融资大多属于长期债务融资。首先，在债务融资可获得性方面，短期债务融资的可获得性普遍高于长期债务融资。长期债务契约对外部履约机制的依赖性很强（刘志远和毛淑珍，2009），金融机构出于风险考虑，提供长期信贷资金意愿较低（钟凯等，2016）。银行长期借款、公司债券等长期债务融资融资门槛较高，对企业经营业绩、内部控制、净资产等有明确要求，而以商业信用为代表的短期债务融资凭借稳定的产品市场经营合作关系便可获取。其次，在债务融资成本方面，短期债务融资成本低于长期债务融资成本。短期债务融资中商业信用融资主要为无息融资，短期银行借款融资利率由于期限短、风险低也明显低于长期银行借款融资利率。相比之下，公司债券融资的发行成本及长期银行借款的利率变动风险导致长期债务融资成本较为高昂。最后，在债务融资治理方面，债务期限结构理论认为，缩短债务的有效期限能减缓企业内部人与外部投资者之间的利益冲突（肖作平，2011），短期债务融资治理水平优于长期债务融资。短期债务融资由于偿还期限短，能够通过减少"资产替代"和过度投资问题的发生缓解股东和债权人之间的利益冲突（Stulz，2000）。就银行短期借款而言，通过定期偿本付息压力以及多次续借过程中的信贷契约谈判，能够控制企业道德风险，加强企业投资项目监督（钟凯等，2016）。而长期债务融资期限较长，企业面临的还款压力较低，能够避免频繁续借过程中的债权人监督。同时，商业信用也在债权人治

理过程中存在监督激励和监督能力方面的优势，能够较为有效地改善上市公司的公司治理（杨勇等，2009）。此外，短期债务融资还具有减少管理者自由度和控制股东机会主义的附加利益，因此相对长期债务而言，短期债务在处理公司治理方面具有比较优势，公司治理与短期债务的使用之间存在替代效应（肖作平和廖理，2008）（见表5-2）。

表5-2 期限异质性债务融资比较分析

	短期债务融资	长期债务融资
融资渠道	产品市场、金融中介市场	金融中介市场、债券市场
融资可获得性	高	低
融资成本	低	高
融资治理	高	低

5.2 系族集团上市公司债务融资选择的影响因素及经济后果初步分析

一般而言，内源融资和外源融资是系族集团上市公司主要的资金来源，健康持续的资金来源能够为企业成长提供有力支撑和丰富给养，其中内源融资主要是通过系族集团上市公司的自有资金以及集团内部构建的内部资本市场融通获得，外源融资主要包括债权融资和股权融资。国内外已有大量文献研究并证实了内部资本市场在集团成长中发挥着重要作用，既可能通过"优胜者选拔"机制提升集团内部资源配置效率（Stein，1997），也可能通过"交叉补贴"方式降低系族集团层面破产风险（Rajan et al.，2000）。奇托等（Chittoor et al.，2014）研究发现，相比独立上市公司而言，集团上市公司通过积极参与资本市场并接受资本市场监管及两者间的交互影响而获益良多。虽然集团内部资本市场在缓解提升融资能力、缓解融资约束方面的功用得到较为普遍的认同（王化成等，2011），但是内部资本市场也存在不稳定性。以财务公司失败案例为例，集团内好的企业不愿将钱放在财务公司，而集团内差的企业却总向财务公司借款，最后导致财务公司内只剩差的企业，其内部融资功能也无法维继（刘俊勇和李鹤尊，2016）。另外，当集团内公司受市场环境恶化影响而经营状况普遍欠佳时，内部资本市场将成为无源之水、无本之木。马永强和陈欢（2013）针对中国民营系族集团的研究发现，在常态经济运行环境下，企业集团通过活跃的内部资本市场来缓解融资约束，但金融危机外部冲击时，内部资本市场的这种作用消失了，内部资本市场被外部债务市场所替代。这就意味着外部融资仍是集团重要且相对稳定的资金来源。

事实上，系族集团的特征结构决定系族集团上市公司在集团层面的外部债务融资中占据天然优势。首先，从组织特征来看，系族集团由两家或两家以上上市公司构成是区别于资本市场独立上市公司的重要之处，系族集团上市公司一般具备较大的企业规模和良好的集团声誉，而企业规模和企业声誉是外部债务融资的重要影响因素（Diamond，1989）。同一系族集团内系族集团上市公司间彼此在"规模效应"和"声誉效应"的双重影响下能够更便利地获取债务融资资源。在微观层面上集团声誉是系族集团成员上市公司拥有的一项价值不菲的无形资产和战略资源（Tadelis，1999），在资本市场与公司治理中发挥着信号传递和隐性激励的作用（Pyle，2002；Diamond，1989），能够有效缓解债务融资双方的信息不对称问题，降低利益相关者间的代理成本，为企业创造更多的成长资源和发展机会。已有研究表明，系族集团在规模效应基础上构建起的集团信誉能够帮助成员企业降低与不同利益相关者之间的交易成本从而进入更多的行业（Chitoor et al.，2014），并与商业伙伴建立更加良好的合作关系（Morck et al.，2005），更便利地进行外部融资（Carney et al.，2011），更易于获取国外先进的技术和投资（Khanna and Palepu，2000b），以及更多地获取支撑企业创新的关键资源（Guillen，2010）。其次，从股权结构来看，系族集团依赖金字塔结构构建基于多个上市公司的控制结构，且由于涉及多个上市公司，存在多层外部利益主体，集团内部并存多个金字塔结构，形成更多控制层级、控制关系更加复杂的集团内部结构（郑国坚等，2016）。已有研究表明，金字塔结构既有利于保证集团控股股东对集团运营的控制，同时也能拓展其外部融资空间（王斌，2013）。在新兴市场经济国家中，金字塔结构广泛存在的重要原因之一便是其在债务融资中发挥着放大债务融资规模的杠杆效应。最后，从系族集团人事安排来看，随着集团规模的扩大，集团管控的难度和风险也随之加大，如何在集团内部配置关键管理人才是一个非常重要的问题（郑国坚等，2016）。为保证作为集团成员的上市公司企业控制权掌握在自己手中，集团控股股东会采取直接的高管人事安排来控制或参与企业的重大经营管理决策（许永斌，2007）。除实际控制人直接管理上市子公司外，高管人事安排成为其最有效的信息控制方式（徐元国，2013），加强对系族集团上市公司管理的监督。这就意味着系族实际控制人能够通过高管人事安排尽可能缓解股东与企业管理者间的代理冲突，并在与债权人的谈判中提升议价能力，进而提升获取债务融资能力。因此，同一系族集团内系族集团上市公司彼此间在"规模效应"和"声誉效应"及金字塔结构的多重影响下能够更为便利地获取债务融资资源。

进一步而言，系族集团的上述组织特征是如何影响系族集团上市公司异质性债务融资选择呢？从债务融资来源异质性角度看，首先，系族集团上市公司组织结构对不同来源的债务融资的影响存在差异。系族集团拥有数量众多的上市公司，系族集团上市公司彼此间构筑的庞大资产规模能够发挥"规模效应"，有效提升资产抵押担保能力。同时，与独立企业相比，金融机构很难以记录来判断集团成员的信誉，因此更有可能通过清算独立企业的债务而对集团成员企业"手下留情"（Se-jil Kim，2004；周守华等，2013）。但是商业信用融资不依靠资产抵押担保，且商业信用供给方作为商业信用融资方关系较为稳定的商业伙伴，能够较为清晰地判断系族集团上市公司的经营情况与企业风险，因此在商业信用融资中"集团声誉"影响较弱，从商业信用融资的买方市场理论来看，商业信用的普遍存在，可能与买方（客户）的强势有关，那些融资约束低、信用好的企业尤其是大型企业可以通过利用商业信用，低成本地获取供应商的流动性（Fabbri and Menichini，2010），供应商也乐于向这类企业提供商业信用，以加快其产品销售（陆正飞和杨德明，2011）。系族集团上市公司可能凭借系族集团背景提升在商业合作关系中议价能力，进而占据较为有利的谈判地位，获得更多的商业信用融资。其次，差异还体现在股权结构对债务融资的影响方面。系族集团上市公司两权分离的金字塔股权结构特征能够有效发挥债务融资的杠杆效应，但是也存在加剧代理问题，特别是控股股东的第二类代理问题的可能。例如，严重的两权分离可能会导致控股股东未按应分得份额享受其收益，而是在分享收益前对中小股东利益进行主动"掏空"（Johnson et al.，2000）。复杂的金字塔组织结构可能使金融机构难以清晰了解系族集团上市公司的实际状况，而是根据集团声誉"网开一面"，因此金字塔结构的债务融资"杠杆效应"能够在金融机构债务融资中发挥作用。但是商业信用融资既无资产抵押担保，且能够较为清晰地了解两权分离加剧的"掏空"行为对企业日常生产经营和利益相关者利益产生的影响，因而降低其提供债务融资意愿。此外，肖作平和刘辰嫣（2018）研究发现，公司两权分离程度与公司债券的限制性条款间存在显著的正相关关系，两权分离度的增加会加剧终极控制股东的掠夺行为，此时的债券发行公司不愿意使用约束管理人员经营决策的限制性条款，而更愿意使用对管理人员经营决策不产生影响，但会减少债券投资者实质损矢的限制性条款，进而增强债券投资者的信心。最后，从系族集团的高管人事安排来看，控股股东会通过高管人事安排加强对规模庞大的系族集团中系族集团上市公司的管控，进而降低控股股东与企业管理者之间的第一类代理问题，有效提升在债务融资关系中的议价能力，已有研究发现控股股东控制权的提升有助于企业获得超额商业信用（陆正飞和杨德明，2011）。

从债务融资期限异质性角度看，根据前面关于债务期限异质性的分析，短期债务融资和长期债务融资在债务融资可获得性、债务融资成本和债务融资治理效应等方面存在显著差异。一般认为，在股权融资和债务融资间进行选择时，终极控制股东可能会偏好债务融资，因为债务融资不会稀释其在公司的控股地位（Du and Dai，2005）。当终极控制股东选择债务融资时，可能更偏好长期债务，因为短期债务意味着会经常性地支出大量的自由现金流，这样可能会妨碍其获取控制权私人收益（涂瑞和肖作平，2010）。与之相反，企业管理层权利越大，债务约束控制效果越小，管理者遵循债务契约的程度越低，当过低比例的银行长期债务不能满足管理层投资冲动和管理层权利扩大的自信心导致资金紧缺或者流动性不足时，管理者会利用其增强的管理层权利做出特定的融资决策，在管理层控制权较大或具有专业优势能力情况下能够借入更多的短期借款（徐伟和叶陈刚，2016）。从债务融资的供给侧看，长期债务融资相对稀缺。一方面是由于中国债券市场发展相对缓慢和滞后，公司债券作为构成长期债务融资的重要组成部分发行门槛高、管制多、数量少。另一方面，长期债务融资时限长、风险高，金融中介机构出于自身风险管控和灵活性考虑提供长期债务融资意愿较低，这种情况在中国信贷配给和信贷歧视普遍存在的制度环境中更为凸显。综合系族集团和系族集团上市公司组织特征来看，系族控股股东通过构建系族集团并拥有众多上市公司，出于自身控制权利益和动机能够通过"规模效应"和"声誉效应"提升金融中介机构长期借款意愿，同时也能够通过高管人事安排等强化集团管控的举措降低控股股东与企业管理层之间的代理冲突，使控股股东债务融资意愿有效体现在公司债务融资决策及融资结构中。此外，债务融资期限结构信号传递理论认为伴随系族集团构建的复杂金字塔结构产生的两权分离可能会诱发严重的委托—代理问题，两权偏离度大的控制股东可能会采取不负责任的行为，加剧控股股东和债权人之间的利益冲突（Boubakri and Ghouma，2010；涂瑞和肖作平，2010）。控股股东在维护自身控制权收益的利益驱使下，会有意识地进行监管规避（monitoring avoidance），其在债务融资决策时会尽可能争取债权人监督效应弱的债务融资方式（Lin et al.，2013）。因此，系族集团上市公司两权分离带来的债务融资杠杆效应更为明显地体现在长期债务融资水平的提升上。

从债务融资来源异质性角度看，商业信用融资、金融机构债务融资和债券融资在债务融资可获得性、债务融资成本、债务融资弹性以及债务融资治理方面存在显著差异。商业信用融资主要来自同企业保持长期商业合作关系的上下游企业。这些企业一般会对企业的专有业务进行相当规模的专用性资产投资，与供应商和分销商之间形成的良好合作关系也是我国民营企业集团发展壮大的一个重要条件，而与企业间签订的供销合同也成为其参与企业治理的重要机制（徐元国，2013）。陆正飞和杨德明（2010）研究发现，中国上市公司中规模大、声誉好、质量高的公司存在超额商业信用，超额商业信用的存在主要是因为商业信用供给方具有信息优势，能清楚地了解、掌握企业的各方面信息，由于供应商了解客户信用良好，所以愿意为客户提供大量商业信用。超额商业信用在融资成本及治理效应方面存在的优势有助于改善企业业绩。同时，债券融资市场发展相对滞后，债券融资市场中存在显著的政府干预，同金融中介机构融资一样，政府控制下的债券融资市场并未展现出基于市场经济的充分市场竞争，虽然债券融资具有较低的债务融资弹性和"刚性兑付"的特征一定程度上强化了其对企业行为及绩效的治理效应，但是受我国债券市场发展和金融抑制影响效力可能相对有限。从债券融资期限异质性角度看，短期债务融资在债务融资治理方面的效率显著优于长期债务融资，且从长期债务和短期债务的构成上来看，短期债务包含的商业信用和短期银行借款的债务治理效力优于长期债务中的长期银行借款和债券融资。特别是在系族集团上市公司存在复杂股权结构和金字塔控股的情况下，控股股东通过组织结构、股权结构和人事安排强化控制权收益的同时，有较为强烈的动机规避债权人监督获取长期债务融资，这种情况可能进一步恶化长期债务融资在缓解代理冲突、改善企业业绩方面的治理效应。整体而言，系族集团上市公司由于治理冲突、管控风险及资本运作风险导致其业绩逊色于非系族集团上市公司，而其作为系族集团重要的债务融资工具，又通常出于集团层面利益决策进行债务融资决策，负担超过自身融资需求的超额债务融资。毫无疑问，超额债务融资的存在会进一步放大上述不同来源债务融资在债务契约治理方面发挥的正面或负面效应，进而对系族集团上市公司行为和业绩产生差异性影响。

5.3　系族集团上市公司债务融资选择的影响因素及经济后果整合分析

　　系族集团作为企业集团的发展过程中一种重要新形式，具有产业组织的重要特征。贝恩（Bain，1959）在《产业组织》[①] 书中运用经验分析方法，首先提出"结构—绩效"研究方法。舍勒（Scherer，1970）出版《产业市场结构与经济绩效》[②] 一书，在贝恩"结构—绩效"研究方法的基础上进一步提出了"结构—行为—绩效"（"Structure-Conduct-Performance"，S – C – P）研究方法，奠定了产业组织理论分析的框架，形成了产业经济学中著名

---

①　Bain，J. S. Industrial Organization. New York：John Wiley.

②　Scherer，F. M. Industrial Market Structure and Economic Performance. New York：Rand – McNally.

的"哈佛学派"①。在 S – C – P 分析方法中，所谓结构，是指影响竞争和垄断性质和程度的市场特征，包括厂商规模、行业集中度、进入与退出壁垒和产品差异性等；所谓行为，是指厂商所做出的决策和活动方式，包括定价策略、投融资决策、研发行为、广告及营销策略、厂商间合谋等；所谓绩效，是指对于满足特定目标的评价，包括配置效率、利润、技术进步、公平等（高鸿业和刘凤良，2005）（见图 5 – 1）。

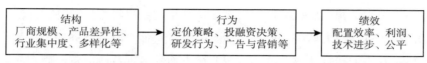

图 5 – 1　结构—行为—绩效（Structure – Conduct – Performance）研究方法

中国上市公司与西方企业迥异的治理机制是中国法律、政治和文化等制度的产物（Wong，2016）。李增泉（2016）指出，黄德尊（Wong，2016）提倡"Top-down"的研究框架，即制度—市场—企业的逻辑体系，该体系可以帮助我们跟踪国家层面的制度特征对企业行为的影响路径，进而从根本上辨别不同国家之间企业行为差异的制度诱因，而从制度—市场—企业逻辑体系出发涵盖宏观、中观、微观的研究方法在分析中国治理机制时展现出有用性。因此，借鉴产业经济学和产业组织理论中分析企业行为影响机制的"结构—行为—绩效"研究方法，并综合"Top-down"的逻辑体系，将上节在债务异质性视角下对系族集团上市公司债务融资选择行为的初步分析纳入"结构—行为—绩效"框架内进行整合研究，进一步考虑宏观制度和中观市场层面的因素对系族集团上市公司债务融资选择的影响，分析上市公司债务融资选择经济后果在集团层面的传染效应，归纳演绎系族集团上市公司债务融资选择的影响因素、经济后果及传导机制，形成系统分析框架（见图 5 – 2）。

---

① "20 世纪 30 年代，哈佛大学的梅森（E. S. Mason）率先开始产业组织课程，1938 年以梅森为中心，由贝恩（J. S. Bain）、凯森（C. Kaysen）、艾德曼（M. Addman）等人组成了一个产业组织小组，后来与梅森、贝恩等人名字相联系的产业经济学的发展被称为哈佛传统或哈佛学派。"引自《20 世纪西方经济学的发展》，商务印书馆 2005 年版。

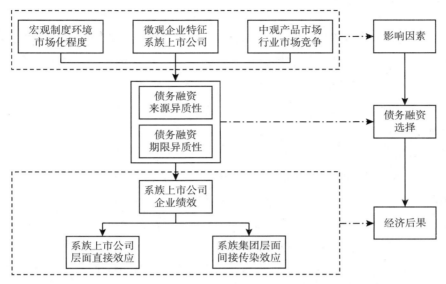

图5-2 债务异质性视角下系族集团上市公司债务融资选择行为的整合分析框架

首先，从微观企业特征层面对系族集团上市公司异质性债务融资选择影响因素分析的基础上进一步在债务异质性视角下从中观层面的产品市场竞争和宏观层面的市场化程度方面拓展分析系族集团上市公司债务融资行为的影响因素。从中观层面产品市场来看，系族集团上市公司并非是处于汪洋大海中的孤岛，其所处的行业市场竞争结构以及市场竞争程度深刻塑造着其债务融资行为。实际上，早在20世纪90年代，哈里斯和拉维夫（Harris and Raviv，1991）便在其有关资本结构的经典文献中总结了运用产业组织理论的资本结构模型，并将其划分为两大类：一类是研究公司资本结构与其在产品市场竞争中战略决策之间的关系；另一类是讲述公司资本结构与其产品/投入的特性之间的关系。从产业组织考虑的资本结构模型能够更清晰地描述资本结构与可观察的产业特性之间的关系，因此有可能提供更有意义的结论。此后从中观层面产品市场理解和考察公司资本结构及债务结构的文献日益丰富。一般而言，市场结构较为分散的行业中，进入市场的企业数量众多，市场竞争程度较高，市场竞争压力大，企业破产风险高，较为充分的竞争使市场中的任何一个企业都无法对所处市场产生明显影响，反而深受市场环境的影响。与之相反，在市场结构较为集中的行业中，参与市场的企业数量少，市场竞争程度低，市场竞争压力小，企业破产风险低，行业中的厂商凭借垄断地位攫取垄断利润。产品市场竞争产生直接的竞争压力和破产清算威胁，有助于抑制管理层的机会主义行为，对企业管理层形成激励和约束，降低公司内的代理成本，进而提升企业生产效率和经营绩效（姜付秀等，2016），因此产品市场竞争被认为是帮助企业获取经济效率最强大的力量（Shleifer and Vishny，1997），能够促进公司完善公司治理的一种有效治理机制（Alchian，1950）。

中观层面行业产品市场竞争是如何影响系族集团上市公司的异质性债务融资选择呢？一方面，在竞争激烈的产品市场竞争中企业专有信息的泄露往往是致命的（Verrecchia，1983），异质性债务融资在专有信息保护方面存在差异。一般认为，在高竞争性的行业中，企业有更强的动机掩盖自身的真实经营状况信息，以在竞争者之间保持更高的信息不透明程度，以降低由于信息披露带来的竞争者威胁等不良影响（周强龙和周夏飞，2014）。在异质性债务融资选择的过程中，债券融资市场不仅债权人众多、相对分散，且对企业自身信息的公开披露程度高、内容多，增加了企业专有信息泄露的风险。与债务市场的公开债务融资不同，金融机构债务融资属于非公开债务融资，金融机构不仅拥有更为专业的信息获取技术和人力，且对信息保密相关要求较为规范，在规避企业专有信息泄露方面具有比较优势（Boubaker et al.，2018）。此外，就商业信用融资而言，商业信用融资同样具有非公开债务融资特点，双方在长期的商业活动中通过紧密合作获取共同的商业利益，规避企业专有信息泄露风险的比较优势也较高。另外，激烈的产品市场竞争会侵蚀市场中企业的边际利润，通过市场竞争机制淘汰弱者，处于产品市场竞争激烈行业中的企业往往破产风险较高，而异质性债务融资的融资弹性及与之相关的破产风险方面存在显著差异。金融机构债务融资债权人相对集中单一，当企业面临较高破产风险时债务重组谈判效率高、灵活性强，商业信用融资债权人与企业保持较为一致的共同利益，在企业面临财务困境时也倾向于协助其渡过难关。而债券债务融资债权人相对较多且分散，当企业陷入财务困境时债务重组谈判难度大、效率低，且在中国债券融资市场中存在"刚性兑付"情况，进一步加剧处于激烈市场竞争中企业的破产风险。从期限异质性债务融资来看，债权人在提供长期债务融资时面临更高的债务融风险，激烈的产品市场竞争加剧的企业破产风险将进一步降低债权人提供长期债务融资时的意愿。同时，在我国，上市公司在产品市场竞争中显示出对短期贷款的"竞争型依赖"，即在有限的竞争中更依赖通过短期贷款争取发展优势（吴昊旻和王华，2009）。结合上述产品市场竞争对来源异质性债务融资和期限异质性债务融资的潜在影响，产品市场竞争深刻影响着系族集团上市公司的异质性债务融资决策。

　　从宏观层面制度环境来看，在新兴市场经济国家中，企业融资的来源主要是债务融资，债务契约的签订、执行受到法律保护等市场化水平的重要影响（李增泉和孙铮，2009）。总体而言，市场化程度高的地区，金融生态环境和市场中介组织更为优质，产品市场和要素市场的发育水平更高，地区社会信任水平更高，政府对市场的干预较少，资本市场外部融资渠道更为丰富。就市场化程度对系族集团上市公司不同来源的异质性债务融资选择影响而言，地区市场化水平高会为系族集团上市公司提供更多的外部融资机会尤其是股权融资机会，加之中国资本市场中上市公司对股权融资的普遍偏好，这将降低其对金融机构债务融资的依赖。同时，从商业信用融资来看，供应商是否信任客户公司是客户公司获得商业信用的重要条件（陈胜蓝和马慧，2018）。已有研究发现在中国市场化进程对个体社会信任具有显著的促进效应，地区市场化水平高的地区社会信任程度普遍更高（潘静和张学志，2015），因此受地区市场化水平影响商业信用债务融资风险更小、交易成本更低。从债券债务融资看，地区市场化程度高的地区，系族集团上市公司接触债券市场更为便利，与债券承销机构接触机会更多，更便于获取金融机构信用评级。同时就政府干预较强的债券市场而言，地区市场化程度高的地区政府干预较少，有助于提升债券融资的市场化水平，因此对系族集团上市公司获取债券融资资源更为有利。就市场化程度对系族集团上市公司不同期限的异质性债务融资影响而言，长期债务融资由于无法像短期债务融资那样通过一定期限内多次契约谈判了解债务人具体经营状况和风险水平，因此通常面临较高的融资风险，而债权人在提供长期债务融资时更加注重债务契约履约机制（Diamond，1991；Myers，1977）。从这个角度理解市场化程度高的地区投资者、债权人等利益相关者保护水平高，债务融资契约履行机制更加健全，将有助于系族集团上市公司获取长期债务融资。

在前面从系族集团上市公司层面对系族集团上市公司异质性债务融资选择的经济后果分析的基础上，进一步从系族集团层面和系族集团上市公司在系族集团中的角色定位角度拓展分析系族集团上市公司异质性债务融资的经济后果。就系族集团上市公司与非系族集团上市公司在债务融资方面的差异而言，非系族集团上市公司是其控股股东拥有的唯一上市公司，也是融资能力最强、融资资源最丰富的企业单位，拥有其控制的非上市公司无法比拟的资源和优势（肖星和王琨，2006），因此非系族集团上市公司不仅是隶属于控股股东的独立法人企业，更是其外部债务融资的重要战略工具。非系族集团上市公司出于融资便利性（Myers，1977；Flannery et al.，1993）、融资成本（刘俊勇和李鹤尊，2016）和节税优势（Flannery et al.，1993）的综合考虑，常常会选择较相对集中的债务融资模式，即选择由母公司集中负债继而在子公司中分配（何捷等，2017）。在集中负债模式下，企业非上市子公司在债务融资资金的运用上会受到母公司较为有力的管控和监督。

相比之下，系族集团的一个重要组织特征是系族集团中除众多上市公司外还存在众多非上市的成员公司，系族集团及系族集团上市公司的存在对系族集团内其他企业形成"声誉共享"和"风险共担"机制。就"声誉共享"机制而言，"集团声誉"由集团中众多成员企业共享（Gopalan et al.，2007）。集团声誉作为一种非正式制度对成员上市公司的外部融资具有重要的影响，并且与金融市场、法制水平等正式制度存在互补关系[①]（潘红波和周颖，2018）。系族企业集团在规模效应基础上构建起的集团信誉能够帮助成员企业降低与不同利益相关者之间的交易成本从而进入更多的行业（Chitoor et al.，2014），与商业伙伴建立更加良好的合作关系（Morck et al.，2005），更便利地进行外部融资（Carney et al.，2011），更易于获取国外先进的技术和投资（Khanna and Palepu，2000b），以及能够更多地获取支撑企业创新的关键资源（Guillen，2010）。就"风险共担"机制而言，风险共担效应（co-insurance effect，或称"共同保险效应"）最早由美国学者莱伦（Lewellen，1971）在研究美国企业联合体（conglomerate）合并行为时提出，

[①] 卡纳和亚菲（Khanna and Yafeh，2007）指出，从常理分析资本市场、法制建设和投资者保护不健全的新兴经济体中投资者意识到其利益可能受到侵害的情况下仍愿意继续投资的原因，我们发现更为合理的原因是集团声誉对小股东的公平交易而言是一个重要的考虑因素。

他认为合并方不相关的盈利渠道和现金流来源能够降低合并企业的债务违约风险（Byun et al.，2013）。已有实证研究发现，全球范围内风险共担效应在东亚地区的日本和韩国企业集团中作用尤为明显（Khanna and Yafeh，2005）。同时风险共担效应也深刻影响着中国企业集团的债务融资行为（韩鹏飞等，2018），在风险共担效应的作用下成员上市公司间的盈利差异可以互相中和（何捷等，2017）。由此可见，系族集团控制着数量众多的系族集团上市公司。数量众多、规模庞大的系族集团上市公司所发挥的"规模效应""声誉效应"和"风险共担"效应将对下属非上市子公司形成隐性担保，进而有利提升其对外债务融资能力。由此可见，系族集团上市公司债务融资行为产生的经济后果可能与传统资本结构理论研究以独立上市公司为立足点得出的研究结论有别。

具体而言，已有研究表明当企业整体债务融资能力强、债务融资约束低时，倾向于选择相对分散的债务融资模式，即各子公司自行负债（何捷等，2017）。同时，随着系族集团规模的扩大，集团管控的难度和风险也随之加大（郑国坚等，2016），系族上市公司采取集中负债模式进行债务融资管控的难度更高。虽然，系族集团上市公司所属子公司对外进行独立债务融资有助于根据自身情况获取更加合理的债务融资水平和结构，但是子公司经理作为母公司管理层的代理人，为扩充自己的私人权力或经营范围，它们具有强烈的构建个人商业帝国的利己主义动机，若对其负债主体资格不加以任何限制或调控，则企业的负债水平比较容易失控，导致企业整体负债超过最优负债水平，亦即造成企业过度负债，从而影响企业的经营效率（张会丽和陆正飞，2013）。因此，系族集团及系族集团上市公司的组织特征会对其债务融资模式产生影响，加剧债务融资模式的分散程度，而在相对分散的债务融资模式下极容易导致系族集团上市公司债务融资偏离最优债务融资结构，形成过度债务融资。进一步结合系族集团组织特征来看，系族集团上市公司彼此之间存在风险传染现象和业绩关联现象（张文龙等，2016），当集团内某一上市公司风险增加时，集团成员上市公司风险会上升，而且无论是财务风险还是市场风险均存在传染效应，进而对其业绩产生影响（纳鹏杰等，2017）。因此，结合前面基于债务融资异质性进行的理论分析可知，来源和期限异质性的债务融资会对企业行为和绩效产生差异化影响，系族集团上市公司过度债务融资及系族层面彼此之间相互影响将进一步放大异质性债务融资对系族集团上市公司行为和企业绩效的经济后果，还可能通过集团层面的组织特征及其机制对集团内其他上市公司的生产经营和企业绩效产生传染效应，进而呈现出"一荣俱荣、一损俱损"的现象。

6

系族集团上市公司债务融资
选择的影响因素研究

    债务融资是系族集团主要的融资渠道和重要的资金来源,由融资渠道和融资能力构成的金融链条常常决定整个系族企业集团的成败(巴曙松,2005)。在新兴经济体中外部债务融资在企业集团成员企业间借贷资源中占据主导地位,一项针对新兴经济体印度的企业集团研究表明,企业集团中成员企业间贷款流出总额每增加一美元中外部债务融资占比76%,外部股权融资占比8%,内部现金占比16%(Gopalan et al.,2007)。由此可见,外部债务融资对系族企业集团资金融通和生存发展意义重大。本章分别从微观层面系族集团上市公司企业特征、中观层面系族集团上市公司所处行业产品市场竞争和宏观层面系族集团上市公司所处地区市场化程度入手,结合中国现代企业制度和资本市场发展的制度背景,在债务异质性视角下研究和分析中国系族集团上市公司债务融资选择的影响因素,有助于进一步扩大系族集团财务资源配置和系族集团上市公司债务融资行为的研究视野,打开系族集团上市公司债务融资选择内在机理的"黑箱"。

6.1 企业特征对系族集团上市公司债务融资选择的影响研究

6.1.1 研究假设提出

系族集团是东亚国家经济中的一个典型现象（宁向东和陈宁，2005），系族集团上市公司作为系族企业集团的重要战略组成部分，在系族集团成长发展和资本市场债务融资中均发挥着重要的作用。结合中国资本市场系族发展状况和现有研究文献，系族集团上市公司与非系族集团上市公司间主要的差别体现在三个维度：组织数量、股权结构和人事安排。首先，组织数量是系族集团上市公司与非系族集团上市公司之间最鲜明的差异。根据系族集团上市公司的划分标准和依据，当两家或两家以上上市公司被同一实际控制人控制时形成系族企业集团，该实际控制人所控制的上市公司即为系族集团上市公司。在系族企业集团中上市公司与上市公司之间，上市公司与非上市公司间存在协作与交易，这些协作与交易由系族集团实际控制人进行调度（宁向东和陈宁，2005）。众多系族集团上市公司同属一个实际控制人，不仅在对外发展中可以通过集团战略协作更好地发挥"规模效应"，还能够通过彼此间的交易形成内部资本市场，降低系族集团成员间交易成本。其次，股权结构是系族集团上市公司与非系族集团上市公司之间另一个重要差异。系族集团依赖金字塔结构构建基于多个上市公司的控制结构，存在多层的外部利益主体，集团内部并存多个金字塔结构，形成更多控制层级、控制关系更复杂的集团内部结构（郑国坚等，2016）。因此，与非系族集团上市公司相比，系族集团上市公司采用金字塔股权结构控制更为普遍、结构更复杂，两权分离水平更高，除两类主要代理问题外系族集团上市公司与其非上市子公司间代理问题更加严重（夏子航，2017）。最后，人事安排是系族集团上市公司与非系族集团上市公司间的另一个差异。系族集团由于控制多个上市公司，公司治理和经营管理的需求和难度更大等原因，其对管理人才的数量和质量要求较高（郑国坚等，2016）。同时，为保证作为集团成员的上市企业控制权掌握在自己手中，系族集团控股股东会采取直接的高管人事安排来控制或参与企业的重大经营管理决策（许永斌，2007）。

那么，上述微观层面的系族集团上市公司企业特征会如何影响其债务融资选择呢？主要是通过系族集团上市公司债务融资模式施加影响。一般认为，集团企业在债务融资时会选择债务融资模式，主要分为集中负债和分散负债，其中集团企业选择由母公司集中负债继而在子公司中分配成为"集中负债"，而由各子公司自行负债成为"分散负债"（何捷等，2017）。不同的债务融资方式各有千秋，集团企业采取集中债务融资模式主要优势是能够降低债务融资成本（刘俊勇和李鹤遵，2016）、获取节税优势（Flannery，1993）、强化母公司监督（Gertner et al.，1994）以及资源配置更加灵活（Fier，2013），当然也带来一定的成本。相比之下，集团企业采取分散债务融资模式时，系族集团上市公司所属子公司对外进行独立债务融资有助于根据自身情况获取更加合理的债务融资水平和结构，缓解集中债务融资模式导致的一些问题。但是，在分散债务融资模式下，子公司经理作为母公司管理层的代理人，为扩充自己的私人权力或经营范围，它们具有强烈的构建个人商业帝国的利己主义动机，若对其负债主体资格不加以任何限制或调控，则企业的负债水平比较容易失控，导致企业整体负债超过最优负债水平，抑或造成企业过度负债，从而影响企业的经营效率（张会丽和陆正飞，2013）。这一结论也得到了基于中国制度背景的案例研究和实证研究的支撑，贡华章（2009）针对中石油集团债务融资进行案例研究时指出，集团成员企业的债务融资自主权提升将加大债务融资管理难度，集团相对分散的债务融资容易导致债务融资规模膨胀，加剧债务融资风险。张会丽和陆正飞（2013）进一步对上述观点进行大样本实证研究时发现，对于整体融资能力强的企业集团，较高的子公司负债占比更易因子公司内部的代理成本使得整体负债过度，即实际资本结构高于目标资本结构，在集团内部治理和外部信贷市场并非完善的情况下，子公司负债占比越高，则集团资本结构偏离目标资本结构的程度越大。

已有研究表明，债务融资难易程度是影响集团企业债务融资模式选择的重要因素（何捷等，2017）。就系族集团上市公司而言，众多系族集团上市公司构成系族集团能够凭借组织数量形成的规模效应及集团声誉效应降低系族集团上市公司及其非上市子公司的债务融资难度，其非上市子公司能够凭借系族集团上市公司在规模及声誉方面的优势更为便利地获取债务融资，方便其采取分散债务融资模式，使债务融资更多地分布在子公司。而对非系族集团上市公司而言，实际控制人仅仅掌控唯一上市公司，规模效应和声誉效应有限，倾向于采取上市公司集中债务融资模式降低债务融资成本、提升债务融资水平。此外，系族集团上市公司股权结构复杂，复杂的股权结构和多元利益主体不仅加剧了集中债务融资模式的难度，也加剧了系族集团上市公司与其子公司之间的代理冲突（夏子航，2017），子公司作为债务融资主体直接获取资金不利于集团进行资金集中管理，子公司管理层具有寻租动机，可能故意操纵向上的信息传递以在资源配置中占据优势（孙园园等，2018）。因此，与非系族集团上市公司相比，系族集团上市公司更倾向于采取分散的债务融资模式，而分散的债务融资模式下松弛的管控和代理问题加剧了系族集团上市公司的过度债务融资情况。综上所述，提出如下假设：

假设 1 - 1：与非系族集团上市公司相比，系族集团上市公司债务融资水平更高，更倾向于采取分散债务融资模式，且债务融资在子公司中分布比例更高，超额债务融资程度更高。

就系族集团上市公司债务融资特征对其异质性债务融资选择的影响展开分析，总体而言，随着系族集团上市公司数量的不断增加和股权结构日渐复杂，系族集团上市公司规模效应、声誉效应和金字塔结构的融资杠杆效应将显著提升系族集团上市公司的债务融资水平，但是由于不同来源和期限的债务融资存在异质性，因此其影响在异质性债务融资中存在差异。首先，从来源异质性债务融资角度看，上述系族集团上市公司企业特征及其债务融资模式的影响主要集中在金融机构融资和债券融资方面，对商业信用融资的影响程度较小。这主要是因为与独立企业相比，金融机构很难以记录来判断集团成员的信誉，因此更有可能通过清算独立企业的债务对集团成员企业"手下留情"（Se-jil Kim，2004；周守华等，2013），系族集团上市公司下属子公司因此能够便利地依靠集团声誉进行对外债务融资。但是商业信用融资不依靠资产抵押担保，且商业信用供给方作为商业信用融资方关系较为稳定的商业伙伴，能够较为清晰地判断系族集团上市公司及其子公司的经营情况与企业风险，且商业信用提供者在债权人治理过程中存在监督激励和监督能力方面的优势（杨勇等，2009），在商业信用融资中系族集团上市公司子公司凭借"集团声誉"进行商业信用融资影响较弱。且在商业信用存在替代性融资的背景下，系族集团上市公司及其子公司出于规避债权人债务融资监督动机（Lin et al.，2013），会更倾向于选择金融机构债务融资和债券融资。此外，高管人事安排是控股股东对系族集团上市公司进行控制的重要途径，一般当控股股东加强高管人事安排时，其对系族集团上市公司的管控力度更强，系族集团上市公司的议价能力更强，系族集团上市公司子公司的机会主义行为能够得到一定程度的抑制。其次，从期限异质性债务融资角度看，短期债务融资和长期债务融资在债务融资可获得性、债务融资成本和债务融资治理效应等方面存在显著差异。相比短期债务融资，长期债务融资门槛较高，债权人放款意愿较低，长期债务融资资源有限。同时，由于长期债务融资还款期限长，债权人无法通过像短期债务融资一样多期融资谈判及时了解企业经营状况，债务融资治理效应较差。因此，随着系族集团上市公司数量的提高和股权结构的复杂化，当系族集团上市公司债务融资能力提升时，其更倾向于获取相对稀缺且债务融资监督力度较低的长期债务融资，而由于控股股东同样具有长期债务融资意愿，因此高管人事安排也有利于提升长期债务融资水平。

进一步结合系族集团上市公司产权性质进行分析，我国国有系族集团上市公司与非国有系族集团上市公司形成动因、企业特征和信贷环境均存在明显的差异，这些差异会对系族集团上市公司债务融资行为产生重要影响。具体而言，国有企业集团的形成和发展存在明显的政府干预现象，政府试图通过"强强联合""拉郎配"等方式快速形成行业领军的航母型集团①（郑国坚等，2017），"先有子公司，再有母公司"成为中国国有企业集团产生的基本特征（王斌，2013）。国有系族集团受到政府的强力干预和政策支持，加之我国普遍存在的"政府—国有银行—国有企业"双重预算软约束制度环境（辛清泉和林斌，2006），降低了国有系族集团上市公司债务融资对企

---

① 2003 年在国资委召开的第一次央企会议上，时任国资委主任的李荣融更是直接要求，各中央企业在三年内必须成为行业前三名，"达不到就尽快找婆家，否则我会给你找"（郑国坚等，2017）。

业特征和市场因素的敏感性。反观非国有系族集团上市公司，由于受我国金融抑制环境下信贷配给和信贷歧视等问题的影响，自诞生伊始便存在强烈的融资动机，系族集团上市公司控股股东试图通过系族集团上市公司的组织数量、股权结构、人事安排等活动尽可能发挥系族集团上市公司的外部融资优势。已有研究表明民营企业集团采用金字塔股权融资结构能够产生显著的债务融资杠杆效应（李增泉等，2018），而国有企业金字塔股权安排主要是出于实现对企业放权的承诺（郑国坚等，2017）。由此可见，微观层面系族集团上市公司企业特征对非国有系族集团上市公司债务融资选择的影响更加明显。综上所述，提出如下假设：

假设1-2：在债务融资来源异质性方面，系族集团上市公司所属系族集团的上市公司数量越多，两权分离程度越高，金融机构债务融资和债券融资越高；人事安排管控程度越高，商业信用融资越高，且这一情况在非国有系族集团上市公司中更为显著。

假设1-3：在债务融资期限异质性方面，系族集团上市公司所属系族集团的上市公司数量越多，两权分离程度越高，人事安排管控程度越高，长期债务融资越高，且这一情况在非国有系族集团上市公司中更为显著。

6.1.2　样本选择与研究设计

本章实证研究设计由两部分构成。

第一部分，实证分析系族集团上市公司与非系族集团上市公司在债务融资水平、债务融资模式及超额债务融资方面的差异以检验假设1-1是否成立。借鉴蒋等（Jiang et al.，2015）的研究设计，在研究设计中采取相关性检验与单变量检验相结合的方法。第二部分，借鉴郑国坚等（2016）、张志宏和仇莹（2017）的研究设计方法，采用多元回归随机效应模型并按照产权性质进行分组回归，实证检验债务异质性视角下系族集团上市公司在组织数量、股权结构和人事安排等微观层面的企业特征对其债务融资选择行为的影响，并比较分析这种影响在不同产权性质的系族集团上市公司间存在的差异以检验假设1-2和假设1-3。

6.1.2.1 样本选择与数据来源

根据 2005 年证监会发布《关于上市公司股权分置改革试点有关问题的统计》以及 2007 年 1 月 1 日起上市公司实施新会计准则，综合考虑 2005 年前上市公司股权分置情况和 2007 年新会计准则实施对样本公司指标相关年度可比性的影响，以及 2008 年金融危机对我国系族集团上市公司债务融资产生的外部冲击①，本章以 2009 ~ 2017 年为样本观察期，选取沪深 A 股系族系族集团上市公司为研究样本，并在此基础上按照以下原则进行筛选：①由于上市公司财务报表统计差异，剔除金融行业样本公司；②剔除数据值显著异常的样本公司；③剔除数据缺失及无法获取相关数据的样本公司。为避免样本极端值的影响，本书对主要连续变量在 1% 和 99% 分位数水平上进行 Winsorize 缩尾处理。第一部分实证检验为 20630 个公司一年样本值，其中系族集团上市公司 5476 个公司一年样本值，非系族集团上市公司 15127 个公司一年样本值；第二部分根据系族集团上市公司微观层面企业特征进一步筛选统计，最终得到 5430 个系族集团上市公司公司一年观测值，其中国有系族集团上市公司 3895 个公司一年样本值，非国有系族集团上市公司 1535 个公司一年样本值。行业分类遵循证监会上市公司行业分类指引，其中制造业按二级行业代码分类，其余行业按照一级行业代码分类，相关数据来自于国泰安 CSMAR 数据库，数据处理和统计分析使用 Stata14.0 软件进行。

6.1.2.2 变量选取与定义

（1）债务融资模式

集团企业在债务融资时会选择债务融资模式，主要分为集中负债和分散负债，其中集团企业选择由母公司集中负债继而在子公司中分配成为"集中负债"，而由各子公司自行负债成为"分散负债"；由于国外无法取得母、

---

① 2008 年的金融危机对我国融资市场产生了强烈的冲击，研究发现从 2008 年第三季度开始，中国上市公司的 ROA 突然下降，从 2008 年第三季度的 0.84%，下降到 2008 年第四季度的 −0.45%，从 2009 年第二季度开始，上市公司的 ROA 有了明显回升（祝继高等，2012）。因此金融危机相关研究多以危机爆发的 2008 年为界展开实证检验（马永强和陈欢，2013）。

子公司财务数据，关于集团型企业债务分配的实证证据较少，但国内外仍有少量研究从企业特征方面探讨了集团企业集中负债或分散负债模式的选择（何捷等，2017）。借鉴张会丽和陆正飞（2013）、何捷等（2017）和孙园园等（2018）的债务融资模式量化方法，采用集中债务融资虚拟变量和子公司债务占比两种方法分别对上市公司债务融资模式进行指标量化：①集中债务融资虚拟变量是指，当母公司有息负债大于或等于合并报表有息负债，且母公司其他应收款大于合并报表其他应收款时取1，表明子公司未对外进行债务融资，上市公司采用集中债务融资模式；否则取0，表示分散债务融资模式。②子公司债务融资占比是指，子公司债务融资占集团总债务融资比重。考虑到母子公司间的业务款往来（应付账款）以及内部借贷（其他应付款）等抵消项目的影响，将资本结构以及子公司债务融资定义为有息债务（短期借款＋一年内到期的长期借款＋长期借款＋应付债券）（张会丽和陆正飞，2013）。子公司债务融资占比越高，上市公司债务融资模式分散程度越高。

（2）超额债务融资

依据最优目标资本结构理论及洛夫（Loof，2004）、兰根（Rangan，2006）和姜付秀等（2008）相关研究，并结合中国债务融资的制度背景，借鉴陆正飞和杨德明（2011）以及邓路等（2016）的研究思路和研究方法，量化上市公司超额债务融资。首先根据姜付秀等（2008）、陆正飞和杨德明等（2011）以及邓路等（2016）关于公司最优资本结构的估算方法，采用面板回归估计方法获得样本公司不同时期最优资本结构（$OCS_{i,t}$）。按照陆正飞和杨德明（2011）最优资本结构实证模型，将影响公司最优资本结构的主要变量纳入回归方程中，主要包含以下变量：公司规模（Size，以公司总资产的自然对数衡量），资产抵押能力（Tang，以固定资产净值＋存货衡量），盈利能力（ROE，以净资产收益率衡量），经营风险（Risk，以经营杠杆衡量），非债务税盾（NDTS，以固定资产折旧/资产总额衡量），产品独特性（Unique，以（销售费用＋管理费用)/主营业务收入衡量），资产流动性（Liquid，以流动比率衡量），是否发放现金股利（Divid，发放则为1，否则为0），成长性（Growth，以营业收入增长率衡量），现金持有水平（Cash，货币资金/资产总额），公司年限（Age，以公司上市年限衡量）并在此基础上控制行业变量。

其次，根据回归分析求得样本公司的最优资本结构和最优债务融资水平（ODEBT），$ODEBT_{i,t} = OCS_{i,t} \times Asset_{i,t}$，其中 $Asset_{i,t}$ 为样本公司 i 第 t 年的总资产。根据陆正飞和杨德明（2011）以及邓路等（2016）计算方法，按照以下公式依次计算样本公司不同来源和期限的最优债务融资水平。$OID = ODEBT_{i,t} - QDEBT1_{i,t}$，$QDEBT1_{i,t}$ 为剔除金融机构债务融资因素后的其他负债类科目的行业中位数；$OCD = ODEBT_{i,t} - QDEBT2_{i,t}$，$QDEBT2_{i,t}$ 为剔除商业信用债务融资因素后的其他负债类科目的行业中位数；$OBD = ODEBT_{i,t} - QDEBT3_{i,t}$，$QDEBT3_{i,t}$ 为剔除债券融资因素后的其他负债类科目的行业中位数；$OSD = ODEBT_{i,t} - QDEBT4_{i,t}$ 为剔除短期债务融资因素后的其他负债类科目的行业中位数；$OLD = ODEBT_{i,t} - QDEBT5_{i,t}$ 为剔除长期债务融资因素后的其他负债类科目的行业中位数。

最后，将样本公司不同来源和期限的债务融资实际发生值与上述各类最优债务融资水平值求差值，进而求得不同来源和期限的债务融资超额值，并按照陆正飞和杨德明（2011）的衡量方法设置异质性超额债务融资虚拟变量，当异质性超额债务融资值大于 0 时取为 1，表示存在超额债务融资，反之则为 0。

（3）系族集团上市公司微观层面企业特征

本章根据前面理论分析和郑国坚等（2017；2016）、徐元国（2013）等现有关于系族集团及其上市公司企业特征的研究文献，从组织数量、股权结构和人事安排三个方面刻画系族集团上市公司微观层面的企业特征。其中组织数量为系族集团上市公司隶属的系族集团控制的上市公司数量；股权结构为系族集团上市公司的控制权和所有权分离程度，其中控制权（又称为表决权）即为实际控制人与上市公司股权关系链或若干股权关系链中最弱的一层或最弱的一层的总和，所有权（又称为现金流权）即实际控制人通过一致行动、多重塔式持股、交叉持股等方式拥有的上市公司的所有权；系族集团上市公司人事安排为系族集团上市公司高管在股东单位的兼职人数。企业集团中存在较为普遍的纵向高管兼任，管理者代理理论认为纵向兼任高管作为大股东加强对上市公司监督，缓解管理者代理问题的手段，有助于提升企业会计信息质量（潘红波和韩芳芳，2016）。

（4）异质性债务融资

①来源异质性债务融资。一般认为，中国企业的债务来源主要有三大类，分别是银行贷款、商业信用和企业债券（花中东等，2017）。其中，中国银行主导的金融体系使银行贷款成为中国企业进行债务融资的主要渠道（Allen et al.，2005；刘行等，2017）。同时，已有研究表明商业信用是中国企业有效的债务融资渠道（孙浦阳等，2014），成为越来越多中国企业重要的短期融资来源（张新民等，2017）。此外，由于债券市场发展相对滞后，目前企业债券在中国企业债务融资中所占比重较小，但是考虑到2008年以来我国债券市场日渐活跃，及其在系族集团上市公司债务融资中占有一定比重的现实情况，借鉴胡建雄和茅宁（2015）、张志宏和仇莹（2017）的相关研究，按照系族集团上市公司债务融资的主要来源，将来源异质性债务融资划分为金融机构债务融资、商业信用债务融资和债券融资，并分别以其在系族集团上市公司总负债中的占比加以衡量。其中金融机构债务融资以金融机构借款率衡量，金融机构借款率＝（短期借款＋长期借款）/总负债，商业信用债务融资以商业信用率衡量，商业信用率＝（应付票据＋应付账款＋预收账款＋长期应付款）/总负债，债券融资以债券融资率衡量，债券融资率＝应付债券/总负债。

②期限异质性债务融资。有关债务期限结构的实证研究通常采用以下两种方法度量债务期限结构：一是资产负债表法（平衡表法），把债务期限定义为短期债务和长期债务占总债务的比重；二是增量法，把债务期限定义为债务工具发行的期限（肖作平，2011）。两种方法各具优势，且对实证检验结果影响差异微弱（Scherr and Hulburt，2001）。因此，综合考虑量化指标数据的可得性，借鉴马庆魁等（2017）、黄小琳等（2015）、肖作平（2011）和孙铮等（2005）的研究方法，系族集团上市公司长期债务融资以长期负债/总负债衡量，系族集团上市公司短期债务融资以短期负债/总负债衡量。

（5）控制变量

为了有效控制系族集团上市公司内部资本市场及企业相关资源对考察变量间关系的影响，本章选取以下企业相关资源控制变量：①关联交易，关联交易是衡量内部资本市场活跃程度的重要指标，一般认为集团内部资本市场活跃时，集团内部关联交易频繁、金额较高（邵毅平和虞凤凤，2012）。故借鉴张学义和薛忠义（2015）的研究，选取系族集团上市公司关联交易发生额为控制变量；②资产抵押担保能力，企业固定资产占总资产比重越高，企业在债务融资过程中用以抵押担保的资产越多，资产抵押担保能力越强。故借鉴刘行等（2017）的研究，选取固定资产在总资产中占比作为控制变量；③现金比率，企业自有现金与企业融资约束和债务融资需求存在相关关系，企业现金比率越高，财务灵活性越高，故借鉴张亮亮（2017）的研究，选取系族集团上市公司现金比率为控制变量；④股利支付率，股利支付率能够较为有效地刻画债务融资程度（Fazzari，1988），故借鉴连玉君等（2008）的研究，选取系族集团上市公司每股股利/每股收益作为控制变量；⑤非债务税盾，企业固定资产折旧等可以在税前列支，能够起到与债务融资相同的税盾效应，进而降低企业利用债务税盾的意愿，故借鉴刘行等（2017）的研究，选取固定资产折旧在总资产中占比作为控制变量；⑥成长性，企业成长性影响企业债务融资需求，一般认为成长性越高对外部债务融资需求越大，借鉴张宗益和陈思秋（2015）的研究，选取系族集团上市公司销售收入增长率为控制变量；⑦投资机会，总资产增长与企业投融资关系密切，一般企业投资机会多总资产增长率较快，借鉴库珀等（Cooper et al.，2008）的研究，选取总资产增长率作为控制变量。此外，由于债务融资结构在不同行业和年份间可能存在显著差异，将年份和行业虚拟变量纳入控制变量（见表6-1）。

表6-1　　　　　　　　　　　变量定义与指标选取

变量类型	变量类别	变量名称	变量符号	变量定义
考察变量	上市公司性质	是否属于系族上市公司	Xizu	系族上市公司
	来源异质性债务融资	金融机构债务融资率	ID	（短期借款＋长期借款）/总负债
		商业信用债务融资率	CD	（应付票据＋应付账款＋预收账款＋长期应付款）/总负债
		债券融资率	BD	应付债券/总负债

续表

变量类型	变量类别	变量名称	变量符号	变量定义
考察变量	期限异质性债务融资	短期债务融资	SD	短期负债/总负债
		长期债务融资	LD	长期负债/总负债
	债务融资模式	集中债务融资	Conlev	虚拟变量，集中债务融资模式为1，否则为0
		子公司债务占比	Levdis	子公司债务融资占集团总债务融资比重
	超额债务融资	超过目标资本结构额	ODEBT	按照来源异质性和期限异质性分别计算求解。其中：OID 为超额金融机构融资；OCD 为超额商业信用融资；OBD 为超额债务融资；OSD 为超额短期债务融资；OLD 为超额长期债务融资
	债务融资水平	资产负债率	LEV	企业负债总额占资产总额百分比
	组织数量	集团上市公司数量	Number	系族集团控制上市公司的数量
	股权结构	两权分离	Sep	系族集团上市公司所有权和控制权分离程度
	人事安排	纵向高管兼任	SE	系族集团上市公司高管在股东单位的兼职人数
控制变量	企业资源变量	关联交易	Ret	关联交易涉及的金额
		资产抵押担保能力	FA	固定资产/资产总额
		现金比率	NCF	货币资金/资产总额
		股利支付率	Divid	每股股利/每股收益
		非债务税盾	NDTS	固定资产折旧/资产总额
		成长性	Growth	销售收入增长率
		投资机会	Invest	总资产增长率
	行业变量	行业	Year	年份虚拟变量
	年份变量	年份	Ind	行业虚拟变量

6.1.2.3　模型设计

根据对现有文献的回顾及借鉴，分别设计如下模型以考察微观层面系族集团上市公司企业特征对来源异质性债务融资选择（6-1）和期限异质性债务融资选择（6-2）的影响。借鉴刘行等（2017）的模型表述方法①，式（6-1）和式（6-2）中"／"表示分别放置的因变量。

$$ID_{i,t}/CD_{i,t}/BD_{i,t} = \alpha_0 + \alpha_1 Number_{i,t} + \alpha_2 Sep_{i,t} + \alpha_3 SE_{i,t} + \alpha_3 Ret_{i,t} + \alpha_4 FA_{i,t}$$
$$+ \alpha_5 NCF_{i,t} + \alpha_6 Divid_{i,t} + \alpha_7 NDTS_{i,t} + \alpha_8 Growth_{i,t} + \alpha_9 Invest_{i,t}$$
$$+ \sum Year + \sum Ind \qquad (6-1)$$

$$SD_{i,t}/LD_{i,t} = \beta_0 + \beta_1 Number_{i,t} + \beta_2 Sep_{i,t} + \beta_3 SE_{i,t} + \beta_3 Ret_{i,t} + \beta_4 FA_{i,t}$$
$$+ \beta_5 NCF_{i,t} + \beta_6 Divid_{i,t} + \beta_7 NDTS_{i,t} + \beta_8 Growth_{i,t} + \beta_9 Invset_{i,t}$$
$$+ \sum Year + \sum Ind \qquad (6-2)$$

6.1.3 实证检验与结果分析

6.1.3.1 描述性统计与相关性检验

表6-2提供了第一部分实证设计的主要变量相关描述性统计量，从表中可以看出，首先样本公司中系族集团上市公司占比26.6%，与郑国坚等（2016）实证统计结果相近，说明我国资本市场中系族集团上市公司占有重要比重，并呈现出"三分天下"的局面。资产负债率为43.3%，样本公司整体平均资本结构未出现严重的过度杠杆化现象。债务融资模式的两个指标表明，样本公司采用集中债务融资模式占比较低，子公司债务占比1/3左右，进一步证实了张会丽和陆正飞（2013）研究发现的我国企业集团的负债集中管理模式远不够普及的客观现实。从超额债务融资的相关指标来看，上市公司来源异质性和期限异质性的债务融资存在超额债务融资的情况较为普遍。

---

① 即基于面板数据的多元回归随机效应模型，等式左边为考察变量中的因变量（分别放置模型中的因变量以"／"隔开），等式右边为考察变量中的自变量、重要控制变量和扰动项。考虑到回归模型扰动项可能不是球型扰动项，故 OLS 不是最有效率的回归模型（陈强，2014），后文进一步采用固定效应模型和系统 GMM 工具变量模型进行稳健性检验。

表 6 – 2　　　　　　　　　　　单变量检验主要变量描述性统计

变量	数量	平均数	中位数	标准差	最小值	最大值
Xizu	20603	0.266	0.000	0.442	0.000	1.000
LEV	20603	0.433	0.423	0.220	0.046	0.969
Conlev	20603	0.187	0.000	0.390	0.000	1.000
Levdis	20603	0.332	0.194	0.363	0.000	1.000
OID	20603	0.498	0.000	0.500	0.000	1.000
OCD	20603	0.498	0.000	0.500	0.000	1.000
OBD	20603	0.497	0.000	0.500	0.000	1.000
OSD	20603	0.498	0.000	0.500	0.000	1.000
OLD	20603	0.498	0.000	0.500	0.000	1.000

表 6 – 3 提供了第二部分实证设计的主要变量相关描述性统计量，从表中可以看出，在来源异质性债务融资方面，金融机构债务融资和商业信用债务融资是系族集团上市公司债务融资的主要构成，不同系族企业在金融机构债务融资和商业信用债务融资方面差异较大，在期限异质性债务融资方面，短期债务融资是系族集团上市公司债务融资的主要构成。从微观层面系族集团上市公司企业特征方面看，样本公司中系族集团上市公司隶属系族集团平均掌控四家上市公司，且系族集团上市公司隶属系族集团规模差异较大；系族集团上市公司存在较为普遍的纵向高管兼任情况，平均人数为 5 人，且不同系族集团上市公司间股权结构两权分离程度差异化明显。

表 6 – 3　　　　　　　　　　　多元回归分析主要变量描述性统计

变量	数量	平均数	中位数	标准差	最小值	最大值
ID	5430	0.306	0.299	0.226	0.000	0.818
CD	5430	0.408	0.382	0.227	0.032	0.927
BD	5430	0.029	0.000	0.072	0.000	0.365
SD	5430	0.797	0.859	0.191	0.237	1.000
LD	5430	0.157	0.083	0.186	0.000	0.736
Number	5430	4.182	3.000	3.545	2.000	21.000
SE	5430	4.965	5.000	2.892	0.000	14.000

变量	数量	平均数	中位数	标准差	最小值	最大值
Sep（%）	5430	6.704	0.537	8.613	0.000	30.040
Ret	5430	0.064	0.023	0.098	0.000	0.514
FA	5430	0.250	0.206	0.188	0.001	0.760
NCF	5430	0.173	0.138	0.128	0.010	0.622
Divid	5430	0.228	0.157	0.300	0.000	1.868
NDTS	5430	0.023	0.019	0.017	0.000	0.076
Growth	5430	0.177	0.090	0.496	−0.592	3.303
Invest	5430	0.148	0.082	0.298	−0.334	1.886

表 6-4 是第一部分实证设计的主要变量相关性检验结果，从表中可以看出，系族集团上市公司与资产负债率和各项超额债务融资之间存在显著的正相关关系，与集中债务融资模式存在显著的负相关关系。同时，资产负债率与各项超额债务融资指标之间存在显著的正相关关系，说明超额债务融资情况拉升了上市公司资产负债率。此外，集中债务融资模式与资产各项超额债务融资指标之间存在显著的负相关关系，而子公司债务融资占比与除债券融资外的各项超额债务融资之间存在显著的正相关关系，为下文单变量检验假设1-1提供初步证据。

表 6-4 单变量检验主要变量相关性检验

变量	Xizu	LEV	Conlev	Levdis	OID	OCD	OBD	OSD
LEV	0.206 ***							
Conlev	−0.107 ***	−0.279 ***						
Levdis	0.124 ***	0.214 ***	−0.439 ***					
OID	0.059 ***	0.202 ***	−0.105 ***	0.072 ***				
OCD	0.086 ***	0.170 ***	−0.075 ***	0.077 ***	0.771 ***			
OBD	0.010	0.026 ***	−0.017 **	−0.006	0.739 ***	0.737 ***		
OSD	0.051 ***	0.170 ***	−0.088 ***	0.057 ***	0.934 ***	0.798 ***	0.779 ***	
OLD	0.039 ***	0.109 ***	−0.063 ***	0.044 ***	0.837 ***	0.771 ***	0.853 ***	0.833 ***

注：* 为显著性水平。* 表示 $P<0.1$，** 表示 $P<0.05$，*** 表示 $P<0.01$。

表 6-5 是多元回归分析主要变量的相关性检验结果，结果显示除资产抵押担保能力与非债务税盾之间的相关系数大于0.5且显著正相关外，其与

表 6 – 5

主要变量相关性检验

变量	ID	CD	BD	SD	LD	Number	SE	Sep	Ret	FA	NCF	Divid	NDTS	Growth
CD	-0.672***	1												
BD	-0.014	-0.244***	1											
SD	-0.404***	0.538***	-0.433***	1										
LD	0.498***	-0.509***	0.464***	-0.923***	1									
Number	-0.024*	0.117	-0.048	0.023*	-0.00900	1								
SE	0.064***	-0.018	0.082***	-0.148***	0.175***	0.125***	1							
Sep	0.008	0.015	0.01	0.025*	-0.0160	0.062***	0.037***	1						
Ret	-0.086***	0.074***	-0.064***	0.110***	-0.067***	0.213***	0.074***	0.024*	1					
FA	0.380***	-0.341***	0.063***	-0.342***	0.374***	0.039***	0.187***	0.018	-0.023*	1				
NCF	-0.399***	0.343***	-0.078***	0.262***	-0.278***	0.021	-0.052***	-0.032**	-0.109***	-0.417***	1			
Divid	-0.107***	0.123***	0.030**	0.038***	-0.055***	-0.051***	0.054***	0.050**	-0.128***	-0.031**	0.127***	1		
NDTS	0.243***	-0.230***	-0.001	-0.154***	0.165***	0.052***	0.133***	0.032**	0.023*	0.798***	-0.331***	-0.0190	1	
Growth	0.009	0.015	-0.026*	-0.008	0.013	-0.006	-0.037***	0.016	0.009	-0.095***	0.009	-0.053***	-0.119***	1
Invest	-0.028**	0.046***	0.008	-0.004	0.007	-0.037***	-0.072***	0.006	-0.095***	-0.226***	0.227***	0.029**	-0.279***	0.245***

注：＊为显著性水平。＊表示 $P < 0.1$，＊＊表示 $P < 0.05$，＊＊＊表示 $P < 0.01$。

自变量与控制变量间不存在严重的多重共线性问题。一般而言，面板数据回归能够有效缓解相关变量间的多种共线性问题，为了保证模型设计合理和实证回归结果稳健，本书按照实证回归模型进一步进行了方差膨胀因子检验，表 6-6 模型变量方差膨胀因子检验结果表明，自变量与控制变量间方差膨胀因子（VIF）均值和最大值均远低于 10，上述变量间不存在严重的多重共线性问题。

表 6-6 模型变量方差膨胀因子检验

变量	Number	SE	Sep	Ret	FA	NCF	Divid	NDTS	Invest	Growth
VIF	1.07	1.06	1.01	1.10	3.08	1.29	1.04	2.86	1.18	1.08

6.1.3.2 实证检验与结果分析

（1）单变量检验与结果分析

前面相关性检验部分初步证实了系族集团上市公司与集中债务融资模式和超额债务融资之间存在较为显著的相关关系。进一步结合单变量参数均值检验比较分析系族集团上市公司在债务融资水平、债务融资模式及超额债务融资方面的特点。表 6-7 单变量参数检验结果表明，样本公司中系族集团上市公司资产负债率显著高于非系族集团上市公司，而采取集中债务融资模式的企业占比显著低于非系族集团上市公司，子公司负债占比显著高于非系族集团上市公司，同时存在更高程度的超额债务融资情况，且在除债券融资外的来源异质性债务融资和期限异质性债务融资各项中均有体现。由此可见，单变量检验结果基本证实了系族集团上市公司拥有更高的债务融资水平，且普遍采用分散的债务融资模式，在该模式下子公司凭借集团规模效应和集团声誉对外独立进行债务融资。系族集团上市公司较高的债务融资能力及相对分散的债务融资模式造成高程度的超额债务融资情况，这一情况涉及除债券融资外的各类异质性债务融资。因此，假设 1-1 得证，即与非系族集团上市公司相比，系族集团上市公司债务融资水平更高，更倾向于采取分散债务融资模式，且债务融资在子公司中分布比例更高，超额债务融资程度更高。

表6-7　　系族集团上市公司与非系族集团上市公司债务融资比较分析

组别	变量	非系族		系族		参数检验
样本描述	样本数量	N = 15127		N = 5476		T 检验
	符号	均值	中位数	均值	中位数	T 值
资产负债率	LEV	0.4057	0.3882	0.5085	0.5168	-30.285***
集中负债模式	Conlev	0.2126	0	0.1182	0	15.431***
子公司负债占比	Levdis	0.3048	0.1432	0.4070	0.3297	-17.967***
超额金融机构融资	OID	0.4807	0	0.5475	1	-8.479***
超额商业信用融资	OCD	0.4727	0	0.5698	1	-6.264***
超额债券融资	OBD	0.4943	0	0.5060	1	-1.489
超额短期债务融资	OSD	0.4821	0	0.5403	1	-7.395***
超额长期债务融资	OLD	0.4863	0	0.5309	1	-5.657***

注：* 为显著性水平。* 表示 P < 0.1，** 表示 P < 0.05，*** 表示 P < 0.01。

（2）多元回归检验与结果分析

在第一部分实证检验的基础上，进一步按照产权性质分组进行单变量检验和多元回归分析。表6-8是国有系族集团上市公司与非国有系族集团上市公司在企业特征方面的差异比较分析，结果显示非国有系族集团上市公司所属系族集团组织规模和高管纵向兼任人数均显著低于国有系族集团上市公司，而非国有系族集团上市公司两权分离程度显著高于国有系族集团上市公司。

表6-8　　国有系族集团上市公司与非国有系族集团上市公司企业特征比较分析

组别	国有	非国有	独立样本 T 检验
	（N = 3895）	（N = 1535）	
变量	均值	均值	T 值
Number	4.858	2.464	23.5210***
SE	5.482	3.641	22.1195***
Sep	5.706	9.267	-13.9259***

注：* 为显著性水平。* 表示 P < 0.1，** 表示 P < 0.05，*** 表示 P < 0.01。

表 6-9 是微观层面非国有系族集团上市公司企业特征与其异质性债务融资行为之间的回归结果，从来源异质性债务融资方面看：非国有系族集团上市公司所属集团控制的上市公司组织数量与金融机构债务融资和债券融资间分别在 5% 和 1% 水平上显著正相关，这说明规模越大的系族集团其系族集团上市公司金融机构借款和债券融资水平越高，结合第一部分实证结果，一方面是由于集团的规模效应发挥作用，另一方面是由于系族集团上市公司分散债务融资模式，其下属非上市子公司利用集团规模效应变量债务融资，但上述原因并未对商业信用融资产生影响，可能的原因是商业信用供给方能够更清晰地区分规模效应下的企业质量；两权分离程度与金融机构债务融资在 5% 水平上显著正相关，与商业信用债务融资在 10% 水平上显著负相关，既说明系族集团上市公司金字塔股权结构能够发挥有效的金融机构债务融资杠杆效应，进一步证实了李增泉等（2008）的研究结论，也说明复杂的金字塔股权结构及可能产生的代理问题降低了商业信用供给方的融资意愿，不利于进行获取商业信用债务融资；纵向高管兼任与金融机构债务融资在 10% 水平上显著负相关，与商业信用债务融资在 1% 水平上显著正相关，说明系族集团强化对系族集团上市公司的管控一定程度上降低了金融机构债务融资水平，同时由此带来的议价能力提升有助于提升商业信用债务融资水平，因此假设 1-2 基本得证。

从期限异质性债务融资方面看：非国有系族集团上市公司组织规模与长期债务融资间在 5% 水平上存在显著正相关关系，与短期债务融资间在 5% 水平上存在显著负相关关系，两权分离程度与长期债务融资间在 5% 水平上存在显著正相关关系，与短期债务融资间在 5% 水平上存在显著负相关关系。这说明随着系族集团上市公司数量的提高和股权结构的复杂化，当系族集团上市公司债务融资能力提升时，其更倾向于债务融资优势获取相对稀缺且债务融资监督力度较低的长期债务融资，假设 1-3 基本得证。

表6-9　　非国有系族集团上市公司企业特征对异质性债务融资选择的影响

变量	(1) ID	(2) CD	(3) BD	(4) SD	(5) LD
Number	0.012 ** (1.968)	-0.001 (-0.137)	0.006 *** (2.666)	-0.010 ** (-2.212)	0.010 ** (2.212)
SE	-0.005 * (-1.957)	0.006 *** (2.766)	0.001 (1.345)	-0.002 (-1.071)	0.002 (1.071)
Sep	0.002 ** (2.430)	-0.001 * (-1.932)	0.000 (0.807)	-0.001 ** (-2.574)	0.001 ** (2.574)
Ret	-0.099 (-1.337)	-0.272 *** (-4.220)	-0.013 (-0.431)	-0.000 (-0.004)	0.000 (0.004)
FA	0.169 *** (2.717)	-0.066 (-1.215)	0.061 ** (2.355)	-0.118 ** (-2.518)	0.118 ** (2.518)
NCF	-0.312 *** (-7.670)	0.201 *** (5.642)	0.037 ** (2.142)	0.061 ** (1.993)	-0.061 ** (-1.993)
Divid	-0.026 * (-1.759)	0.027 ** (2.165)	-0.005 (-0.766)	0.019 * (1.720)	-0.019 * (-1.720)
NDTS	-1.075 (-1.613)	-0.309 (-0.526)	-0.090 (-0.331)	1.471 *** (2.964)	-1.471 *** (-2.964)
Growth	0.004 (0.642)	0.001 (0.162)	-0.003 (-1.278)	-0.004 (-0.992)	0.004 (0.992)
Invest	0.027 ** (2.544)	-0.022 ** (-2.411)	0.004 (0.886)	-0.022 *** (-2.783)	0.022 *** (2.783)
_cons	0.469 *** (5.608)	0.326 *** (4.085)	-0.071 ** (-2.534)	0.842 *** (14.781)	0.158 *** (2.778)
Year	控制	控制	控制	控制	控制
Ind	控制	控制	控制	控制	控制
N	1535	1535	1535	1535	1535
R^2	0.22	0.31	0.13	0.27	0.27
Chi^2	192.629 ***	218.340 ***	104.040 ***	154.597 ***	154.597 ***

注：*为显著性水平。*表示 $P<0.1$，**表示 $P<0.05$，***表示 $P<0.01$。

表 6 – 10 是微观层面国有系族集团上市公司企业特征与期限异质性债务融资行为之间的回归结果。首先，系族集团上市公司组织规模与其商业信用融资在 5% 水平上显著正相关，而与金融机构融资和债券融资之间不存在显著的相关关系。这说明国有系族集团上市公司组织规模的扩大并没有对其金融机构债务融资和债券融资产生显著影响，而是加强了其商业信用债务融资水平。其次，国有系族集团上市公司纵向高管兼任与债券融资之间在 5% 水平上存在显著的正相关关系，而与金融机构债务融资和商业信用融资间不存在显著的相关关系，这说明国有系族集团能够在一定程度上提升其债务融资水平。最后，在国有系族集团上市公司股权结构与异质性债务融资不存在显著的相关关系。因此，假设 1 – 2 中有关系族集团上市公司产权性质影响的内容基本得证。

表 6 – 10　国有系族集团上市公司企业特征对异质性债务融资选择的影响

变量	(1)	(2)	(3)	(4)	(5)
	ID	CD	BD	SD	LD
Number	0.001 (0.702)	0.003 ** (2.074)	− 0.000 (− 0.758)	0.002 (1.623)	− 0.002 (− 1.623)
SE	− 0.000 (− 0.348)	− 0.001 (− 1.262)	0.001 ** (2.463)	− 0.003 *** (− 2.720)	0.003 *** (2.720)
Sep	0.000 (0.316)	0.000 (0.114)	− 0.000 (− 0.368)	0.000 (0.498)	− 0.000 (− 0.498)
Ret	− 0.217 *** (− 7.054)	0.042 (1.516)	− 0.034 *** (− 2.727)	0.101 *** (3.969)	− 0.101 *** (− 3.969)
FA	0.220 *** (6.877)	− 0.191 *** (− 6.658)	0.031 ** (2.406)	− 0.296 *** (− 11.197)	0.296 *** (11.197)
NCF	− 0.383 *** (− 13.342)	0.178 *** (6.933)	− 0.007 (− 0.616)	0.110 *** (4.632)	− 0.110 *** (− 4.632)
Divid	− 0.028 *** (− 3.367)	0.030 *** (4.105)	0.006 * (1.766)	− 0.007 (− 0.973)	0.007 (0.973)

续表

变量	（1）	（2）	（3）	（4）	（5）
	ID	CD	BD	SD	LD
NDTS	−0.710 ** (−2.286)	−0.180 (−0.647)	−0.408 *** (−3.293)	1.953 *** (7.615)	−1.953 *** (−7.615)
Growth	−0.002 (−0.471)	0.018 *** (4.360)	−0.002 (−1.145)	0.004 (1.028)	−0.004 (−1.028)
Invest	0.068 *** (6.292)	−0.047 *** (−4.923)	0.000 (0.058)	−0.038 *** (−4.223)	0.038 *** (4.223)
_cons	0.481 *** (8.907)	0.246 *** (4.363)	0.021 (1.233)	0.897 *** (20.691)	0.103 ** (2.385)
Year	控制	控制	控制	控制	控制
Ind	控制	控制	控制	控制	控制
N	3895	3895	3895	3895	3895
R^2	0.41	0.38	0.16	0.50	0.50
Chi^2	743.733 ***	527.108 ***	245.553 ***	746.005 ***	746.005 ***

注：＊为显著性水平。＊表示 $P<0.1$，＊＊表示 $P<0.05$，＊＊＊表示 $P<0.01$。

从微观层面国有系族集团上市公司企业特征与期限异质性债务融资方面看，系族集团上市公司组织规模与短期债务融资和长期债务融资之间不存在显著相关关系。系族集团上市公司纵向高管兼任与长期债务融资间在1%水平上存在显著的正相关关系，与短期债务融资间在1%水平上存在显著的负相关关系，这说明国有企业集团加强对国有系族集团上市公司的管控有助于提升系族集团上市公司长期债务融资比重。国有系族集团上市公司股权结构与长期债务融资和短期债务融资间均不存在显著的相关关系，进一步证实了国有系族集团上市公司股权结构对来源异质性债务融资影响分析中的研究结论。因此，假设1-3有关系族集团上市公司产权性质差异的内容基本得证。

6.1.4　稳健性检验

为了确保本章实证检验结果的稳健性，针对上述第一部分研究设计和第二部分研究设计分别进行稳健性检验，得到与前面基本一致的实证结果，具体如下：首先，在前面运用独立样本 T 检验的基础上，考虑到总体样本方差对检验结果可能产生的影响，进一步进行单变量 Z 检验，检验结果及显著性水平与前面一致（见表 6 - 11）。

表 6 - 11　　　　　　　　　　单变量检验：稳健性检验

组别	变量	非系族		系族		参数检验
样本数量	样本数量	N = 15127		N = 5476		Z 检验
	符号	均值	中位数	均值	中位数	Z 值
资产负债率	LEV	0.4057	0.3882	0.5085	0.5168	- 29.927 ***
集中负债模式	Conlev	0.2126	0	0.1182	0	15.343 ***
子公司负债占比	Levdis	0.3048	0.1432	0.4070	0.3297	- 20.090 ***
超额金融机构融资	OID	0.4807	0	0.5475	1	- 8.465 ***
超额商业信用融资	OCD	0.4727	0	0.5698	1	- 12.313 ***
超额债券融资	OBD	0.4943	0	0.5060	1	- 1.489
超额短期债务融资	OSD	0.4821	0	0.5403	1	- 7.386 ***
超额长期债务融资	OLD	0.4863	0	0.5309	1	- 5.653 ***

注：＊为显著性水平。＊表示 P < 0.1，＊＊表示 P < 0.05，＊＊＊表示 P < 0.01。

其次，鉴于面板数据中随个体而异的遗漏变量造成的内生性问题（陈强，2014），因此进一步选择固定效应模型考察系族集团上市公司微观层面企业特征对异质性债务融资选择影响实证检验结果的稳健性；同时考虑到2008 年金融危机后 2009 年政府实施的"四万亿""一揽子"计划相关资金主要流向国有大中型企业而对国有上市公司债务融资可能产生的影响，在选择固定效应模型的基础上进一步将样本考察期变为 2010～2017 年，经稳健性检验，回归结果中的系数符号与显著性水平与前面基本一致（见表 6 - 12、表 6 - 13）。

表 6－12   非国有系族集团上市公司组别稳健性检验

变量	（1） ID	（2） CD	（3） BD	（4） SD	（5） LD
Number	0. 009 ** （2. 113）	0. 002 （0. 536）	0. 006 *** （3. 425）	－ 0. 007 ** （ － 2. 268）	0. 007 ** （2. 268）
SE	－ 0. 004 * （ － 1. 826）	0. 006 *** （3. 015）	0. 001 （1. 356）	－ 0. 001 （ － 0. 466）	0. 001 （0. 466）
Sep	0. 002 ** （2. 434）	－ 0. 001 ** （ － 2. 423）	0. 001 ** （2. 360）	－ 0. 002 *** （ － 3. 842）	0. 002 *** （3. 842）
Ret	－ 0. 104 （ － 1. 330）	－ 0. 310 *** （ － 4. 203）	－ 0. 071 ** （ － 2. 321）	0. 018 （0. 307）	－ 0. 018 （ － 0. 307）
FA	0. 244 *** （3. 966）	－ 0. 044 （ － 0. 755）	0. 042 * （1. 755）	－ 0. 211 *** （ － 4. 680）	0. 211 *** （4. 680）
NCF	－ 0. 411 *** （ － 9. 883）	0. 320 *** （8. 147）	0. 006 （0. 363）	0. 146 *** （4. 801）	－ 0. 146 *** （ － 4. 801）
Divid	－ 0. 043 ** （ － 2. 540）	0. 069 *** （4. 326）	－ 0. 006 （ － 0. 893）	0. 040 *** （3. 260）	－ 0. 040 *** （ － 3. 260）
NDTS	－ 0. 534 （ － 0. 855）	－ 0. 407 （ － 0. 690）	－ 0. 187 （ － 0. 764）	2. 030 *** （4. 441）	－ 2. 030 *** （ － 4. 441）
Growth	0. 005 （0. 628）	0. 002 （0. 274）	－ 0. 004 （ － 1. 384）	－ 0. 007 （ － 1. 202）	0. 007 （1. 202）
Invest	0. 034 ** （2. 567）	－ 0. 017 （ － 1. 377）	0. 010 * （1. 955）	－ 0. 038 *** （ － 3. 951）	0. 038 *** （3. 951）
_cons	0. 365 *** （8. 273）	0. 321 *** （7. 711）	－ 0. 027 （ － 1. 558）	0. 809 *** （25. 030）	0. 191 *** （5. 921）
Year	控制	控制	控制	控制	控制
Ind	控制	控制	控制	控制	控制
N	1535	1535	1535	1535	1535
R^2	0. 193	0. 277	0. 094	0. 208	0. 208
Chi^2	11. 92 ***	19. 08 ***	5. 19 ***	13. 07 ***	13. 07 ***

注：＊为显著性水平。＊表示 $P < 0.1$，＊＊表示 $P < 0.05$，＊＊＊表示 $P < 0.01$。

表 6 – 13　　　　　　　国有系族集团上市公司组别稳健性检验

变量	(1) ID	(2) CD	(3) BD	(4) SD	(5) LD
Number	−0.000 (−0.035)	0.002 (1.268)	−0.000 (−0.040)	0.003* (1.889)	−0.004** (−2.489)
SE	−0.001 (−0.584)	−0.002* (−1.704)	0.001** (2.224)	−0.001 (−1.391)	0.002* (1.764)
Sep	0.000 (0.281)	−0.000 (−0.188)	0.000 (0.138)	0.000 (0.479)	−0.000 (−0.950)
Ret	−0.184*** (−5.245)	0.019 (0.631)	−0.031** (−1.979)	0.091*** (3.242)	−0.080*** (−2.726)
FA	0.177*** (4.765)	−0.176*** (−5.393)	0.042** (2.526)	−0.246*** (−8.368)	0.257*** (8.268)
NCF	−0.340*** (−10.405)	0.148*** (5.159)	0.017 (1.156)	0.087*** (3.335)	−0.091*** (−3.339)
Divid	−0.013 (−1.528)	0.021*** (2.734)	0.006 (1.594)	−0.009 (−1.257)	0.014** (1.969)
NDTS	−0.798** (−2.237)	−0.247 (−0.789)	−0.361** (−2.242)	2.035*** (7.161)	−2.171*** (−7.272)
Growth	−0.001 (−0.130)	0.015*** (3.389)	−0.002 (−0.775)	0.004 (0.989)	−0.002 (−0.393)
Invest	0.065*** (5.531)	−0.050*** (−4.884)	−0.002 (−0.326)	−0.030*** (−3.240)	0.025*** (2.581)
_cons	0.369*** (18.937)	0.447*** (26.157)	0.001 (0.118)	0.820*** (53.526)	0.184*** (11.295)
Year	控制	控制	控制	控制	控制
Ind	控制	控制	控制	控制	控制
N	3522	3522	3522	3895	3522
R^2	0.34	0.28	0.04	0.28	0.26
Chi^2	17.48***	8.37***	6.17***	8.62***	9.16***

注：＊为显著性水平。＊表示 $P<0.1$，＊＊表示 $P<0.05$，＊＊＊表示 $P<0.01$。

最后，考虑到微观层面系族集团上市公司特征与其异质性债务融资行为之间存在的内生性问题，特别是模型变量反向因果带来的内生性问题，本书借鉴张兆国等（2013）研究方法，进一步基于动态面板的广义矩估计（GMM）工具变量法，纳入因变量滞后一期数据，运用系统 GMM 方法针对上述可能存在的内生性问题进行稳健性检验。布伦德尔和邦德（Blundel and Bond，1998）将差分 GMM 与水平 GMM 结合在一起，将差分方程与水平方程作为一个方程系统进行 GMM 估计，称其为系统 GMM（System GMM）（陈强，2014），模型和工具变量设计通过序列自相关检验和 Hansen 检验，回归结果中的系数符号与显著性水平与前面基本一致（见表 6-14、表 6-15）。

表 6-14　　非国有系族集团上市公司组别系统 GMM 稳健性检验

变量	(1) ID	(2) CD	(3) BD	(4) SD	(5) LD
Number	0.019 ** (2.104)	0.007 (1.487)	0.006 ** (2.268)	-0.010 * (-1.798)	0.017 ** (2.170)
SE	-0.008 ** (-1.988)	0.006 ** (2.297)	0.002 (1.102)	-0.002 (-0.743)	0.003 (0.908)
Sep	0.004 *** (3.578)	-0.001 * (-1.841)	0.000 (1.041)	-0.001 (-1.680)	0.001 ** (2.407)
Ret	0.156 (1.112)	-0.238 ** (-2.555)	-0.100 *** (-2.960)	0.281 *** (4.069)	-0.212 ** (-2.496)
FA	-0.100 (-0.899)	0.072 (0.923)	0.042 * (1.792)	0.025 (0.406)	-0.221 *** (-2.748)
NCF	-0.258 *** (-3.258)	0.186 *** (4.875)	0.017 (1.132)	0.085 *** (2.979)	-0.094 *** (-2.597)
Growth	0.030 *** (2.816)	-0.015 ** (-2.398)	-0.004 * (-1.868)	-0.002 (-0.397)	-0.005 (-0.693)
Divid	-0.032 (-1.480)	0.028 ** (1.964)	-0.008 (-1.185)	0.068 *** (4.233)	-0.078 *** (-4.199)

续表

变量	(1)	(2)	(3)	(4)	(5)
	ID	CD	BD	SD	LD
NDTS	0.060 (0.052)	−1.690*** (−2.692)	0.005 (0.021)	−1.305** (−2.293)	2.678*** (3.548)
Invest	−0.056** (−2.530)	−0.026* (−1.703)	−0.014*** (−3.617)	−0.052*** (−4.150)	0.037** (2.358)
_cons	0.113* (1.779)	0.199*** (3.716)	−0.057 (−0.566)	0.390*** (2.931)	0.059 (0.322)
L. ID	0.723*** (18.852)				
L. CDL		0.587*** (23.317)			
L. BD			0.537*** (25.174)		
L. SD				0.474*** (17.322)	
L. LD					0.444*** (12.671)
Year	控制	控制	控制	控制	控制
Ind	控制	控制	控制	控制	控制
N	1138	1138	1138	1138	1138
Chi^2	1546.20***	2760.79***	9081.61***	1950.71***	1327.21***
AR (2)	0.297	0.705	0.408	0.598	0.581
Hansen	0.792	0.57	0.864	0.426	0.628

注：* 为显著性水平。* 表示 $P<0.1$，** 表示 $P<0.05$，*** 表示 $P<0.01$。

表 6 – 15　国有系族集团上市公司组别系统 GMM 稳健性检验

变量	(1)	(2)	(3)	(4)	(5)
	ID	CD	BD	SD	LD
Number	−0.015 (−1.607)	0.028** (2.081)	0.160 (1.685)	0.001 (0.158)	−0.002 (−0.807)

续表

变量	(1) ID	(2) CD	(3) BD	(4) SD	(5) LD
SE	-0.000 (-0.012)	-0.000 (-0.019)	0.051 ** (1.994)	-0.008 *** (-3.293)	0.011 *** (3.009)
Sep	0.001 (0.440)	0.000 (0.455)	-0.005 (-0.516)	0.001 (1.084)	-0.001 (-1.557)
Ret	-0.153 (-0.972)	0.008 (0.031)	-2.422 (-1.669)	0.147 *** (3.195)	-0.167 *** (-3.829)
FA	-0.215 (-1.420)	-0.354 (-1.109)	1.462 (1.503)	-0.080 (-1.096)	0.059 (0.783)
NCF	-0.421 *** (-2.660)	0.207 (1.089)	1.670 (1.313)	0.122 * (1.836)	-0.077 (-1.131)
Growth	0.015 (0.581)	-0.033 (-0.829)	0.111 (1.083)	-0.007 (-0.534)	-0.005 (-0.482)
Divid	0.023 (0.745)	0.072 (0.848)	0.017 (0.104)	0.005 (0.295)	-0.005 (-0.305)
NDTS	1.979 (1.157)	2.505 (0.647)	7.464 (0.591)	1.968 ** (2.568)	-0.824 (-1.029)
Invest	0.141 ** (2.052)	0.012 (0.130)	0.036 (0.130)	-0.089 ** (-2.350)	0.101 ** (2.539)
_cons	0.461 (0.868)	8.044 (0.806)	0.063 (0.015)	0.270 * (1.714)	0.089 (0.548)
L. ID	0.691 *** (10.162)				
L. CDL		0.643 *** (5.290)			
L. BD			0.224 (0.791)		
L. SD				0.792 *** (18.345)	

续表

变量	（1）	（2）	（3）	（4）	（5）
	ID	CD	BD	SD	LD
L. LD					0. 766 *** (20. 352)
Year	控制	控制	控制	控制	控制
Ind	控制	控制	控制	控制	控制
N	3201	3201	3201	3201	3201
Chi^2	474. 89 ***	143. 86 ***	24. 11 *	996. 58 ***	1020. 81 ***
AR （2）	0. 257	0. 215	0. 163	0. 323	0. 339
Hansen	0. 646	0. 735	0. 983	0. 646	0. 715

注：* 为显著性水平。* 表示 P < 0.1，** 表示 P < 0.05，*** 表示 P < 0.01。

　　最后，由于前面主要是基于不同产权性质的系族集团上市公司异质性债务融资行为间存在显著差异进行分组回归，为了更加全面地呈现系族集团上市公司微观企业特征对其异质性债务融资选择行为的影响，本书进一步提供全样本多元回归结果（见表 6 - 16）。

表 6 - 16   全样本系族集团上市公司微观企业特征对
异质性债务融资选择影响回归结果

变量	（1）	（2）	（3）	（4）	（5）
	ID	CD	BD	SD	LD
Number	0. 001 (0. 896)	0. 004 *** (3. 125)	− 0. 000 (− 0. 066)	0. 001 (0. 523)	− 0. 000 (− 0. 313)
SE	− 0. 001 (− 1. 372)	0. 001 (0. 640)	0. 001 *** (3. 055)	− 0. 003 *** (− 3. 967)	0. 003 *** (3. 586)
Sep	0. 001 * (1. 930)	− 0. 000 (− 0. 994)	0. 000 (0. 388)	0. 000 (0. 572)	0. 000 (0. 373)
Ret	− 0. 193 *** (− 6. 824)	0. 002 (0. 085)	− 0. 033 *** (− 2. 905)	0. 122 *** (5. 067)	− 0. 082 *** (− 3. 569)

续表

变量	（1）	（2）	（3）	（4）	（5）
	ID	CD	BD	SD	LD
FA	0. 211 *** （7. 397）	− 0. 158 *** （− 6. 182）	0. 042 *** （3. 621）	− 0. 207 *** （− 8. 573）	0. 255 *** （11. 122）
NCF	− 0. 357 *** （− 15. 361）	0. 196 *** （9. 446）	0. 009 （0. 923）	0. 094 *** （4. 759）	− 0. 095 *** （− 5. 066）
Divid	− 0. 028 *** （− 3. 851）	0. 031 *** （4. 912）	0. 003 （1. 155）	− 0. 001 （− 0. 110）	− 0. 001 （− 0. 088）
NDTS	− 1. 006 *** （− 3. 531）	− 0. 072 （− 0. 283）	− 0. 358 *** （− 3. 121）	1. 599 *** （6. 630）	− 1. 942 *** （− 8. 463）
Growth	0. 000 （0. 024）	0. 011 *** （3. 388）	− 0. 003 * （− 1. 675）	0. 002 （0. 580）	− 0. 001 （− 0. 221）
Invest	0. 045 *** （6. 306）	− 0. 034 *** （− 5. 380）	0. 002 （0. 543）	− 0. 026 *** （− 4. 248）	0. 028 *** （4. 839）
_cons	0. 486 *** （10. 679）	0. 257 *** （5. 524）	− 0. 003 （− 0. 178）	0. 813 *** （21. 985）	0. 124 *** （3. 551）
Year	控制	控制	控制	控制	控制
Ind	控制	控制	控制	控制	控制
N	5430	5430	5430	5430	5430
R^2	0. 32	0. 32	0. 11	0. 37	0. 42
Chi^2	859. 131 ***	616. 214 ***	292. 381 ***	700. 418 ***	812. 233 ***

注：* 为显著性水平。* 表示 $P<0.1$，** 表示 $P<0.05$，*** 表示 $P<0.01$。

6.2　产品市场竞争对系族集团上市公司债务融资选择的影响研究

　　本节进一步将研究视角拓展至中观行业产品市场竞争层面，在债务异质性视角下考察系族所处行业产品市场竞争对其债务融资选择的影响。就产品市场竞争而言，传统基于产业组织视角的资本结构研究一直关注行业竞争程度与企业融资决策之间的相关性（Harris and Raviv，1991；刘志彪和姜付秀，2005；Boubaker et al.，2018）。同时，前面研究发现，与非系族集团上市公司相比，系族集团存在多元化经营的显著特点，通过在不同行业布局上市公司以获取更多的市场资源，更好地分担行业风险。因此，本节理论分析和实证研究尝试在债务异质性视角下，从行业产品市场竞争层面分析产品市场竞争对系族集团上市公司债务融资选择产生的影响，并在此基础上基于系族集团多元化经营情况展开进一步探索，以期更好地理解中观层面要素对系族集团上市公司债务融资行为的影响机理。

6.2.1 研究假设提出

系族集团上市公司作为中国资本市场和产品要素市场的重要参与者，其债务融资决策深受产品市场竞争影响。现有理论认为，产品市场竞争通过产生直接的竞争压力和破产清算威胁，发挥着积极的治理作用（姜付秀等，2016）。产品市场竞争主要通过两个渠道对系族集团上市公司债务融资产生影响。其一是专用性成本效应，即竞争对手通过利用信息而给披露信息的公司带来的成本，因而也被称为竞争劣势成本（梁飞媛，2008）。在产品市场竞争激烈的行业中，各企业间相互依存相互竞争，企业自有信息的泄露对面对高强度竞争压力的企业而言往往是致命的（Verrecchia，1983），披露任何相关法规制度要求强制披露的信息都可能给公司带来竞争劣势成本，因为这些公开披露的私有信息可能被竞争对手获得并采取不利行动，从而影响公司的竞争地位（袁知柱等，2017）。其二是破产威胁效应，即激烈的产品市场竞争会侵蚀企业的边际利润，优胜劣汰的竞争淘汰机制会拉升竞争中企业的破产风险（徐玉德和韩彬，2017）。因此，处于激烈产品市场竞争行业中的系族集团上市公司在债务融资选择时会关注债权人对企业相关私有信息的披露要求及债务融资所带来的破产风险。

从债务融资来源异质性角度看，公开市场的债券融资由于债权人结构分散且可能因"搭便车"问题降低债权人债务监督意愿，因此对企业私有信息披露要求的标准高、内容多。同时，分散的债务人结构在企业面临财务困境时会导致债务重组谈判效率低、成本高，进而会提升企业的破产风险。而作为非公开市场的金融机构债务融资不仅能够依靠更为专业的能力、人员和更为丰富的信息获取渠道在保护专有信息、降低专用性成本方面获取比较优势（Bouaker et al. , 2018），还能够凭借相对单一的债务人结构提升企业陷入财务困境时债务重组谈判效率，降低企业的破产风险。就商业信用债务融资而言，由于企业和供应商间关系越密切，企业向供应商除了提供公开披露的信息之外，还额外提供私有信息，因而能够降低专有性成本（张敏等，2012），同时商业信用债务融资由于没有正式的契约约束因而债务融资弹性较高。但是，在竞争比较激烈的行业，供应商的议价能力较强，市场中现存的竞争者实力相当，还有着潜在的行业进入者的威胁，供应商对企业的依赖度较低（陈运森和王汝花，2014），因此虽然商业信用融资同样具备降低专用性成本和破产风险的优势，但企业的商业信用债务融资可获得性水平更低。从债务融资期限异质性来看，激烈的产品市场竞争带来的企业高破产风险将进一步加剧长期债务融资的融资风险，降低长期债务融资债权人的融资供给意愿。同时，在中国制度环境中上市公司在产品市场竞争中显示出对短期贷款的"竞争型依赖"，即在有限的竞争中更依赖通过短期贷款争取发展优势（吴昊旻和王华，2009）。进一步结合企业产权性质分析，不同产权性质的系族集团上市公司受市场因素影响的程度存在显著差异。综上所述，提出如下假设：

假设2-1：在债务融资来源异质性方面，行业产品市场竞争越激烈，系族集团上市公司金融机构债务融资水平越高，债券融资和商业信用融资水平越低，且这一情况在非国有系族集团上市公司中更为显著。

假设2-2：在债务融资期限异质性方面，行业产品市场竞争越激烈，系族集团上市公司短期债务融资水平越高，长期债务融资水平越低，且这一情况在非国有系族集团上市公司中更为显著。

6.2.2 样本选择与研究设计

6.2.2.1 样本选择与数据来源

鉴于2005年中国证监会发布《关于上市公司股权分置改革试点有关问

题的统计》以及 2007 年 1 月 1 日起上市公司实施新会计准则,综合考虑 2005 年前上市公司股权分置情况和 2007 年新会计准则实施对样本公司指标相关年度可比性的影响,以及 2008 年金融危机对我国系族集团上市公司债务融资产生的外部冲击[①],本章以 2009~2017 年为样本观察期,选取沪深 A 股系族集团上市公司为研究样本,并在此基础上按照以下原则进行筛选:①由于上市公司财务报表统计差异,剔除金融行业样本公司;②剔除数据值显著异常的样本公司;③剔除数据缺失及无法获取相关数据的样本公司。为避免样本极端值的影响,本书对主要连续变量在 1% 和 99% 分位数水平上进行 Winsorize 缩尾处理。第一部分实证检验为 20630 个公司一年样本值,其中系族集团上市公司 5476 个公司一年样本值,非系族集团上市公司 15127 个公司一年样本值;第二部分根据系族集团上市公司微观层面企业特征进一步筛选统计,最终得到 5430 个系族集团上市公司公司一年观测值,其中国有系族集团上市公司 3895 个公司一年样本值,非国有系族集团上市公司 1535 个公司一年样本值。行业分类遵循证监会上市公司行业分类指引,其中制造业按二级行业代码分类,其余行业按照一级行业代码分类,相关数据来自于国泰安 CSMAR 数据库,数据处理和统计分析使用 Stata14.0 软件进行。

6.2.2.2 变量选取与定义

(1) 产品市场竞争

在衡量行业层面的产品市场竞争中,借鉴张会丽和王开颜(2019)与徐玉德和韩彬(2017)的相关研究,选取赫芬达尔指数作为行业竞争强度的替代变量,即 $HHI = \sum_{i=1}^{n} (S_{i,j,t}/S_{j,t})^2$。其中,$S_{i,j,t}$ 为 t 年 j 行业内某上市公司的营业收入,$S_{j,t}$ 为 t 年 j 行业内全部上市公司的营业收入总和。HHI 数值越小,行业产品市场竞争程度越高。

---

① 2008 年的金融危机对我国融资市场产生了强烈的冲击,研究发现从 2008 年第三季度开始,中国上市公司的 ROA 突然下降,从 2008 年第三季度的 0.84%,下降到 2008 年第四季度的 −0.45%,从 2009 年第二季度开始,上市公司的 ROA 有了明显回升(祝继高等,2012)。因此金融危机相关研究多以危机爆发的 2008 年为界展开实证检验(马永强和陈欢,2013)。

（2）来源异质性债务融资

一般认为，中国企业的债务来源主要有三大类，分别是银行贷款、商业信用和企业债券（花中东等，2017）。其中，中国银行主导的金融体系使得银行贷款成为中国企业进行债务融资的主要渠道（Allen et al.，2005；刘行等，2017）。同时，已有研究表明商业信用是中国企业有效的债务融资渠道（孙浦阳等，2014），成为越来越多中国企业重要的短期融资来源（张新民等，2017）。此外，由于债券市场发展相对滞后，目前企业债券在中国企业债务融资中所占比重较小，但是考虑到2008年以来我国债券市场日渐活跃，及其在系族集团上市公司债务融资中占有一定比重的现实情况，借鉴胡建雄和茅宁（2015）、张志宏和仇莹（2017）的相关研究，按照系族集团上市公司债务融资的主要来源，将来源异质性债务融资划分为金融机构债务融资、商业信用债务融资和债券融资，并分别以其在系族集团上市公司总负债中的占比加以衡量。其中金融机构债务融资以金融机构借款率衡量，金融机构借款率＝（短期借款＋长期借款）/总负债，商业信用债务融资以商业信用率衡量，商业信用率＝（应付票据＋应付账款＋预收账款＋长期应付款）/总负债，债券融资以债券融资率衡量，债券融资率＝应付债券/总负债。

（3）期限异质性债务融资

有关债务期限结构的实证研究通常采用以下两种方法度量债务期限结构：一是资产负债表法（平衡表法），把债务期限定义为短期债务和长期债务占总债务的比重；二是增量法，把债务期限定义为债务工具发行的期限（肖作平，2011）。两种方法各具优势，且对实证检验结果影响差异微弱（Scherr and Hulburt，2001）。因此，综合考虑量化指标数据的可得性，借鉴张志宏和仇莹（2017）、黄小琳等（2015）、肖作平（2011）和孙铮等（2005）的研究方法，系族集团上市公司长期债务融资以长期负债/总负债衡量，系族集团上市公司短期债务融资以短期负债/总负债衡量。

（4）控制变量

为了有效控制系族集团上市公司内部资本市场及相关资源对考察变量间关系的影响，本章选取以下企业相关资源控制变量：①关联交易，关联交易是衡量内部资本市场活跃程度的重要指标，一般认为集团内部资本市场活跃时，集团内部关联交易频繁、金额较高（邵毅平和虞凤凤，2012）。故借鉴张学义和薛忠义（2015）的研究，选取系族集团上市公司关联交易发生额为控制变量。②资产抵押担保能力，企业固定资产占总资产比重越高，企业在债务融资过程中用以抵押担保的资产越多，资产抵押担保能力越强。故借鉴刘行等（2017）的研究，选取固定资产在总资产中占比作为控制变量。③现金比率，企业自有现金与企业融资约束和债务融资需求存在相关关系，企业现金比率越高，财务灵活性越高，故借鉴张亮亮（2017）的研究，选取系族集团上市公司现金比率为控制变量。④股利支付率，股利支付率能够较为有效地刻画债务融资程度（Fazzari，1988）。故借鉴连玉君等（2008）的研究，选取系族集团上市公司每股股利/每股收益作为控制变量。⑤非债务税盾，企业固定资产折旧等可以在税前列支，能够发挥与债务融资相同的税盾效应，进而降低企业利用债务税盾的意愿，故借鉴刘行等（2017）的研究，选取固定资产折旧在总资产中占比作为控制变量。⑥成长性，企业成长性影响企业债务融资需求，一般认为成长性越高对外部债务融资需求越大，借鉴张宗益和陈思秋（2015）的研究，选取系族集团上市公司销售收入增长率作为控制变量。⑦投资机会。总资产增长与企业投融资关系密切，一般企业投资机会多总资产增长率较快，借鉴库珀（Cooper et al.，2008）的研究，选取总资产增长率作为控制变量。此外，由于债务融资结构在不同行业和年份间可能存在显著差异，将年份和行业虚拟变量纳入控制变量（见表6-17）。

表6-17　　　　　　　　　　　变量定义与指标选取

变量类型	变量类别	变量名称	变量符号	变量定义
考察变量	来源异质性债务融资	金融机构债务融资率	ID	（短期借款＋长期借款）/总负债
		商业信用债务融资率	CD	（应付票据＋应付账款＋预收账款＋长期应付款）/总负债
		债券融资率	BD	应付债券/总负债
	期限异质性债务融资	短期债务融资	SD	短期负债/总负债
		长期债务融资	LD	长期负债/总负债
	产品市场竞争	产品市场竞争	HHI	赫芬达尔指数，数值越大，竞争程度越低

续表

变量类型	变量类别	变量名称	变量符号	变量定义
控制变量	企业资源变量	关联交易	Ret	关联交易涉及的金额
		资产抵押担保能力	FA	固定资产/资产总额
		现金比率	NCF	货币资金/资产总额
		股利支付率	Div	每股股利/每股收益
		非债务税盾	NDTS	固定资产折旧/资产总额
		成长性	Gro	销售收入增长率
		投资机会	Inv	总资产增长率
	行业变量	行业	Year	年份虚拟变量
	年份变量	年份	Industry	行业虚拟变量

6.2.2.3 模型设计

借鉴拜恩（Byun et al.，2013）、张会丽和王开颜（2019）的研究方法与思路，在综合考虑系族集团上市公司特征和异质性债务融资的基础上，构建如下多元线性回归随机效应模型进行理论假设实证检验。模型（6-3）和模型（6-4）分别检验假设1-1和假设1-2，考察行业层面产品市场竞争对系族集团上市公司来源异质性债务融资和期限异质性债务融资的影响。借鉴刘行等（2017）的模型表述方法①，式（6-3）和式（6-4）中"/"表示分别放置的因变量。

$$ID_{i,t}/CD_{i,t}/BD_{i,t} = \alpha_0 + \alpha_1 HHI_{i,t} + \alpha_2 ret_{i,t} + \alpha_3 FA_{i,t} + \alpha_4 NCF_{i,t} + \alpha_5 Div_{i,t}$$
$$+ \alpha_6 NDTS_{i,t} + \alpha_7 Gro_{i,t} + \alpha_8 invest_{i,t} + \sum Year + \sum Ind$$
$$(6-3)$$

$$SD_{i,t}/LD_{i,t} = \alpha_0 + \alpha_1 HHI_{i,t} + \alpha_2 ret_{i,t} + \alpha_3 FA_{i,t} + \alpha_4 NCF_{i,t} + \alpha_5 Div_{i,t}$$
$$+ \alpha_6 NDTS_{i,t} + \alpha_7 Gro_{i,t} + \alpha_8 invest_{i,t} + \sum Year + \sum Ind$$
$$(6-4)$$

---

① 即基于面板数据的多元回归随机效应模型，等式左边为考察变量中的因变量（分别放置模型中的因变量以"/"隔开），等式右边为考察变量中的自变量、重要控制变量和扰动项。考虑到回归模型扰动项可能不是球型扰动项，故 OLS 不是最有效率的回归模型（陈强，2014），后文进一步采用固定效应模型和系统 GMM 工具变量模型进行稳健性检验。

6.2.3 实证检验与结果分析

6.2.3.1 描述性统计与相关性检验

表 6 – 13 提供了本节实证检验的主要变量相关描述性统计量，从表中可以看出，在来源异质性债务融资方面，金融机构债务融资和商业信用债务融资是系族集团上市公司债务融资的主要构成，不同系族企业在金融机构债务融资和商业信用债务融资方面差异较大，在期限异质性债务融资方面，短期债务融资是系族集团上市公司债务融资的主要构成。从中观层面系族集团上市公司产品市场竞争方面看，样本公司中系族集团上市公司产品市场竞争适中，但是不同系族集团上市公司间存在一定差异，结合表 6 – 19 单变量检验的相关结果证实国有系族集团上市公司与非国有系族集团上市公司之间在产品市场竞争方面存在显著的差异，即国有系族集团上市公司所处行业产品市场竞争水平较低，行业垄断性较高；非国有系族集团上市公司所处行业产品市场竞争水平较高，行业垄断性较低。同时，大部分国有和非国有系族集团上市公司均隶属于多元化的系族集团。但是国有系族集团上市公司与非国有系族集团上市公司之间在市场竞争地位和系族集团多元化水平方面并无显著差异。

表 6 – 18　　　　　　　　　　主要变量描述性统计

变量	数量	平均数	中位数	标准差	最小值	最大值
ID	5430	0.306	0.299	0.226	0.000	0.818
CD	5430	0.408	0.382	0.227	0.032	0.927
BD	5430	0.029	0.000	0.072	0.000	0.365
SD	5430	0.797	0.859	0.191	0.237	1.000
LD	5430	0.157	0.083	0.186	0.000	0.736
HHI	5430	0.069	0.047	0.067	0.016	0.354
FA	5430	0.250	0.206	0.188	0.001	0.760
NCF	5430	0.173	0.138	0.128	0.010	0.622

续表

变量	数量	平均数	中位数	标准差	最小值	最大值
Ret	5430	0.064	0.023	0.098	0.000	0.514
Divid	5430	0.228	0.157	0.300	0.000	1.868
NDTS	5430	0.023	0.019	0.017	0.000	0.076
Growth	5430	0.177	0.090	0.496	− 0.592	3.303
Invest	5430	0.148	0.082	0.298	− 0.334	1.886
Plur	5430	0.831	1.000	0.375	0.000	1.000

表 6 – 19   不同产权性质系族集团上市公司产品市场
竞争及集团多元化比较分析

组别	国有 (N = 3895)	非国有 (N = 1535)	独立样本 T 检验
变量	均值	均值	T 值
Compet	0.077	0.086	− 1.8088
Plur	0.829	0.838	− 0.8001
HHI	0.072	0.062	4.9941 ***

注：＊为显著性水平。 ＊＊＊表示 P < 0.01。

表 6 – 20 是主要变量的相关性检验结果，结果显示除资产抵押担保能力与非债务税盾之间的相关系数大于 0.5 且显著正相关外，其与自变量、控制变量间不存在严重的多重共线性问题。一般而言，面板数据回归能够有效缓解相关变量间的多种共线性问题，为了保证模型设计合理和实证回归结果稳健，本书按照实证回归模型进一步进行方差膨胀因子检验，表 6 – 21 模型变量方差膨胀因子检验结果表明，自变量与控制变量间方差膨胀因子（VIF）均值和最大值均远低于 10，上述变量间不存在严重的多重共线性问题。

表 6 – 20

主要变量相关性检验

变量	ID	CD	BD	SD	LD	HHI	Compet	Ret	FA	NCF	Divid	NDTS	Growth
CD	-0.672***												
BD	0.014	-0.244***											
SD	-0.404***	0.538***	-0.433***										
LD	0.498***	-0.509***	0.464***	-0.923***									
HHI	-0.010	-0.029**	0.088***	-0.102***	0.109***								
Compet	0.012	-0.053***	0.089***	-0.183***	0.215***	0.074***							
Ret	-0.086***	0.074***	-0.064***	0.110***	-0.067***	0.086***	-0.136***						
FA	0.380***	-0.341***	0.063***	-0.342***	0.374***	-0.012	-0.076***	-0.023*					
NCF	-0.399***	0.343***	-0.078***	0.262***	-0.278***	0.011	0.070***	-0.109***	-0.417***				
Divid	-0.107***	0.123***	0.030**	0.038**	-0.055***	0.005	0.125***	-0.128***	-0.031**	0.127***			
NDTS	0.243***	-0.230***	-0.001	-0.154***	0.165***	0.039***	-0.163***	0.023*	0.798***	-0.331***	-0.019		
Growth	0.009	0.015	-0.026*	-0.008	0.013	-0.001	0.161***	0.009	-0.095***	0.009	-0.053***	-0.119***	
Invest	-0.028**	0.046***	0.008	-0.004	0.007	0.004	0.213***	-0.095***	-0.226***	0.227***	0.029**	-0.279***	0.245***

注：*为显著性水平。* 表示 $P<0.1$，** 表示 $P<0.05$，*** 表示 $P<0.01$。

表 6 – 21 模型变量方差膨胀因子检验

变量	HHI	Ret	FA	NCF	Divid	NDTS	Invest	Growth
VIF	1.02	1.06	3.04	1.28	1.05	2.93	1.20	1.09

6.2.3.2 回归检验与结果分析

表 6 – 22 是非国有系族集团上市公司产品市场竞争与异质性债务融资选择的回归结果，结果表明从来源异质性债务融资方面看：非国有系族集团上市公司产品市场竞争与金融机构债务融资在 5% 水平上显著负相关，与债券融资在 5% 水平上显著正相关，与商业信用债务融资不存在显著的相关关系。这说明产品市场竞争越激烈，非系族集团上市公司越倾向于获取金融机构债务融资，而所处行业产品市场竞争程度低的非系族集团上市公司获取债券融资的比例较高，这主要是因为来源异质性债务融资在专用性成本和破产风险方面存在的差异所致。即与债券融资相比，金融机构债务融资相对集中的债权人结构在非系族集团上市公司陷入财务困境时债务重组效率高，进而降低了企业的破产风险，且具有较高程度的私有信息获取和保护比较优势，这一结果与前面理论分析基本一致。值得注意的是，商业信用融资与非系族集团上市公司产品市场竞争之间不存在显著的相关性，这说明建立长期合作关系的商业信用双方了解彼此的行业产品市场竞争水平，并未像前面理论分析中指出的会降低系族集团上市公司的商业信用融资水平。因此假设 2 – 1 得到部分验证。

表 6 – 22 　　　　非国有系族集团上市公司行业产品市场
竞争对异质性债务融资选择的影响

变量	(1) ID	(2) CD	(3) BD	(4) SD	(5) LD
HHI	− 0.499 ** (− 2.367)	0.105 (0.578)	0.194 ** (2.106)	− 0.512 *** (− 3.182)	0.512 *** (3.182)
Ret	− 0.089 (− 1.196)	− 0.272 *** (− 4.200)	− 0.013 (− 0.411)	0.005 (0.091)	− 0.005 (− 0.091)

续表

变量	(1)	(2)	(3)	(4)	(5)
	ID	CD	BD	SD	LD
FA	0.181 *** (2.893)	−0.070 (−1.267)	0.060 ** (2.313)	−0.110 ** (−2.344)	0.110 ** (2.344)
NCF	−0.308 *** (−7.559)	0.201 *** (5.640)	0.037 ** (2.148)	0.063 ** (2.040)	−0.063 ** (−2.040)
Divid	−0.026 * (−1.798)	0.029 ** (2.274)	−0.004 (−0.675)	0.018 * (1.650)	−0.018 * (−1.650)
NDTS	−1.178 * (−1.763)	−0.272 (−0.461)	−0.064 (−0.234)	1.429 *** (2.870)	−1.429 *** (−2.870)
Growth	0.004 (0.736)	0.001 (0.162)	−0.003 (−1.072)	−0.005 (−1.204)	0.005 (1.204)
Invest	0.027 ** (2.556)	−0.022 ** (−2.407)	0.004 (0.914)	−0.023 *** (−2.880)	0.023 *** (2.880)
_cons	0.553 *** (6.330)	0.326 *** (3.948)	−0.077 ** (−2.567)	0.874 *** (14.437)	0.126 ** (2.090)
Year	控制	控制	控制	控制	控制
Industry	控制	控制	控制	控制	控制
N	1535	1535	1535	1535	1535
R^2	0.20	0.30	0.11	0.25	0.25
Chi^2	183.344 ***	206.270 ***	96.479 ***	146.088 ***	146.088 ***

注：*为显著性水平。* 表示 $P<0.1$，** 表示 $P<0.05$，*** 表示 $P<0.01$。

从中观层面非国有系族集团上市公司产品市场竞争与期限异质性债务融资方面看：非国有系族集团上市公司产品市场竞争水平与短期债务融资之间在1%水平上存在显著的负相关关系，与长期债务融资之间在1%水平存在显著的正相关关系，这意味着产品市场竞争越激烈，非国有系族集团上市公司短期债务融资水平更高，而长期债务融资水平更低。实证结果与前面理论分析基本一致，说明激烈的产品市场竞争带来的企业高破产风险将进一步加剧长期债务融资的融资风险，降低长期债务融资债权人的融资供给意愿。同时，在中国制度环境中上市公司在产品市场竞争中显示出对短期贷款的"竞争型依赖"，即在有限的竞争中更依赖通过短期贷款争取发展优势（吴昊旻和王华，2009），因此假设2－2得证。

表6－23是国有系族集团上市公司产品市场竞争与异质性债务融资选择的回归结果，结果表明从来源异质性债务融资方面看：国有系族集团上市公司产品市场竞争与来源异质性债务融资之间相关关系不显著，系族集团上市公司产品市场竞争与金融机构债务融资、债券融资和商业信用融资间均不存在显著的相关关系。这说明市场竞争因素在国有系族集团上市公司来源异质债务融资中影响力十分有限。从期限异质性债务融资方面看：国有系族集团上市公司行业产品市场竞争程度与短期债务融资和长期债务融资之间不存在显著的相关关系。这说明市场竞争因素在国有系族集团上市公司期限异质性债务融资中影响力同样十分有限，国有系族集团上市公司获取长期债务融资与短期债务融资并不受其所处行业产品市场竞争影响。假设2－1中关于产权性质差异的内容得证，假设2－2中关于产权性质差异的内容部分得证。

表6－23　国有系族集团上市公司行业产品市场竞争对异质性债务融资选择的影响

变量	（1）	（2）	（3）	（4）	（5）
	ID	CD	BD	SD	LD
HHI	0.020 （0.149）	－0.004 （－0.030）	0.024 （0.411）	－0.148 （－1.322）	0.148 （1.322）
Ret	－0.216 *** （－7.035）	0.044 （1.610）	－0.034 *** （－2.741）	0.103 *** （4.038）	－0.103 *** （－4.038）
FA	0.220 *** （6.874）	－0.193 *** （－6.734）	0.033 ** （2.563）	－0.300 *** （－11.343）	0.300 *** （11.343）
NCF	－0.384 *** （－13.379）	0.177 *** （6.908）	－0.007 （－0.565）	0.109 *** （4.588）	－0.109 *** （－4.588）
Divid	－0.028 *** （－3.378）	0.029 *** （4.069）	0.006 * （1.808）	－0.007 （－0.999）	0.007 （0.999）
NDTS	－0.697 ** （－2.249）	－0.147 （－0.527）	－0.423 *** （－3.419）	1.999 *** （7.797）	－1.999 *** （－7.797）

续表

变量	（1）	（2）	（3）	（4）	（5）
	ID	CD	BD	SD	LD
Growth	− 0. 002 （− 0. 480）	0. 018 *** （4. 316）	− 0. 002 （− 1. 111）	0. 004 （0. 980）	− 0. 004 （− 0. 980）
Invest	0. 068 *** （6. 315）	− 0. 047 *** （− 4. 900）	0. 000 （0. 078）	− 0. 038 *** （− 4. 238）	0. 038 *** （4. 238）
_cons	0. 479 *** （8. 441）	0. 247 *** （4. 229）	0. 022 （1. 178）	0. 910 *** （19. 790）	0. 090 ** （1. 961）
Year	控制	控制	控制	控制	控制
Industry	控制	控制	控制	控制	控制
N	3895	3895	3895	3895	3895
R^2	0. 33	0. 35	0. 12	0. 42	0. 42
Chi^2	743. 778 ***	519. 781 ***	238. 557 ***	730. 261 ***	730. 261 ***

注：* 为显著性水平。* 表示 P < 0.1，** 表示 P < 0.05，*** 表示 P < 0.01。

6.2.4 基于系族集团多元化经营的进一步分析

卡纳和亚菲（Khanna and Yafeh，2011）指出新兴市场中多元化企业比比皆是，多元化是企业集团的重要特征。一方面集团推行多元化可能有助于企业分散风险，扩大内部资本市场；另一方面集团多元化可能有助于产业整合，构建"企业帝国"。当然，在集团多元化的过程中也会产生加剧管理层代理问题、降低集团主业投入等负面影响。值得注意的是，中国企业和西方企业在对待企业多元化方面存在显著的认知差异，西方企业更倾向于在企业面临威胁时进行多元化，强调产业关联性，而中国企业则更倾向于在企业实力强时进行多元化，比较平衡地考虑产业关联性和吸引力（贾良定等，2005）。已有基于中国制度环境的系族集团研究发现，系族集团多元化会对其生产经营产生一定影响（肖星和王琨，2006；郑国坚等，2016），因此借鉴肖星和王琨（2006）、郑国坚等（2016）对系族集团多元化的衡量方法，即同一系族集团内上市公司分布在不同行业则该系族集团实施多元化，制造业按二级分类，其他行业按一级分类，进一步考察系族集团上市公司所属系族集团多元化经营对其中观层面产品市场竞争与异质性债务融资间关系产生的影响（见表6－24、表6－25）。

表 6 – 24　　　　　　　多元化系族集团中非国有系族集团上市公司
产品市场竞争对债务融资选择的影响

变量	(1) ID	(2) CD	(3) BD	(4) SD	(5) LD
HHI	− 0. 523 ** (− 2. 383)	0. 135 (0. 706)	0. 232 ** (2. 389)	− 0. 586 *** (− 3. 491)	0. 586 *** (3. 491)
Ret	− 0. 159 * (− 1. 935)	− 0. 251 *** (− 3. 463)	− 0. 003 (− 0. 092)	0. 059 (0. 950)	− 0. 059 (− 0. 950)
FA	0. 140 ** (1. 975)	− 0. 119 * (− 1. 897)	0. 074 ** (2. 526)	− 0. 170 *** (− 3. 192)	0. 170 *** (3. 192)
NCF	− 0. 282 *** (− 6. 436)	0. 169 *** (4. 379)	0. 044 ** (2. 406)	0. 037 (1. 133)	− 0. 037 (− 1. 133)
Divid	− 0. 017 (− 1. 262)	0. 022 * (1. 851)	− 0. 003 (− 0. 540)	0. 012 (1. 154)	− 0. 012 (− 1. 154)
NDTS	− 0. 816 (− 1. 071)	− 0. 051 (− 0. 075)	− 0. 095 (− 0. 306)	2. 013 *** (3. 530)	− 2. 013 *** (− 3. 530)
Growth	0. 006 (1. 071)	− 0. 000 (− 0. 023)	− 0. 003 (− 0. 967)	− 0. 007 (− 1. 544)	0. 007 (1. 544)
Invest	0. 027 *** (2. 649)	− 0. 017 * (− 1. 915)	0. 001 (0. 264)	− 0. 016 ** (− 2. 058)	0. 016 ** (2. 058)
Year	控制	控制	控制	控制	控制
Industry	控制	控制	控制	控制	控制
_cons	0. 553 *** (6. 214)	0. 336 *** (3. 947)	− 0. 087 *** (− 2. 791)	0. 891 *** (14. 016)	0. 109 * (1. 710)
N	1286	1286	1286	1286	1286
R^2	0. 19	0. 28	0. 11	0. 25	0. 25
Chi^2	142. 884 ***	151. 801 ***	88. 183 ***	133. 156 ***	133. 156 ***

注：＊表示 P＜0.1，＊＊表示 P＜0.05，＊＊＊表示 P＜0.01。

表 6 − 25　　　　多元化系族集团中国有系族集团上市公司产品
市场竞争对债务融资选择的影响

变量	(1)	(2)	(3)	(4)	(5)
	ID	CD	BD	SD	LD
HHI	− 0. 028 (− 0. 185)	0. 116 (0. 866)	0. 045 (0. 696)	− 0. 201 (− 1. 627)	0. 201 (1. 627)
Ret	− 0. 224 *** (− 6. 635)	0. 070 ** (2. 275)	− 0. 034 ** (− 2. 479)	0. 098 *** (3. 528)	− 0. 098 *** (− 3. 528)
FA	0. 258 *** (7. 188)	− 0. 204 *** (− 6. 251)	0. 031 ** (2. 164)	− 0. 349 *** (− 11. 859)	0. 349 *** (11. 859)
NCF	− 0. 371 *** (− 11. 963)	0. 179 *** (6. 353)	− 0. 008 (− 0. 641)	0. 104 *** (4. 093)	− 0. 104 *** (− 4. 093)
Divid	− 0. 030 *** (− 3. 168)	0. 032 *** (3. 845)	0. 008 ** (2. 125)	− 0. 009 (− 1. 152)	0. 009 (1. 152)
NDTS	− 0. 737 ** (− 2. 119)	− 0. 149 (− 0. 471)	− 0. 460 *** (− 3. 301)	2. 400 *** (8. 429)	− 2. 400 *** (− 8. 429)
Growth	− 0. 003 (− 0. 541)	0. 016 *** (3. 924)	− 0. 002 (− 0. 837)	0. 005 (1. 219)	− 0. 005 (− 1. 219)
Invest	0. 069 *** (6. 002)	− 0. 044 *** (− 4. 338)	0. 001 (0. 146)	− 0. 036 *** (− 3. 781)	0. 036 *** (3. 781)
_cons	0. 476 *** (8. 306)	0. 229 *** (3. 852)	0. 019 (0. 993)	0. 925 *** (19. 766)	0. 075 (1. 593)
Year	控制	控制	控制	控制	控制
Industry	控制	控制	控制	控制	控制
N	3228	3228	3228	3228	3228
R^2	0. 33	0. 35	0. 12	0. 40	0. 40
Chi^2	636. 260 ***	444. 413 ***	205. 009 ***	623. 811 ***	623. 811 ***

注：* 为显著性水平。* 表示 P < 0. 1，** 表示 P < 0. 05，*** 表示 P < 0. 01。

从上述不同产权性质的多元化系族集团控制的系族集团上市公司产品市场竞争与异质性债务融资之间相关关系的回归结果来看，系族集团实施多元化经营并未显著改变不同产权性质下系族集团上市公司产品市场竞争与异质性债务融资之间相关关系。具体表现为：对于隶属于多元化系族集团的非国有系族集团上市公司而言，行业产品市场竞争激烈的系族集团上市公司金融机构债务融资水平略高，债券融资水平更略低，但并未对商业信用融资产生显著影响。同时，行业产品市场竞争激烈的系族集团上市公司短期债务融资水平略低，长期债务融资水平略高。对于隶属于多元化系族集团的国有系族集团上市公司而言，行业产品市场竞争程度对国有系族来源异质性债务融资未产生显著影响。行业产品市场竞争激烈程度与短期债务融资和长期债务融资之间不存在显著的相关关系。上述回归结果可能的合理解释是，由于受到部分行业和市场的准入限制，不同产权性质的系族集团上市公司所处的行业市场结构差异显著，且行业和市场准入限制制约了不同产权性质系族集团上市公司在不同行业层面的流动，因此系族集团多元化并未显著改变系族集团上市公司产品市场竞争与异质性债务融资之间的关系。

6.2.5　稳健性检验

为了确保本节实证检验结果的可靠性，本书针对上述实证检验结果分别进行如下稳健性检验。首先，由于面板数据中随个体而异的遗漏变量造成的内生性问题（陈强，2014），因此进一步选择固定效应模型考察非国有系族集团上市公司中观层面产品市场竞争对异质性债务融资影响实证检验结果的稳健性，回归结果中的系数符号与显著性水平与前面基本一致。同时，考虑到 2008 年金融危机后 2009 年政府实施的"四万亿"一揽子计划相关资金主要流向国有大中型企业而对国有上市公司债务融资可能产生的影响，在选择固定效应模型的基础上进一步将样本考察期变为 2010～2017 年，考察国有系族集团上市公司中观层面产品市场竞争对异质性债务融资选择影响的实证检验结果的稳健性，回归结果中的系数符号与显著性水平与前面基本一致（见表 6-26～表 6-29）。

表 6 - 26   国有系族集团上市公司产品市场竞争组别稳健性检验

变量	(1)	(2)	(3)	(4)	(5)
	ID	CD	BD	SD	LD
HHI	-0.073 (-0.308)	-0.149 (-0.637)	-0.043 (-0.504)	-0.146 (-0.783)	0.146 (0.783)
Ret	-0.217 *** (-6.921)	0.155 *** (5.042)	-0.039 *** (-3.478)	0.146 *** (5.943)	-0.146 *** (-5.943)
FA	0.335 *** (10.286)	-0.304 *** (-9.481)	0.035 *** (2.966)	-0.456 *** (-17.855)	0.456 *** (17.855)
NCF	-0.585 *** (-19.355)	0.398 *** (13.373)	-0.040 *** (-3.718)	0.187 *** (7.904)	-0.187 *** (-7.904)
Divid	-0.054 *** (-4.828)	0.067 *** (6.104)	0.010 ** (2.426)	0.009 (1.067)	-0.009 (-1.067)
NDTS	-1.317 *** (-4.143)	0.654 ** (2.090)	-0.586 *** (-5.139)	2.466 *** (9.890)	-2.466 *** (-9.890)
Growth	0.008 (1.060)	0.011 (1.371)	-0.004 (-1.365)	0.001 (0.209)	-0.001 (-0.209)
Invest	0.070 *** (4.255)	-0.040 ** (-2.465)	0.008 (1.431)	-0.061 *** (-4.775)	0.061 *** (4.775)
_cons	0.471 *** (11.330)	0.229 *** (5.586)	0.063 *** (4.225)	0.935 *** (28.640)	0.065 ** (2.007)
Year	控制	控制	控制	控制	控制
Ind	控制	控制	控制	控制	控制
N	3522	3522	3522	0.434	3522
R^2	0.336	0.375	0.105	102.84 ***	0.434
Chi^2	67.76 ***	80.40 ***	15.69 ***	3522	102.84 ***

注：* 为显著性水平。* 表示 $P<0.1$，** 表示 $P<0.05$，*** 表示 $P<0.01$。

表 6 – 27　　非国有系族集团上市公司产品市场竞争组别稳健性检验

变量	(1)	(2)	(3)	(4)	(5)
	ID	CD	BD	SD	LD
HHI	-0.566 ** (-2.573)	0.106 (0.563)	0.232 ** (2.233)	-0.588 *** (-3.471)	0.588 *** (3.471)
Ret	-0.091 (-1.097)	-0.235 *** (-3.323)	-0.065 ** (-2.111)	0.041 (0.641)	-0.041 (-0.641)
FA	0.117 (1.623)	-0.077 (-1.258)	0.045 * (1.871)	-0.013 (-0.244)	0.013 (0.244)
NCF	-0.286 *** (-6.295)	0.166 *** (4.249)	0.008 (0.481)	0.037 (1.065)	-0.037 (-1.065)
Divid	-0.023 (-1.468)	0.019 (1.415)	-0.003 (-0.474)	0.012 (1.032)	-0.012 (-1.032)
NDTS	-2.181 *** (-2.773)	-0.050 (-0.074)	-0.146 (-0.593)	1.216 ** (2.011)	-1.216 ** (-2.011)
Growth	0.003 (0.546)	0.001 (0.269)	-0.003 (-1.028)	-0.004 (-0.820)	0.004 (0.820)
Invest	0.022 ** (1.973)	-0.023 ** (-2.352)	0.009 * (1.732)	-0.018 ** (-2.103)	0.018 ** (2.103)
_cons	0.475 *** (15.641)	0.390 *** (14.981)	-0.032 (-1.577)	0.893 *** (38.224)	0.107 *** (4.563)
Year	控制	控制	控制	控制	控制
Industry	控制	控制	控制	控制	控制
N	1535	1535	1535	1535	1535
R^2	0.11	0.01	0.08	0.04	0.04
Chi^2	3.54 ***	3.59 ***	4.78 ***	2.37 ***	2.37 ***

注：* 为显著性水平。* 表示 P < 0.1，** 表示 P < 0.05，*** 表示 P < 0.01。

表 6 – 28 非国有系族集团上市公司多元化组别稳健性检验

变量	(1)	(2)	(3)	(4)	(5)
	ID	CD	BD	SD	LD
HHI	-0.620 *** (-2.714)	0.190 (0.962)	0.205 ** (1.963)	-0.645 *** (-3.679)	0.645 *** (3.679)
Ret	-0.179 * (-1.954)	-0.225 *** (-2.829)	0.011 (0.268)	0.103 (1.456)	-0.103 (-1.456)
FA	0.092 (1.124)	-0.166 ** (-2.329)	0.063 * (1.691)	-0.075 (-1.192)	0.075 (1.192)
NCF	-0.240 *** (-4.901)	0.109 ** (2.574)	0.071 *** (3.182)	0.005 (0.146)	-0.005 (-0.146)
Divid	-0.019 (-1.336)	0.015 (1.195)	-0.003 (-0.482)	0.007 (0.642)	-0.007 (-0.642)
NDTS	-2.176 ** (-2.354)	0.300 (0.374)	0.190 (0.451)	1.657 ** (2.333)	-1.657 ** (-2.333)
Growth	0.005 (0.843)	0.000 (0.080)	-0.003 (-1.146)	-0.005 (-1.144)	0.005 (1.144)
Invest	0.023 ** (2.098)	-0.017 * (-1.795)	-0.003 (-0.557)	-0.012 (-1.445)	0.012 (1.445)
_cons	0.479 *** (14.362)	0.398 *** (13.798)	-0.045 *** (-2.969)	0.908 *** (35.486)	0.092 *** (3.581)
Year	控制	控制	控制	控制	控制
Industry	控制	控制	控制	控制	控制
N	1286	1286	1286	1286	1286
R^2	0.08	0.06	0.06	0.05	0.05
Chi^2	4.95 ***	2.46 ***	3.43 ***	2.40 ***	2.40 ***

注: * 为显著性水平。* 表示 $P < 0.1$,** 表示 $P < 0.05$,*** 表示 $P < 0.01$ 。

表 6 – 29　　　　　　　　国有系族集团上市公司多元化组别稳健性检验

变量	（1）ID	（2）CD	（3）BD	（4）SD	（5）LD
HHI	−0.073 （−0.289）	−0.177 （−0.700）	−0.016 （−0.169）	−0.209 （−1.053）	0.209 （1.053）
Ret	−0.241 *** （−7.109）	0.184 *** （5.415）	−0.043 *** （−3.398）	0.165 *** （6.196）	−0.165 *** （−6.196）
FA	0.412 *** （11.300）	−0.355 *** （−9.728）	0.030 ** （2.228）	−0.493 *** （−17.154）	0.493 *** （17.154）
NCF	−0.583 *** （−18.076）	0.406 *** （12.585）	−0.040 *** （−3.357）	0.206 *** （8.087）	−0.206 *** （−8.087）
Divid	−0.049 *** （−3.955）	0.074 *** （6.023）	0.011 ** （2.359）	0.001 （0.073）	−0.001 （−0.073）
NDTS	−1.447 *** （−4.084）	0.763 ** （2.152）	−0.650 *** （−4.945）	2.796 *** （10.012）	−2.796 *** （−10.012）
Growth	0.008 （1.148）	0.009 （1.187）	−0.004 （−1.405）	0.001 （0.189）	−0.001 （−0.189）
Invest	0.078 *** （4.594）	−0.046 *** （−2.730）	0.007 （1.096）	−0.062 *** （−4.672）	0.062 *** （4.672）
_cons	0.456 *** （10.592）	0.239 *** （5.538）	0.064 *** （3.977）	0.941 *** （27.721）	0.059 * （1.727）
Year	控制	控制	控制	控制	控制
Ind	控制	控制	控制	控制	控制
N	2923	2923	2923	2923	2923
R^2	0.344	0.376	0.108	0.434	0.434
Chi^2	58.38 ***	67.05 ***	13.45 ***	85.18 ***	85.18 ***

注：＊为显著性水平。＊表示 P＜0.1，＊＊表示 P＜0.05，＊＊＊表示 P＜0.01。

　　其次，鉴于中观层面产品市场竞争与其异质性债务融资行为之间存在的内生性问题（马忠等，2010），借鉴张兆国等（2013）研究方法，本书进一步基于动态面板的广义矩估计（GMM）工具变量法，纳入因变量滞后一期数据，运用系统 GMM 方法针对上述可能存在的内生性问题进行稳健性检验。布伦德尔和邦德（Blundel and Bond，1998）将差分 GMM 与水平 GMM 结合在一起，将差分方程与水平方程作为一个方程系统进行 GMM 估计，称其为系统 GMM（System GMM）（陈强，2014），模型和工具变量设计通过序列自相关检验和 Hansen 检验，回归结果中的系数符号与显著性水平与前面基本一致（见表 6-30~表 6-33）。

表 6-30　　　　　　国有系族集团上市公司产品市场竞争组别
系统 GMM 稳健性检验

变量	（1）	（2）	（3）	（4）	（5）
	ID	CD	BD	SD	LD
HHI	0.407 （0.802）	-0.184 （-0.491）	-1.456 （-1.170）	-0.450 （-1.017）	0.285 （0.648）
Ret	-0.150 （-1.258）	-0.031 （-0.347）	0.389 （0.872）	0.147 （1.322）	-0.099 （-0.909）
FA	-0.141 （-0.696）	-0.189 （-1.051）	0.109 （0.488）	-0.309 （-1.396）	0.259 （1.336）
NCF	-0.417 ** （-2.341）	0.046 （0.299）	-0.133 （-0.754）	0.171 （0.962）	-0.267 * （-1.669）
Growth	0.013 （0.381）	0.017 （0.628）	0.058 * （1.675）	-0.085 ** （-2.401）	0.070 * （1.950）
Divid	-0.112 （-1.322）	0.062 （0.771）	0.121 （1.436）	0.070 （0.722）	0.036 （0.402）
NDTS	-0.563 （-0.216）	1.814 （0.995）	9.560 *** （2.898）	4.889 ** （2.249）	-4.580 ** （-2.049）
Invest	0.054 （0.453）	0.001 （0.015）	0.191 *** （2.800）	0.076 （0.746）	-0.039 （-0.350）
_cons	0.191 （1.071）	0.225 （1.424）	-2.531 （-0.866）	0.128 （0.614）	0.084 （0.513）

续表

变量	(1)	(2)	(3)	(4)	(5)
	ID	CD	BD	SD	LD
L. ID	0.699 *** (8.094)				
L. CD		0.689 *** (10.220)			
L. BD			0.551 *** (6.070)		
L. SD				0.786 *** (7.295)	
L. LD					0.762 *** (8.869)
Year	控制	控制	控制	控制	控制
Ind	控制	控制	控制	控制	控制
N	3201	3201	3201	3201	3201
Chi^2	380.00 ***	392.47 ***	135.29 ***	209.10 ***	263.45 ***
AR (2)	0.239	0.851	0.100	0.332	0.325
Hansen	0.599	0.686	0.177	0.929	0.904

注：* 为显著性水平。* 表示 $P < 0.1$，** 表示 $P < 0.05$，*** 表示 $P < 0.01$。

表 6 – 31　　非国有系族集团上市公司产品市场竞争组别系统 GMM 稳健性检验

变量	(1)	(2)	(3)	(5)	(4)
	ID	CD	BD	SD	LD
HHI	−1.004 ** (−2.531)	0.734 (0.635)	0.117 ** (2.075)	−2.319 *** (−3.086)	1.151 ** (2.118)
Ret	0.001 (0.007)	0.131 (0.622)	−0.043 (−1.204)	−0.235 * (−1.752)	0.092 (0.738)
FA	0.556 *** (4.693)	−0.052 (−0.526)	−0.016 (−0.671)	−0.151 (−1.331)	0.195 ** (2.432)

续表

变量	(1)	(2)	(3)	(5)	(4)
	ID	CD	BD	SD	LD
NCF	-0.399^{***} (-3.930)	0.113 (0.847)	-0.006 (-0.317)	0.006 (0.101)	0.018 (0.293)
Growth	0.048^{***} (3.277)	-0.012 (-0.708)	-0.003 (-1.298)	0.003 (0.199)	-0.003 (-0.264)
Divid	0.047 (1.104)	-0.098^{*} (-1.711)	-0.025^{***} (-2.814)	0.009 (0.218)	-0.059^{*} (-1.666)
NDTS	-6.417^{***} (-4.453)	-1.460 (-0.869)	0.461^{*} (1.838)	0.850 (0.641)	-0.231 (-0.215)
Invest	-0.038 (-1.226)	0.011 (0.302)	-0.011^{*} (-1.810)	-0.030 (-0.990)	0.052^{**} (2.464)
_cons	0.416^{***} (2.722)	-0.306 (-0.863)	-0.015 (-0.282)	0.746^{**} (2.145)	0.405 (1.384)
L. ID	0.493^{***} (7.919)				
L. CD		0.872^{***} (8.308)			
L. BD			0.533^{***} (28.186)		
L. SD				0.568^{***} (5.568)	
L. LD					0.535^{***} (7.750)
Year	控制	控制	控制	控制	控制
Ind	控制	控制	控制	控制	控制
N	1138	1138	1138	1138	1138
Chi^2	679.75^{***}	385.58^{***}	8371.19^{***}	265.80^{***}	498.68^{***}
AR (2)	0.364	0.221	0.421	0.444	0.514
Hansen	0.707	0.549	0.473	0.656	0.460

注：*为显著性水平。* 表示 P<0.1， ** 表示 P<0.05， *** 表示 P<0.01。

表 6 – 32   **国有系族集团上市公司多元化组别系统 GMM 稳健性检验**

变量	(1)	(2)	(3)	(4)	(5)
	ID	CD	BD	SD	LD
HHI	0. 034 (0. 065)	0. 009 (0. 021)	– 1. 347 (– 1. 419)	– 0. 063 (– 0. 184)	– 0. 027 (– 0. 056)
Ret	– 0. 081 (– 0. 584)	– 0. 032 (– 0. 362)	– 0. 310 (– 0. 597)	0. 141 (1. 406)	– 0. 224 ** (– 2. 055)
FA	– 0. 060 (– 0. 300)	0. 005 (0. 039)	– 0. 096 (– 0. 363)	– 0. 241 (– 1. 237)	0. 264 (1. 435)
NCF	– 0. 444 *** (– 3. 154)	0. 018 (0. 125)	– 0. 343 * (– 1. 842)	0. 165 (1. 159)	– 0. 276 * (– 1. 842)
Growth	– 0. 030 (– 1. 187)	0. 012 (0. 486)	0. 071 ** (2. 086)	– 0. 046 * (– 1. 817)	0. 039 (1. 354)
Divid	– 0. 140 (– 1. 572)	0. 035 (0. 498)	0. 093 (1. 145)	– 0. 076 (– 0. 988)	0. 035 (0. 396)
NDTS	– 0. 915 (– 0. 457)	0. 097 (0. 062)	4. 230 (1. 428)	3. 833 ** (2. 122)	– 4. 776 ** (– 2. 266)
Invest	0. 125 (1. 521)	0. 008 (0. 113)	0. 068 (1. 109)	– 0. 019 (– 0. 241)	– 0. 007 (– 0. 078)
_cons	0. 269 (1. 340)	0. 205 (1. 557)	3. 597 (1. 610)	0. 274 (1. 407)	0. 201 (1. 480)
L. ID	0. 583 *** (8. 111)				
L. CD		0. 760 *** (11. 591)			
L. BD			0. 574 *** (5. 727)		
L. SD				0. 624 *** (6. 039)	
L. LD					0. 597 *** (6. 717)

续表

变量	（1）	（2）	（3）	（4）	（5）
	ID	CD	BD	SD	LD
Year	控制	控制	控制	控制	控制
Ind	控制	控制	控制	控制	控制
N	2580	2580	2580	2580	2580
Chi^2	331.44***	432.46***	112.30***	193.07***	237.26***
AR（2）	0.143	0.971	0.330	0.678	0.548
Hansen	0.136	0.591	0.213	0.758	0.960

注：* 为显著性水平。* 表示 $P < 0.1$，** 表示 $P < 0.05$，*** 表示 $P < 0.01$。

表 6 - 33　　　非国有系族集团上市公司多元化组别系统 GMM 稳健性检验

变量	（1）	（2）	（3）	（4）	（5）
	ID	CD	BD	SD	LD
HHI	-1.021*** (-2.919)	0.614 (0.642)	2.698*** (2.628)	-1.482** (-2.039)	1.523** (2.047)
Ret	0.237 (1.244)	0.029 (0.117)	0.209 (0.292)	-0.060 (-0.473)	-0.026 (-0.106)
FA	0.264** (2.115)	0.011 (0.081)	-0.010 (-0.009)	-0.161 (-1.272)	0.084 (0.448)
NCF	-0.281*** (-3.727)	0.015 (0.159)	0.185 (0.367)	-0.029 (-0.524)	0.016 (0.196)
Growth	0.007 (0.504)	0.003 (0.205)	-0.019 (-0.458)	-0.027** (-2.214)	0.021 (1.426)
Divid	0.053 (1.559)	-0.029 (-0.629)	-0.312 (-1.414)	0.044 (1.196)	-0.067 (-1.484)
NDTS	-5.285*** (-3.379)	-1.847 (-0.912)	-0.507 (-0.075)	-0.493 (-0.293)	1.282 (0.586)
Invest	0.025 (0.897)	0.004 (0.149)	0.042 (0.697)	-0.039* (-1.769)	0.026 (0.932)

续表

变量	(1)	(2)	(3)	(4)	(5)
	ID	CD	BD	SD	LD
_cons	0.295 *** (3.024)	−0.200 (−0.657)	0.838 (0.222)	0.025 (0.072)	0.818 (1.473)
L. ID	0.540 *** (9.178)				
L. CD		0.916 *** (10.335)			
L. BD			−0.151 (−0.499)		
L. SD				0.626 *** (7.101)	
L. LD					0.531 *** (5.902)
Year	控制	控制	控制	控制	控制
Ind	控制	控制	控制	控制	控制
N	927	927	927	927	927
Chi^2	1127.19 ***	519.13 ***	64.82 ***	613.31 ***	339.21 ***
AR (2)	0.383	0.218	0.771	0.493	0.456
Hansen	0.702	0.859	0.897	0.762	0.517

注：*为显著性水平。*表示 P<0.1，** 表示 P<0.05，*** 表示 P<0.01。

　　再次，鉴于上一节微观企业特征中系族集团成员企业数量对系族集团上市公司异质性债务融资行为产生显著影响，进一步将系族集团成员上市公司数量作为控制变量纳入回归模型进行稳健性检验，回归结果中的系数符号与显著性水平与前面基本一致（见表 6 - 34 ~ 表 6 - 37）。

表 6 - 34　国有系族集团上市公司产品市场竞争组别控制成员公司数量稳健性检验

变量	(1) ID	(2) CDL	(3) BD	(4) SD	(5) LD
HHI	0.018 (0.130)	-0.011 (-0.096)	0.024 (0.426)	-0.153 (-1.366)	0.153 (1.366)
Ret	-0.218 *** (-7.067)	0.041 (1.477)	-0.033 *** (-2.663)	0.099 *** (3.906)	-0.099 *** (-3.906)
FA	0.220 *** (6.871)	-0.193 *** (-6.740)	0.033 ** (2.570)	-0.300 *** (-11.346)	0.300 *** (11.346)
NCF	-0.384 *** (-13.384)	0.177 *** (6.912)	-0.006 (-0.545)	0.108 *** (4.566)	-0.108 *** (-4.566)
Divid	-0.028 *** (-3.366)	0.030 *** (4.102)	0.006 * (1.791)	-0.007 (-0.971)	0.007 (0.971)
NDTS	-0.704 ** (-2.269)	-0.165 (-0.594)	-0.421 *** (-3.397)	1.986 *** (7.744)	-1.986 *** (-7.744)
Growth	-0.002 (-0.473)	0.018 *** (4.336)	-0.002 (-1.118)	0.004 (0.997)	-0.004 (-0.997)
Invest	0.068 *** (6.303)	-0.047 *** (-4.932)	0.000 (0.089)	-0.038 *** (-4.262)	0.038 *** (4.262)
Number	0.001 (0.714)	0.003 ** (2.095)	-0.000 (-0.760)	0.002 * (1.685)	-0.002 * (-1.685)
_cons	0.477 *** (8.390)	0.241 *** (4.134)	0.023 (1.215)	0.906 *** (19.663)	0.094 ** (2.045)
Year	控制	控制	控制	控制	控制
Ind	控制	控制	控制	控制	控制
N	3895	3895	3895	3895	3895
R^2	0.33	0.35	0.12	0.42	0.42
Chi^2	744.086 ***	527.075 ***	239.072 ***	732.340 ***	732.340 ***

注：* 为显著性水平。* 表示 $P < 0.1$，** 表示 $P < 0.05$，*** 表示 $P < 0.01$。

表 6 – 35 　　　　　　非国有系族集团上市公司产品市场竞争

组别控制成员公司数量稳健性检验

变量	(1)	(2)	(3)	(4)	(5)
	ID	CD	BD	SD	LD
HHI	− 0.498 ** (− 2.365)	0.105 (0.578)	0.197 ** (2.141)	− 0.514 *** (− 3.199)	0.514 *** (3.199)
Ret	− 0.090 (− 1.216)	− 0.272 *** (− 4.197)	− 0.016 (− 0.511)	0.007 (0.134)	− 0.007 (− 0.134)
FA	0.180 *** (2.883)	− 0.070 (− 1.267)	0.059 ** (2.271)	− 0.109 ** (− 2.320)	0.109 ** (2.320)
NCF	− 0.308 *** (− 7.551)	0.201 *** (5.635)	0.036 ** (2.110)	0.062 ** (2.036)	− 0.062 ** (− 2.036)
Divid	− 0.026 * (− 1.800)	0.029 ** (2.272)	− 0.004 (− 0.688)	0.018 * (1.654)	− 0.018 * (− 1.654)
NDTS	− 1.167 * (− 1.747)	− 0.272 (− 0.462)	− 0.074 (− 0.273)	1.427 *** (2.872)	− 1.427 *** (− 2.872)
Growth	0.004 (0.625)	0.001 (0.168)	− 0.003 (− 1.244)	− 0.005 (− 1.060)	0.005 (1.060)
Invest	0.027 ** (2.524)	− 0.022 ** (− 2.404)	0.004 (0.914)	− 0.023 *** (− 2.852)	0.023 *** (2.852)
Number	0.012 ** (2.033)	− 0.001 (− 0.104)	0.006 *** (2.937)	− 0.011 *** (− 2.582)	0.011 *** (2.582)
_cons	0.526 *** (5.966)	0.327 *** (3.918)	− 0.091 *** (− 3.024)	0.898 *** (14.688)	0.102 * (1.670)
Year	控制	控制	控制	控制	控制
Ind	控制	控制	控制	控制	控制
N	1535	1535	1535	1535	1535
R^2	0.20	0.31	0.13	0.25	0.25
Chi^2	188.007 ***	205.923 ***	106.108 ***	153.291 ***	153.291 ***

注：*为显著性水平。* 表示 P < 0.1，** 表示 P < 0.05，*** 表示 P < 0.01。

表 6 – 36　　　　　　国有系族集团上市公司多元化组别控制成员

公司数量稳健性检验

变量	（1）ID	（2）CD	（3）BD	（4）SD	（5）LD
HHI	− 0.036 (− 0.238)	0.107 (0.800)	0.046 (0.720)	− 0.207 * (− 1.675)	0.207 * (1.675)
Ret	− 0.227 *** (− 6.710)	0.067 ** (2.183)	− 0.033 ** (− 2.400)	0.095 *** (3.426)	− 0.095 *** (− 3.426)
FA	0.258 *** (7.182)	− 0.204 *** (− 6.261)	0.031 ** (2.172)	− 0.349 *** (− 11.864)	0.349 *** (11.864)
NCF	− 0.372 *** (− 11.979)	0.179 *** (6.355)	− 0.008 (− 0.617)	0.104 *** (4.074)	− 0.104 *** (− 4.074)
Divid	− 0.029 *** (− 3.145)	0.032 *** (3.869)	0.008 ** (2.109)	− 0.009 (− 1.131)	0.009 (1.131)
NDTS	− 0.753 ** (− 2.165)	− 0.164 (− 0.519)	− 0.457 *** (− 3.272)	2.388 *** (8.379)	− 2.388 *** (− 8.379)
Growth	− 0.002 (− 0.534)	0.016 *** (3.927)	− 0.002 (− 0.843)	0.005 (1.226)	− 0.005 (− 1.226)
Invest	0.069 *** (5.979)	− 0.045 *** (− 4.361)	0.001 (0.158)	− 0.036 *** (− 3.801)	0.036 *** (3.801)
Number	0.002 (1.186)	0.002 (1.206)	− 0.000 (− 0.671)	0.001 (1.108)	− 0.001 (− 1.108)
_cons	0.472 *** (8.238)	0.225 *** (3.806)	0.020 (1.019)	0.923 *** (19.695)	0.077 (1.643)
Year	控制	控制	控制	控制	控制
Ind	控制	控制	控制	控制	控制
N	3228	3228	3228	3228	3228
R^2	0.33	0.35	0.12	0.41	0.41
Chi^2	637.328 ***	448.788 ***	205.340 ***	625.183 ***	625.183 ***

注：* 为显著性水平。* 表示 P<0.1，** 表示 P<0.05，*** 表示 P<0.01。

表 6 – 37　　　　　　　　非国有系族集团上市公司多元化组别

控制成员公司数量稳健性检验

变量	(1)	(2)	(3)	(4)	(5)
	ID	CD	BD	SD	LD
HHI	− 0. 525 ** (− 2. 393)	0. 136 (0. 708)	0. 234 ** (2. 412)	− 0. 585 *** (− 3. 494)	0. 585 *** (3. 494)
Ret	− 0. 160 * (− 1. 946)	− 0. 251 *** (− 3. 462)	− 0. 006 (− 0. 180)	0. 061 (0. 980)	− 0. 061 (− 0. 980)
FA	0. 138 * (1. 956)	− 0. 119 * (− 1. 896)	0. 073 ** (2. 487)	− 0. 168 *** (− 3. 165)	0. 168 *** (3. 165)
NCF	− 0. 281 *** (− 6. 429)	0. 169 *** (4. 371)	0. 044 ** (2. 371)	0. 037 (1. 122)	− 0. 037 (− 1. 122)
Divid	− 0. 017 (− 1. 247)	0. 022 * (1. 847)	− 0. 003 (− 0. 533)	0. 012 (1. 139)	− 0. 012 (− 1. 139)
NDTS	− 0. 794 (− 1. 043)	− 0. 053 (− 0. 078)	− 0. 110 (− 0. 355)	2. 002 *** (3. 520)	− 2. 002 *** (− 3. 520)
Growth	0. 006 (0. 953)	− 0. 000 (− 0. 012)	− 0. 003 (− 1. 144)	− 0. 006 (− 1. 391)	0. 006 (1. 391)
Invest	0. 027 *** (2. 600)	− 0. 017 * (− 1. 908)	0. 001 (0. 243)	− 0. 016 ** (− 2. 004)	0. 016 ** (2. 004)
Number	0. 013 ** (2. 056)	− 0. 001 (− 0. 188)	0. 007 *** (2. 905)	− 0. 012 *** (− 2. 643)	0. 012 *** (2. 643)
_cons	0. 526 *** (5. 858)	0. 338 *** (3. 929)	− 0. 101 *** (− 3. 227)	0. 916 *** (14. 287)	0. 084 (1. 302)
Year	控制	控制	控制	控制	控制
Ind	控制	控制	控制	控制	控制
N	1286	1286	1286	1286	1286
R^2	0. 20	0. 28	0. 14	0. 26	0. 26
Chi^2	147. 594 ***	151. 522 ***	97. 542 ***	140. 775 ***	140. 775 ***

注：* 为显著性水平。* 表示 $P < 0.1$，** 表示 $P < 0.05$，*** 表示 $P < 0.01$。

　　最后，由于前面主要是基于不同产权性质的系族集团上市公司异质性债务融资行为间存在显著差异进行分组回归，为了更加全面地呈现系族集团上市公司中观层面产品市场竞争对其异质性债务融资选择行为的影响，本书进一步提供全样本多元回归结果（见表6-38）。

表6-38　　　　全样本系族集团上市公司中观产品市场竞争对

异质性债务融资选择影响回归结果

变量	(1)	(2)	(3)	(4)	(5)
	ID	CD	BD	SD	LD
HHI	-0.172 (-1.527)	0.038 (0.388)	0.089 * (1.849)	-0.442 *** (-4.598)	0.263 *** (2.863)
Ret	-0.191 *** (-6.768)	0.008 (0.326)	-0.032 *** (-2.824)	0.122 *** (5.110)	-0.081 *** (-3.537)
FA	0.210 *** (7.385)	-0.157 *** (-6.167)	0.044 *** (3.813)	-0.210 *** (-8.720)	0.258 *** (11.276)
NCF	-0.358 *** (-15.371)	0.196 *** (9.446)	0.009 (0.959)	0.094 *** (4.777)	-0.095 *** (-5.041)
Divid	-0.027 *** (-3.823)	0.030 *** (4.845)	0.004 (1.226)	-0.001 (-0.112)	-0.000 (-0.041)
NDTS	-0.985 *** (-3.460)	-0.059 (-0.231)	-0.366 *** (-3.198)	1.627 *** (6.755)	-1.964 *** (-8.561)
Growth	0.000 (0.041)	0.011 *** (3.395)	-0.003 (-1.641)	0.002 (0.536)	-0.001 (-0.167)
Invest	0.046 *** (6.323)	-0.034 *** (-5.372)	0.002 (0.576)	-0.027 *** (-4.327)	0.029 *** (4.895)
_cons	0.509 *** (10.646)	0.263 *** (5.418)	-0.009 (-0.594)	0.861 *** (22.031)	0.100 *** (2.709)
Year	控制	控制	控制	控制	控制
Ind	控制	控制	控制	控制	控制
N	5430	5430	5430	5430	5430

变量	(1)	(2)	(3)	(4)	(5)
	ID	CD	BD	SD	LD
R^2	0.32	0.31	0.11	0.37	0.41
Chi^2	854.879 ***	599.191 ***	286.563 ***	703.041 ***	801.695 ***

注：＊为显著性水平。＊表示 $P<0.1$，＊＊表示 $P<0.05$，＊＊＊表示 $P<0.01$。

6.3　地区市场化程度对系族集团上市公司债务融资选择的影响研究

　　自 1978 年中国开始改革开放以来，中国经济体制经历了多方面的改革，基本上从传统的计划经济转向市场经济体制，中国经济能够实现如此大的进步，最根本的条件就是市场化改革（王小鲁等，2016）。虽然从整体上看改革开放以来中国经济实现了现有经济理论无法完全解释的高速经济发展并创造了举世瞩目的"中国奇迹"，但是区域发展不平衡问题始终存在，不同地区间在地区资源禀赋、区位优势和国家发展战略的影响下，市场化改革和市场化程度出现显著差异。地区间市场化程度的差异不仅反映在地区经济发展水平上，还体现在产品市场、要素市场、法律制度环境、非国有经济发展以及政府与市场关系等各个方面，这些宏观制度环境因素通过深刻塑造系族集团上市公司的债务融资环境影响着不同地区系族集团上市公司的异质性债务融资选择。

6.3.1　研究假设提出

　　市场经济并非意识形态的产物，社会主义市场经济与资本主义市场经济存在共性，这些共性不仅仅表现在某些经济现象上，而在于市场经济的基本构成要素上：真正的市场主体、市场体系、社会保障及政府职能（杨纪琬，1993）。改革开放以来，伴随着社会主义市场经济的发展，不断深化的市场化改革为中国系族集团上市公司的发展壮大提供了良好的市场环境和制度保障。市场化改革通过提升地区市场化程度对系族集团上市公司债务融资的影响主要体现在几个方面：首先，更高水平的市场化程度为系族集团上市公司创造了更加三富的外部融资渠道。市场化程度高的地区，金融中介机构发育更加健全，系族集团上市公司能够在证券机构的协助下更加便利地进行股权融资。同时，金融发展提供的丰富的外部融资渠道能降低企业集团的外部融资成本，从而促进那些依赖外部融资的企业集团更好地成长（李增泉等，2008）。其次，更高水平的市场化程度提升了系族集团上市公司债务融资的可获得性。地区市场化程度高的一个重要体现是金融业的市场化，金融业市场化水平越高，金融机构间的竞争将更加充分，信贷资金分配也将更加市场化，这将有助于缓解非国有系族集团上市公司债务融资中面临的"信贷配给"和"信达歧视"（谢军和黄志忠，2014）。此外，地区市场化程度提升对个体社会信任具有显著的促进效应，地区市场化水平高的地区社会信任程度普遍更高（潘静和张学志，2015），加之维护市场的法制环境的改善，都将有效提升债权人提供债务融资的意愿。最后，更高水平的市场化程度强化了市场因素对系族集团上市公司债务融资行为的影响。

从来源异质性债务融资方面看，伴随着地区市场化程度提升，在丰富的债务融资渠道和中国上市公司股权融资偏好等因素的影响下，系族集团上市公司对金融机构债务融资的依赖程度下降。同时，供应商是否信任客户公司是客户公司获得商业信用的重要条件（陈胜蓝和马慧，2018），伴随着地区法治环境的改善和社会信任水平的提升，系族集团上市公司获取商业信用融资将更加便利。此外，地区市场化程度高的地区，系族集团上市公司接触债券市场更为便利，与债券承销机构接触机会更多，更便于获取金融机构信用评级。同时就政府干预较为强力的债券市场而言，地区市场化程度高的地区政府干预较少，有助于提升债券融资的市场化水平。从期限异质性债务融资方面看，政府干预是影响企业获取长期债务融资的重要因素（孙峥等，2005）。地区市场化程度提升将更加有效地发挥市场在债务资源配置中的作用，提升系族集团上市公司获取长期债务融资的可能性。然而，在中国制度环境中政府干预作为司法体系的替代机制，能够有效降低长期债务契约的履约成本，从而导致具有政治关系的企业在缺乏保护债权人的法律环境下仍能够获得银行长期贷款的支持；相反，在市场化程度较高的地区，虽然政府已经放松了对企业与银行的控制，但由于缺乏完善的司法体系来保护债权人的利益，企业仍然很难获得银行的长期贷款，"短债常借"成为一种可能的替代机制（梅波，2012）。

进一步结合系族集团上市公司的产权性质而言，政府历来重视国有大型企业集团的成长与发展，20世纪末推行的"抓大放小"到21世纪"十二五"规划明确提出的"培养一批具有国际竞争力的大型企业集团"战略，政府提高了对国有系族集团上市公司的重视程度。而非国有系族集团上市公司大多是由其控股股东运用资本市场资本运作手段搭建而起，因此市场因素对非国有系族集团上市公司的影响力更强，伴随市场化改革进程中地区市场化程度不断提升，市场因素在系族集团上市公司异质性债务融资的影响也将更加凸显。综上所述，提出如下假设：

假设3-1：在债务融资来源异质性方面，地区市场化程度越高，系族集团上市公司金融机构债务融资水平越低，商业信用融资和债券融资水平越高，且这一情况在非国有系族集团上市公司中更为显著。

假设3-2：在债务融资来源异质性方面，地区市场化程度越高，系族集团上市公司长期债务融资水平越低，短期债务融资水平越高，且这一情况在非国有系族集团上市公司中更显著。

6.3.2　样本选择与研究设计

6.3.2.1　变量选取与定义

鉴于2005年中国证监会发布《关于上市公司股权分置改革试点有关问题的统计》以及2007年1月1日起上市公司实施新会计准则，综合考虑2005年前上市公司股权分置情况和2007年新会计准则实施对样本公司指标相关年度可比性的影响，以及2008年金融危机对我国系族集团上市公司债务融资产生的外部冲击[①]，本章以2009~2017年为样本观察期，选取沪深A

---

① 2008年的金融危机对我国融资市场产生了强烈的冲击，研究发现从2008年第三季度开始，中国上市公司的ROA突然下降，从2008年第三季度的0.84%，下降到2008年第四季度的-0.45%，从2009年第二季度开始，上市公司的ROA有了明显回升（祝继高等，2012）。因此金融危机相关研究多以危机爆发的2008年为界展开实证检验（马永强和陈欢，2013）。

股系族系族集团上市公司为研究样本，依据前面关于系族集团上市公司的概念界定，利用 CSMAR 国泰安数据库公司研究系列股东数据库中的上市公司实际控制人文件和股东控股关系链公告图，并借助计算机技术进行筛查和整理和人工复检确定系族集团上市公司样本数量①。在此基础上按照以下原则进行筛选：①由于上市公司财务报表统计差异，剔除金融行业样本公司；②剔除数据值显著异常的样本公司；③剔除数据缺失及无法获取相关数据的样本公司。为避免样本极端值的影响，本书对主要连续变量在 1% 和 99% 分位数水平上进行 Winsorize 缩尾处理。第一部分实证检验为 20630 个公司一年样本值，其中系族集团上市公司 5476 个公司一年样本值，非系族集团上市公司 15127 个公司一年样本值；第二部分根据系族集团上市公司微观层面企业特征进一步筛选统计，最终得到 5430 个系族集团上市公司公司一年观测值，其中国有系族集团上市公司 3895 个公司一年样本值，非国有系族集团上市公司 1535 个公司一年样本值。行业分类遵循证监会上市公司行业分类指引，其中制造业按二级行业代码分类，其余行业按照一级行业代码分类，相关数据来自国泰安 CSMAR 数据库，数据处理和统计分析使用 Stata14.0 软件进行。

6.3.2.2　变量选取与定义

（1）地区市场化程度

中国市场化指数课题从 2000 年开始，至今已经持续十余年，系统地分析评价了全国各省的市场化相对进程，中国市场化指数主要由五个方面构成，分别为政府与市场间关系，非国有经济发展、产品市场发育程度、要素市场发育程度、中介组织发育和市场的法制环境，每个方面指数由若干分项指数构成（王小鲁等，2016），较为全面地反映市场化各方面的发展水平和变化情况，在基于中国制度环境的市场化相关研究中得到广泛应用（甄红线等，2015；孙铮等，2005）。《中国分省份市场化报告（2016）》以 2008 年为基期提供了 2008～2014 年各省份市场化总指数和各方面指数评分及排序，借鉴甄红线等（2015）的研究思路和方法，指数的历史平均增长率计

---

① 后续章节采用同样的研究方法确定实证研究系族集团上市公司样本量。

算 2014~2017 年市场化总指数相关评分及排序，最终获得样本观测期内中国各省份市场化程度评分及排名。

（2）来源异质性债务融资

一般认为，中国企业的债务来源主要有三大类，分别是银行贷款、商业信用和企业债券（花中东等，2017）。其中，中国银行主导的金融体系使得银行贷款成为中国企业进行债务融资的主要渠道（Allen et al.，2005；刘行等，2017）。同时，已有研究表明商业信用是中国企业有效的债务融资渠道（孙浦阳等，2014），成为越来越多中国企业重要的短期融资来源（张新民等，2017）。此外，由于债券市场发展相对滞后，目前企业债券在中国企业债务融资中所占比重较小，但是考虑到 2008 年以来我国债券市场日渐活跃，及其在系族集团上市公司债务融资中占有一定比重的现实情况，借鉴胡建雄和茅宁（2015）、张志宏和仇莹（2017）的相关研究，按照系族集团上市公司债务融资的主要来源，将来源异质性债务融资划分为金融机构债务融资、商业信用债务融资和债券融资，并分别以其在系族集团上市公司总负债中的占比加以衡量。其中金融机构债务融资以金融机构借款率衡量，金融机构借款率＝（短期借款＋长期借款）/总负债，商业信用债务融资以商业信用率衡量，商业信用率＝（应付票据＋应付账款＋预收账款＋长期应付款）/总负债，债券融资以债券融资率衡量，债券融资率＝应付债券/总负债。

（3）期限异质性债务融资

有关债务期限结构的实证研究通常采用以下两种方法度量债务期限结构：一是资产负债表法（平衡表法），把债务期限定义为短期债务和长期债务占总债务的比重；二是增量法，把债务期限定义为债务工具发行的期限（肖作平，2011）。两种方法各具优势，且对实证检验结果影响差异微弱（Scherr and Hulburt，2001）。因此，综合考虑量化指标数据的可得性，借鉴黄小琳等（2015）、肖作平（2011）和孙铮等（2005）的研究方法，系族集团上市公司长期债务融资以长期负债/总负债衡量，系族集团上市公司短期债务融资以短期负债/总负债衡量。

（4）控制变量

为了有效控制系族集团上市公司内部资本市场及相关资源对考察变量间关系的影响，本章选取以下企业相关资源控制变量：①关联交易，关联交易是衡量内部资本市场活跃程度的重要指标，一般认为集团内部资本市场活跃时，集团内部关联交易频繁、金额较高（邵毅平和虞凤凤，2012）。故借鉴张学义和薛巳义（2015）的研究，选取系族集团上市公司关联交易发生额为控制变量。②资产抵押担保能力，企业固定资产占总资产比重越高，企业在债务融资过程中用以抵押担保的资产越多，资产抵押担保能力越强。故借鉴刘行等（2017）的研究，选取固定资产在总资产中占比作为控制变量。③现金比率，企业自有现金与企业融资约束和债务融资需求存在相关关系，企业现金比率越高，财务灵活性越高，故借鉴张亮亮（2017）的研究，选取系族集团上市公司现金比率为控制变量。④股利支付率，股利支付率能够较为有效地刻画债务融资程度（Fazzari，1988）。故借鉴连玉君等（2008）的研究，选取系族集团上市公司每股股利/每股收益作为控制变量。⑤非债务税盾，企业固定资产折旧等可以在税前列支，能够起到与债务融资相同的税盾效应，进而降低企业利用债务税盾的意愿，故借鉴刘行等（2017）的研究，选取固定资产折旧在总资产中占比作为控制变量。⑥成长性，企业成长性影响企业债务融资需求，一般认为成长性越高对外部债务融资需求越大，借鉴张宗益和陈思秋（2015）的研究，选取系族集团上市公司销售收入增长率作为控制变量。⑦投资机会。总资产增长与企业投融资关系密切，一般企业投资机会多总资产增长率较快，借鉴库珀等（Cooper et al.，2008）的研究，选取总资产增长率作为控制变量。此外，由于债务融资结构在不同行业和年份间可能存在显著差异，将年份和行业虚拟变量纳入控制变量（见表6-39）。

表6-39   变量定义与指标选取

变量类型	变量类别	变量名称	变量符号	变量定义
考察变量	来源异质性债务融资	金融机构债务融资率	ID	（短期借款＋长期借款）/总负债
		商业信用债务融资率	CD	（应付票据＋应付账款＋预收账款＋长期应付款）/总负债
		债券融资率	BD	应付债券/总负债

续表

变量类型	变量类别	变量名称	变量符号	变量定义
考察变量	期限异质性债务融资	短期债务融资	SD	短期负债/总负债
		长期债务融资	LD	长期负债/总负债
	市场化程度	市场化指数	Market	王小鲁等（2016）《中国分省份市场化指数报告》各省市场化总指数
控制变量	企业资源变量	关联交易	Ret	关联交易涉及的金额
		资产抵押担保能力	FA	固定资产/资产总额
		现金比率	NCF	货币资金/资产总额
		股利支付率	Div	每股股利/每股收益
		非债务税盾	NDTS	固定资产折旧/资产总额
		成长性	Gro	销售收入增长率
		投资机会	Inv	总资产增长率
	行业变量	行业	Year	年份虚拟变量
	年份变量	年份	Industry	行业虚拟变量

6.3.2.3 模 型 设 计

根据对现有文献的回顾及借鉴，分别设计如下模型以考察宏观层面系族集团上市公司所处地区市场竞争程度对来源异质性债务融资选择（6-5）和期限异质性债务融资选择式（6-6）的影响。借鉴刘行等（2017）的模型表述方法[①]，式（6-5）和式（6-6）中"/"表示分别放置的因变量。

$$ID_{i,t}/CD_{i,t}/BD_{i,t} = \alpha_0 + \alpha_1 Market_{i,t} + \alpha_2 ret_{i,t} + \alpha_3 FA_{i,t} + \alpha_4 NCF_{i,t}$$
$$+ \alpha_5 Div_{i,t} + \alpha_6 NDTS_{i,t} + \alpha_7 Gro_{i,t} + \alpha_8 invest_{i,t}$$
$$+ \sum Year + \sum Ind \qquad (6-5)$$

---

① Hausman 检验结果表明固定效应模型更有效率，因此采用基于面板数据的多元回归固定效应模型，等式左边为考察变量中的因变量（分别放置模型中的因变量以"/"隔开），等式右边为考察变量中的自变量、重要控制变量和扰动项。后文进一步采用系统 GMM 工具变量模型进行稳健性检验。

$$SD_{i,t}/LD_{,t} = \alpha_0 + \alpha_1 Market_{i,t} + \alpha_2 ret_{i,t} + \alpha_3 FA_{i,t} + \alpha_4 NCF_{i,t} + \alpha_5 Div_{i,t}$$
$$+ \alpha_6 NDTS_{i,t} + \alpha_7 Gro_{i,t} + \alpha_8 invest_{i,t} + \sum Year + \sum Ind$$

$$(6-6)$$

为了进一步验证前面假设，与前面主回归采取面板随机效应模型、稳健性检验采取固定效应模型不同，本章借助 Hausman 检验确定选择固定效应模型更为稳健和有效（见表 6-40）。

表 6-40   基于 Huasman 检验间的模型选择分析

Hausman 检验	来源异质性债务融资			期限异质性债务融资		最佳模型
	ID	CD	BD	SD	LD	
检验结果	147.83 ***	124.89 ***	49.03 ***	175.10 ***	161.42 ***	固定效应模型
检验结论	拒绝假设	拒绝假设	拒绝假设	拒绝假设	拒绝假设	

注：∗ 为显著性水平。∗∗∗ 表示 P < 0.01。

6.3.3 实证检验与结果分析

6.3.3.1 描述性统计与相关性检验

表 6-41 中提供了本章实证检验的主要变量相关描述性统计量，从表中可以看出，在来源异质性债务融资方面，金融机构债务融资和商业信用债务融资是系族集团上市公司债务融资的主要构成，不同系族企业在金融机构债务融资和商业信用债务融资方面差异较大，在期限异质性债务融资方面，短期债务融资是系族集团上市公司债务融资的主要构成。从宏观层面系族集团上市公司所处地区市场化程度来看，样本系族集团上市公司普遍处于市场化程度较高的地区。进一步从单变量检验结果看，非国有系族集团上市公司所处地区的市场化程度显著高于国有系族集团上市公司，说明非国有系族集团上市公司控股股东倾向于在市场化程度较高的地区组建系族集团，同时非国有系族集团的多地域化水平（Region）显著高于国有系族集团上市公司（见表 6-42）。

表6-41 主要变量描述性统计

变量	数量	平均数	中位数	标准差	最小值	最大值
ID	5430	0.306	0.299	0.226	0.000	0.818
CD	5430	0.408	0.382	0.227	0.032	0.927
BD	5430	0.029	0.000	0.072	0.000	0.365
SD	5430	0.797	0.859	0.191	0.237	1.000
LD	5430	0.157	0.083	0.186	0.000	0.736
Market	5430	7.757	7.910	1.933	2.980	10.962
FA	5430	0.250	0.206	0.188	0.001	0.760
NCF	5430	0.173	0.138	0.128	0.010	0.622
Ret	5430	0.064	0.023	0.098	0.000	0.514
Divid	5430	0.228	0.157	0.300	0.000	1.868
NDTS	5430	0.023	0.019	0.017	0.000	0.076
Growth	5430	0.177	0.090	0.496	−0.592	3.303
Invest	5430	0.148	0.082	0.298	−0.334	1.886
Region	5430	0.616	1.000	0.486	0.000	1.000

表6-42 不同产权性质系族集团上市公司地区市场化程度及集团跨地域比较分析

组别	国有 (N=3895)	非国有 (N=1535)	独立样本 T 检验
变量	均值	均值	T 值
Market	7.631	8.073	−7.6285 ***
Region	0.584	0.697	−7.7786 ***

注：* 为显著性水平。*** 表示 P < 0.01。

表6-43 是主要变量的相关性检验结果，结果显示除资产抵押担保能力与非债务税盾之间的相关系数大于 0.5 且显著正相关外，其与自变量与控制变量间不存在严重的多重共线性问题。一般而言，面板数据回归能够有效缓解相关变量间的多种共线性问题，为了保证模型设计合理和实证回归结果稳健，本书按照实证回归模型进一步进行了方差膨胀因子检验，结果表明自变量与控制变量间方差膨胀因子均值和最大值均（VIF）远低于 10，上述变量间不存在严重的多重共线性问题（见表6-44）。

表 6 - 43　　主要变量的相关性检验结果

变量	ID	CD	BD	SD	LD	Market	Ret	FA	NCF	Growth	Divid	NDTS
CD	-0.672***											
BD	0.011	-0.244***										
SD	-0.404***	0.538***	-0.433***									
LD	0.498***	-0.509***	0.464***	-0.923***								
Market	-0.133***	0.080***	0.036***	0.062***	-0.087***							
Ret	-0.086***	0.074***	-0.064***	0.110***	-0.067***	-0.068***						
FA	0.380***	-0.341***	0.063***	-0.342***	0.374***	-0.171***	-0.023*					
NCF	-0.399***	0.343***	-0.078***	0.262***	-0.278***	0.049***	-0.109***	-0.417***				
Growth	0.009	0.015	-0.026*	-0.008	0.013	-0.020	0.009	-0.095***	0.009			
Divid	-0.107***	0.123***	0.030**	0.038***	-0.055***	0.063***	-0.128***	-0.031**	0.127***	-0.053***		
NDTS	0.243***	-0.230***	-0.001	-0.154***	0.165***	-0.117***	0.023*	0.798***	-0.331***	-0.119***	-0.019	
Invest	-0.028**	0.046***	0.008	-0.004	0.007	0.013	-0.095***	-0.226***	0.227***	0.245***	0.029**	-0.279***

注：* 为显著性水平。* 表示 $P<0.1$，** 表示 $P<0.05$，*** 表示 $P<0.01$。

表 6 – 44 模型变量方差膨胀因子检验

变量	Market	Ret	FA	NCF	Divid	NDTS	Invest	Growth
VIF	1.04	1.05	3.07	1.28	1.04	2.86	1.18	1.08

6.3.3.2 回归检验与结果分析

表 6 – 45 是非国有系族集团上市公司所处地区市场化程度与异质性债务融资的回归结果。从来源异质性债务融资方面看：地区市场化程度与非国有系族集团上市公司金融机构债务融资之间在 5% 水平上呈现显著的负相关关系，与商业信用融资在 1% 水平上存在显著的正相关关系，与债券融资之间不存在显著的相关关系。这说明地区更高水平的市场化程度为系族集团上市公司创造了更加丰富的外部融资渠道，降低了其对金融机构债务融资的依赖程度。同时，由于地区市场化水平高的地区社会信任程度普遍更高（潘静和张学志，2015），加之维护市场的法制环境的改善，商业信用债务融资双方信任程度更高，因此运用商业信用进行债务融资更为便利。此外，地区市场化程度的提升并没有为非国有系族集团上市公司带来更高水平的债务融资，这一方面可能是由于债券融资市场发展相对缓慢，债券融资资源相对有限，另一方面可能是由于政府对债券融资的管制和干预导致债务市场受地区市场化程度影响较小。因此，地区市场化程度越高，非国有系族集团上市公司金融机构债务融资水平越低，商业信用融资水平越高，而债券融资水平并未受显著影响，假设 3 – 1 得到部分验证。

从期限异质性债务融资方面看，地区市场化程度与非国有系族集团上市公司短期债务融资之间在 1% 水平上呈现显著的正相关关系，与长期债务融资之间在 1% 水平上呈现显著的负相关关系。这说明市场化程度越高的地区，非国有系族集团上市公司的短期债务融资水平越高，而长期债务融资水平越低，这一结果与孙峥等（2015）和梅波（2012）针对我国上市公司研究基本一致。假设 3 – 2 得到验证。

表 6 - 45   非国有系族集团上市公司地区市场化程度对

异质性债务融资选择的影响

变量	（1）	（2）	（3）	（4）	（5）
	ID	CD	BD	SD	LD
Market	-0.007 ** （-2.391）	0.012 *** （4.588）	-0.001 （-0.862）	0.009 *** （4.168）	-0.009 *** （-4.168）
Ret	-0.097 （-1.242）	-0.300 *** （-4.088）	-0.066 ** （-2.138）	0.017 （0.304）	-0.017 （-0.304）
FA	0.221 *** （3.551）	0.006 （0.100）	0.045 * （1.814）	-0.189 *** （-4.141）	0.189 *** （4.141）
NCF	-0.419 *** （-10.057）	0.339 *** （8.654）	0.008 （0.473）	0.152 *** （4.984）	-0.152 *** （-4.984）
Growth	0.005 （0.646）	0.005 （0.661）	-0.003 （-1.097）	0.033 *** （2.716）	0.006 （1.144）
Divid	-0.040 ** （-2.399）	0.069 *** （4.339）	-0.003 （-0.441）	1.757 *** （3.806）	-0.033 *** （-2.716）
NDTS	-0.311 （-0.493）	-0.714 （-1.206）	-0.128 （-0.517）	-0.006 （-1.144）	-1.757 *** （-3.806）
Invest	0.034 *** （2.584）	-0.019 （-1.558）	0.009 * （1.693）	-0.036 *** （-3.755）	0.036 *** （3.755）
_cons	0.424 *** （9.145）	0.263 *** （6.047）	0.000 （0.007）	0.724 *** （21.354）	0.276 *** （8.123）
Year	控制	控制	控制	控制	控制
Industry	控制	控制	控制	控制	控制
N	1535	1535	1535	1535	1535
R^2	0.19	0.28	0.08	0.20	0.20
F	12.479 ***	20.887 ***	4.611 ***	13.656 ***	13.656 ***

注：* 为显著性水平。* 表示 $P<0.1$，** 表示 $P<0.05$，*** 表示 $P<0.01$。

表 6 - 46 是国有系族集团上市公司所处地区市场化程度与异质性债务融资的回归结果。从来源异质性债务融资方面看：地区市场化程度与国有系族

集团上市公司金融机构债务融资之间在 5% 水平上呈现显著的负相关关系，与债券融资在 5% 水平上存在显著的正相关关系，与商业信用融资之间不存在显著的相关关系。这说明地区市场化水平越高，国有系族集团上市公司金融机构债务融资水平越高，债券融资水平越高，而其对商业信用融资的影响并不显著。地区市场化水平的提升所带来的融资渠道的丰富，同样降低了国有系族集团上市公司对金融机构债务融资的依赖，但是稍微弱于对非国有系族集团上市公司金融机构债务融资的影响。同时，地区市场化水平便利资本市场上市公司债券融资的影响主要集中在国有系族集团上市公司，说明在当前债券市场的发展中政府管控的影响显著高于市场化改革产生的影响。此外，地区市场化程度的提高并未显著增强系族集团上市公司的商业信用融资。

表 6 – 46　　　　　国有系族集团上市公司地区市场化程度对
异质性债务融资选择的影响

变量	(1)	(2)	(3)	(4)	(5)
	ID	CD	BD	SD	LD
Market	− 0. 004 ** (− 2. 144)	− 0. 002 (− 0. 866)	0. 001 ** (2. 102)	0. 003 * (1. 860)	− 0. 003 * (− 1. 860)
Ret	− 0. 224 *** (− 7. 399)	0. 140 *** (4. 701)	− 0. 036 *** (− 3. 452)	0. 144 *** (6. 057)	− 0. 144 *** (− 6. 057)
FA	0. 338 *** (10. 904)	− 0. 304 *** (− 9. 930)	0. 033 *** (3. 068)	− 0. 454 *** (− 18. 610)	0. 454 *** (18. 610)
NCF	− 0. 587 *** (− 20. 542)	0. 388 *** (13. 762)	− 0. 038 *** (− 3. 872)	0. 179 *** (7. 948)	− 0. 179 *** (− 7. 948)
Growth	0. 001 (0. 096)	0. 015 ** (2. 173)	− 0. 004 (− 1. 595)	0. 007 (0. 794)	− 0. 004 (− 0. 747)
Divid	− 0. 055 *** (− 5. 179)	0. 063 *** (6. 024)	0. 008 ** (2. 301)	2. 358 *** (9. 924)	− 0. 007 (− 0. 794)
NDTS	− 1. 227 *** (− 4. 060)	0. 527 * (1. 767)	− 0. 540 *** (− 5. 171)	0. 004 (0. 747)	− 2. 358 *** (− 9. 924)

变量	(1)	(2)	(3)	(4)	(5)
	ID	CD	BD	SD	LD
Invest	0.075 *** (4.964) (-0.160)	-0.042 *** (-2.812) (0.290)	0.008 (1.450) (2.687)	-0.071 *** (-5.977) 0.902 ***	0.071 *** (5.977) (3.737)
_cons	0.499 *** (16.394)	0.231 *** (7.686)	0.043 *** (4.095)	(37.726) (4)	0.098 *** (4.090)
Year	控制	控制	控制	控制	控制
Industry	控制	控制	控制	控制	控制
N	3895	3895	3895	3895	3895
R^2	0.34	0.37	0.11	0.43	0.43
F	76.557 ***	86.874 ***	17.769 ***	111.797 ***	111.797 ***

注：＊为显著性水平。＊表示 P < 0.1，＊＊表示 P < 0.05，＊＊＊表示 P < 0.01。

从宏观层面国有系族集团上市公司所处地区市场化程度与期限异质性债务融资方面看：地区市场化程度与系族集团上市公司期限异质性债务融资之间不存在显著的相关关系，地区市场化程度仅仅与系族集团上市公司长期债务融资之间在 10% 水平上存在负相关关系，而与短期债务融资之间在 10% 水平上存在正相关相关关系，说明宏观层面市场化程度对系族集团上市公司期限异质性债务融资产生的影响较为微弱，但是地区市场化程度的提升在一定程度上降低了系族集团上市公司的长期债务融资比例。因此，假设 3 - 1 关于产权差异对系族集团上市公司异质性债务融资的影响得到部分验证。

6.3.4 基于系族集团跨地区经营的进一步分析

已有研究发现系族集团跨地区经营会对其控制的系族集团上市公司产生影响（郑国坚等，2016），根据本章前面研究发现，由系族集团上市公司构建起的系族集团约六成多实施跨地域经营，说明系族集团上市公司隶属的系族集团尝试通过跨地区战略布局来获取比较优势。因此，本书借鉴郑国坚等（2016）研究方法，设置系族集团跨省分布的虚拟变量，进一步对在系族集团层面实施跨地区经营的系族集团上市公司展开研究：首先，就在系族集团层面实施跨地区经营的不同产权性质系族集团上市公司所处地区市场化程度进行单变量检验，发现在系族集团实施跨地区经营的不同产权性质系族集团上市公司仍存在显著差异。从表 6 - 47 可知，在集团层面实施跨地区经营后，非国有系族集团上市公司所处地区市场化水平仍显著高于国有系族集团上市公司，说明原本就相对集中地分布在市场化程度高地区的非国有系族集团，仍倾向于在市场化程度较高的地区进行多元化经营。

表 6 - 47　　　　　　国有系族集团上市公司与非国有系族集团上市
公司地区市场化程度比较分析

组别	数量	国有	非国有	参数 T 检验
		均值	均值	T 值
全样本	5430	7.631	8.073	- 7.6285 ***
跨地区	3347	7.551	7.883	- 4.607 ***

注：＊为显著性水平。＊＊＊表示 P < 0.01。

其次，利用前面的实证模型进一步考察不同产权性质的系族集团上市公司在系族集团跨地域经营的背景下其所处地区市场化程度与异质性债务融资之间的关系。从表 6 - 48 和表 6 - 49 不同产权性质跨地域系族集团控制的系族集团上市公司所处地区市场化程度与异质性债务融资之间相关关系的回归结果来看：就非国有系族集团上市公司而言，系族集团上市公司所处地区市场化程度与金融机构债务融资和商业信用融资之间的符号方向和显著性水平未发生变化，回归系数略有提升，同时所处地区市场化程度与短期债务融资和长期债务融资质之间的符号方向和显著性水平未发生变化。这说明系族集团实施跨地域经营并未显著改变其所处地区市场化程度与其异质性债务融资之间相关关系。

就国有系族集团上市公司而言，系族集团跨地域经营对系族集团上市公司所处地区市场化程度与异质性债务融资之间关系的影响集中体现在金融机构债务融资方面，表现为前面中国有系族集团上市公司所处地区市场化程度与金融机构债务融资之间在 5% 水平上呈现的负相关关系变得不再显著。

表 6 - 48　　　**跨地域系族集团中国有系族集团上市公司地区**

市场化程度对债务融资选择的影响

变量	（1）	（2）	（3）	（4）	（5）
	ID	CD	BD	SD	LD
Market	0.003 （1.087）	- 0.003 （- 1.308）	0.003 *** （3.409）	- 0.002 （- 0.811）	0.002 （0.811）
Ret	- 0.232 *** （- 6.484）	0.200 *** （5.665）	- 0.019 * （- 1.733）	0.143 *** （5.458）	- 0.143 *** （- 5.458）
FA	0.445 *** （10.386）	- 0.312 *** （- 7.383）	0.024 * （1.810）	- 0.507 *** （- 16.155）	0.507 *** （16.155）
NCF	- 0.539 *** （- 14.356）	0.325 *** （8.784）	- 0.048 *** （- 4.197）	0.159 *** （5.767）	- 0.159 *** （- 5.767）
Growth	- 0.003 （- 0.282）	0.030 *** （3.059）	- 0.001 （- 0.292）	0.026 ** （2.247）	0.007 （0.911）
Divid	- 0.082 *** （- 5.141）	0.081 *** （5.178）	0.009 * （1.825）	2.948 *** （9.659）	- 0.026 ** （- 2.247）
NDTS	- 1.825 *** （- 4.384）	0.036 （0.088）	- 0.543 *** （- 4.247）	- 0.007 （- 0.911）	- 2.948 *** （- 9.659）
Invest	0.054 *** （2.705）	- 0.015 （- 0.744）	0.005 （0.859）	- 0.049 *** （- 3.308）	0.049 *** （3.308）
_cons	0.388 *** （5.721）	0.128 * （1.911）	0.021 （1.027）	0.929 *** （18.697）	0.071 （1.439）
Year	控制	控制	控制	控制	控制
Industry	控制	控制	控制	控制	控制
N	2276	2276	2276	2276	2276
R^2	0.37	0.42	0.13	0.52	0.52
F	50.612 ***	61.080 ***	13.241 ***	92.807 ***	92.807 ***

注：＊为显著性水平。＊表示 $P < 0.1$，＊＊表示 $P < 0.05$，＊＊＊表示 $P < 0.01$。

表 6 – 49　　　　　跨地域系族集团中非国有系族集团上市公司地区
市场化程度对债务融资选择的影响

变量	（1）	（2）	（3）	（4）	（5）
	ID	CD	BD	SD	LD
Market	− 0. 009 ** (− 2. 493)	0. 016 *** (4. 766)	− 0. 001 (− 0. 552)	0. 009 *** (3. 274)	− 0. 009 *** (− 3. 274)
Ret	− 0. 212 ** (− 2. 523)	− 0. 269 *** (− 3. 345)	− 0. 046 (− 1. 468)	0. 054 (0. 871)	− 0. 054 (− 0. 871)
FA	0. 290 *** (4. 000)	− 0. 103 (− 1. 495)	0. 017 (0. 615)	− 0. 149 *** (− 2. 783)	0. 149 *** (2. 783)
NCF	− 0. 409 *** (− 8. 523)	0. 338 *** (7. 367)	0. 005 (0. 290)	0. 190 *** (5. 334)	− 0. 190 *** (− 5. 334)
Growth	− 0. 000 (− 0. 003)	0. 009 (1. 032)	− 0. 002 (− 0. 711)	0. 041 ** (2. 543)	0. 000 (0. 068)
Divid	− 0. 019 (− 0. 879)	0. 060 *** (2. 889)	− 0. 009 (− 1. 150)	1. 501 *** (2. 713)	− 0. 041 ** (− 2. 543)
NDTS	− 0. 485 (− 0. 649)	0. 152 (0. 214)	0. 089 (0. 318)	− 0. 000 (− 0. 068)	− 1. 501 *** (− 2. 713)
Invest	0. 030 ** (2. 188)	− 0. 033 ** (− 2. 471)	0. 003 (0. 569)	− 0. 027 *** (− 2. 688)	0. 027 *** (2. 688)
_cons	0. 391 *** (6. 593)	0. 305 *** (5. 393)	0. 003 (0. 145)	0. 833 *** (18. 969)	0. 167 *** (3. 792)
Year	控制	控制	控制	控制	控制
Industry	控制	控制	控制	控制	控制
N	1071	1071	1071	1071	1071
R^2	0. 22	0. 27	0. 09	0. 24	0. 24
F	10. 377 ***	13. 730 ***	3. 560 ***	11. 553 ***	11. 553 ***

注： * 为显著性水平。* 表示 P < 0. 1， ** 表示 P < 0. 05， *** 表示 P < 0. 01。

6.3.5　稳健性检验

本节实证部分通过 Hausman 检验选择了相对稳健的固定效应模型，较好地控制了面板数据中随个体而异的遗漏变量造成的内生性问题（陈强，2014），为了确保本节实证检验结果的可靠性，本书采用如下方法进行稳健性检验：首先，模型中的关键变量进行替换，考虑到历史增长率法估算2015 年及之后年份市场化指数过程中存在的偏误，同时考虑到市场化指数在短时间内变化小（杨飞，2017），因此借鉴杨飞（2017）的市场化程度指标衡量方法，2014 年后各地区市场化指数以 2014 年相关数据代替，稳健性回归检验得到与前面一致的实证结果。同时，在选择固定效应模型的基础上进一步将样本考察期变为 2010 ~ 2017 年，回归结果中的系数符号与显著性水平与前面基本一致（见表 6 - 50 ~ 表 6 - 53）。

表 6 - 50　　国有系族集团上市公司所处地区市场化程度组别稳健性检验

变量	(1)	(2)	(3)	(4)	(5)
	ID	CD	BD	SD	LD
Market	- 0.004 ** (- 2.006)	- 0.002 (- 1.053)	0.001 * (1.785)	0.003 * (1.859)	- 0.003 * (- 1.859)
Ret	- 0.220 *** (- 7.034)	0.153 *** (4.965)	- 0.038 *** (- 3.378)	0.148 *** (6.033)	- 0.148 *** (- 6.033)
FA	0.331 *** (10.165)	- 0.306 *** (- 9.525)	0.036 *** (3.064)	- 0.453 *** (- 17.727)	0.453 *** (17.727)
NCF	- 0.583 *** (- 19.308)	0.399 *** (13.393)	- 0.041 *** (- 3.770)	0.186 *** (7.849)	- 0.186 *** (- 7.849)
Divid	- 0.053 *** (- 4.715)	0.068 *** (6.148)	0.009 ** (2.321)	0.008 (0.957)	- 0.008 (- 0.957)
NDTS	- 1.269 *** (- 3.985)	0.679 ** (2.165)	- 0.600 *** (- 5.257)	2.433 *** (9.734)	- 2.433 *** (- 9.734)

续表

变量	(1)	(2)	(3)	(4)	(5)
	ID	CD	BD	SD	LD
Growth	0.008 (1.036)	0.010 (1.352)	−0.004 (−1.352)	0.001 (0.220)	−0.001 (−0.220)
Invest	0.071 *** (4.316)	−0.039 ** (−2.425)	0.008 (1.393)	−0.062 *** (−4.811)	0.062 *** (4.811)
_cons	0.489 *** (15.333)	0.224 *** (7.128)	0.049 *** (4.294)	0.897 *** (35.851)	0.103 *** (4.128)
Year	控制	控制	控制	控制	控制
Ind	控制	控制	控制	控制	控制
N	3522	3522	3522	3522	3522
R^2	0.336	0.375	0.105	0.434	0.434
Chi^2	67.99 ***	80.44 ***	15.82 ***	103.04 ***	103.04 ***

注：* 为显著性水平。* 表示 $P < 0.1$，** 表示 $P < 0.05$，*** 表示 $P < 0.01$。

表 6 – 51   非国有系族集团上市公司所处地区市场化程度组别稳健性检验

变量	(1)	(2)	(3)	(4)	(5)
	ID	CD	BD	SD	LD
Market	−0.008 ** (−2.511)	0.013 *** (4.668)	−0.001 (−0.731)	0.009 *** (4.031)	−0.009 *** (−4.031)
Ret	−0.096 (−1.235)	−0.301 *** (−4.111)	−0.065 ** (−2.129)	0.016 (0.277)	−0.016 (−0.277)
FA	0.220 *** (3.524)	0.007 (0.124)	0.045 * (1.833)	−0.190 *** (−4.151)	0.190 *** (4.151)
NCF	−0.419 *** (−10.067)	0.339 *** (8.665)	0.008 (0.479)	0.152 *** (4.978)	−0.152 *** (−4.978)
Growth	0.005 (0.630)	0.005 (0.680)	−0.003 (−1.088)	0.033 *** (2.711)	0.006 (1.144)

续表

变量	(1) ID	(2) CD	(3) BD	(4) SD	(5) LD
Divid	−0.040** (−2.389)	0.068*** (4.327)	−0.003 (−0.445)	1.762*** (3.816)	−0.033*** (−2.711)
NDTS	−0.298 (−0.473)	−0.725 (−1.224)	−0.132 (−0.533)	−0.006 (−1.144)	−1.762*** (−3.816)
Invest	0.034*** (2.581)	−0.019 (−1.551)	0.009* (1.690)	−0.036*** (−3.745)	0.036*** (3.745)
_cons	0.427*** (9.185)	0.260*** (5.961)	−0.001 (−0.039)	0.725*** (21.298)	0.275*** (8.072)
Year	控制	控制	控制	控制	控制
Ind	控制	控制	控制	控制	控制
N	1535	1535	1535	1535	1535
R^2	0.19	0.28	0.08	0.18	0.20
F	12.505***	20.923***	4.603***	11.430***	13.607***

注：*为显著性水平。* 表示 $P<0.1$，** 表示 $P<0.05$，*** 表示 $P<0.01$。

表 6 − 52　　　　　　国有系族集团跨地域经营组别稳健性检验

变量	(1) ID	(2) CD	(3) BD	(4) SD	(5) LD
Market	0.002 (0.797)	−0.003 (−1.214)	0.002*** (2.768)	−0.001 (−0.255)	0.001 (0.255)
Ret	−0.240*** (−6.461)	0.218*** (5.975)	−0.019 (−1.618)	0.150*** (5.561)	−0.150*** (−5.561)
FA	0.442*** (9.835)	−0.312*** (−7.047)	0.025* (1.760)	−0.507*** (−15.452)	0.507*** (15.452)
NCF	−0.541*** (−13.578)	0.349*** (8.913)	−0.052*** (−4.088)	0.163*** (5.619)	−0.163*** (−5.619)

续表

变量	(1)	(2)	(3)	(4)	(5)
	ID	CD	BD	SD	LD
Divid	-0.071 *** (-4.324)	0.081 *** (5.037)	0.009 * (1.788)	0.022 * (1.860)	-0.022 * (-1.860)
NDTS	-1.889 *** (-4.329)	0.306 (0.714)	-0.635 *** (-4.595)	3.025 *** (9.514)	-3.025 *** (-9.514)
Growth	0.002 (0.193)	0.031 *** (2.944)	-0.001 (-0.228)	-0.007 (-0.875)	0.007 (0.875)
Invest	0.046 ** (2.135)	-0.009 (-0.438)	0.006 (0.906)	-0.042 *** (-2.691)	0.042 *** (2.691)
_cons	0.387 *** (5.708)	0.120 * (1.800)	0.025 (1.180)	0.921 *** (18.647)	0.079 (1.594)
Year	控制	控制	控制	控制	控制
Ind	控制	控制	控制	控制	控制
N	2062	2062	2062	2062	2062
R^2	0.365	0.422	0.134	0.522	0.522
Chi^2	44.75 ***	56.89 ***	12.02 ***	85.20 ***	85.20 ***

注：* 为显著性水平。* 表示 $P < 0.1$，** 表示 $P < 0.05$，*** 表示 $P < 0.01$。

表 6-53　　　　　　　国有系族集团跨地域经营组别稳健性检验

变量	(1)	(2)	(3)	(4)	(5)
	ID	CD	BD	SD	LD
Market	-0.010 *** (-2.657)	0.018 *** (4.915)	-0.001 (-0.374)	0.009 *** (3.065)	-0.009 *** (-3.065)
Ret	-0.212 ** (-2.524)	-0.270 *** (-3.361)	-0.046 (-1.453)	0.052 (0.840)	-0.052 (-0.840)
FA	0.288 *** (3.984)	-0.102 (-1.480)	0.017 (0.634)	-0.150 *** (-2.804)	0.150 *** (2.804)

续表

变量	(1) ID	(2) CD	(3) BD	(4) SD	(5) LD
NCF	−0.409 *** (−8.531)	0.338 *** (7.373)	0.005 (0.298)	0.189 *** (5.318)	−0.189 *** (−5.318)
Growth	−0.000 (−0.027)	0.009 (1.067)	−0.002 (−0.702)	0.041 ** (2.541)	0.000 (0.064)
Divid	−0.019 (−0.871)	0.060 *** (2.879)	−0.009 (−1.154)	1.513 *** (2.733)	−0.041 ** (−2.541)
NDTS	−0.479 (−0.641)	0.150 (0.210)	0.085 (0.304)	−0.000 (−0.064)	−1.513 *** (−2.733)
Invest	0.030 ** (2.188)	−0.033 ** (−2.469)	0.003 (0.565)	−0.027 *** (−2.678)	0.027 *** (2.678)
_cons	0.397 *** (6.659)	0.299 *** (5.258)	0.002 (0.079)	0.835 *** (18.915)	0.165 *** (3.727)
Year	控制	控制	控制	控制	控制
Ind	控制	控制	控制	控制	控制
N	1071	1071	1071	1071	1071
R^2	0.22	0.27	0.09	0.24	0.24
F	10.415 ***	13.799 ***	3.554 ***	11.491 ***	11.491 ***

注：＊为显著性水平。＊表示 $P<0.1$，＊＊表示 $P<0.05$，＊＊＊表示 $P<0.01$。

其次，考虑到宏观层面行业与其异质性债务融资行为之间存在的内生性问题（邓建平和曾勇，2011），本书进一步基于动态面板的广义矩估计（GMM）工具变量法，运用系统 GMM 方法针对上述可能存在的内生性问题进行稳健性检验。布伦德尔和邦德（Blundel and Bond，1998）将差分 GMM 与水平 GMM 结合在一起，将差分方程与水平方程作为一个方程系统进行 GMM 估计，称其为系统 GMM（System GMM）（陈强，2014），模型和工具变量设计通过序列自相关检验和 Hansen 检验，回归结果与前面基本一致（见表 6-54 ~ 表 6-57）。

表 6 - 54   非国有系族集团上市公司地区市场化组别系统 **GMM** 稳健性检验

变量	(1) ID	(2) CD	(3) BD	(4) SD	(5) LD
Market	- 0. 040 *** (- 2. 803)	0. 034 ** (2. 187)	- 0. 045 (- 1. 113)	0. 018 ** (2. 322)	- 0. 019 ** (- 2. 046)
Ret	0. 450 *** (3. 463)	- 0. 063 (- 0. 533)	0. 100 (0. 347)	- 0. 261 ** (- 2. 425)	0. 339 *** (2. 726)
FA	0. 246 ** (2. 064)	- 0. 141 (- 1. 577)	- 0. 109 (- 0. 379)	- 0. 065 (- 0. 971)	- 0. 029 (- 0. 406)
NCF	- 0. 242 ** (- 2. 227)	0. 097 (1. 542)	- 0. 039 (- 0. 365)	0. 004 (0. 092)	0. 018 (0. 342)
Growth	0. 044 *** (3. 813)	0. 020 ** (2. 062)	- 0. 004 (- 0. 239)	- 0. 010 (- 1. 087)	0. 006 (0. 589)
Divid	0. 081 * (1. 795)	0. 008 (0. 252)	- 0. 091 (- 1. 079)	0. 014 (0. 543)	- 0. 075 ** (- 2. 309)
NDTS	- 3. 832 *** (- 3. 034)	- 2. 348 ** (- 2. 139)	- 0. 959 (- 0. 405)	- 1. 925 *** (- 2. 882)	3. 397 *** (4. 058)
Invest	- 0. 032 (- 1. 290)	- 0. 065 *** (- 3. 836)	- 0. 006 (- 0. 209)	- 0. 082 *** (- 4. 209)	0. 106 *** (5. 224)
_cons	0. 650 (1. 304)	0. 658 * (1. 880)	130. 485 (0. 737)	0. 242 (0. 863)	0. 189 (0. 567)
L. ID	0. 531 *** (10. 369)				
L. CDL		0. 527 *** (10. 879)			
L. BD			0. 523 *** (4. 910)		
L. SD				0. 489 *** (6. 938)	
L. LD					0. 486 *** (8. 934)

变量	（1）	（2）	（3）	（4）	（5）
	ID	CD	BD	SD	LD
Year	控制	控制	控制	控制	控制
Ind	控制	控制	控制	控制	控制
N	1138	1138	1138	1138	1138
Chi²	596.41 ***	839.02 ***	130.99 ***	524.04 ***	522.91 ***
AR（2）	0.515	0.871	0.494	0.627	0.728
Hansen	0.575	0.702	0.810	0.697	0.818

注：＊为显著性水平。＊表示 P＜0.1，＊＊表示 P＜0.05，＊＊＊表示 P＜0.01。

表 6 – 55　　国有系族集团上市公司地区市场化组别系统 GMM 稳健性检验

变量	（1）	（2）	（3）	（4）	（5）
	ID	CD	BD	SD	LD
Market	− 0.081 ** （− 2.525）	− 0.005 （− 0.388）	0.273 ** （1.978）	0.008 * （1.734）	− 0.008 * （− 1.827）
Ret	− 0.648 ** （− 2.133）	0.106 * （1.701）	0.056 （0.102）	0.096 （1.196）	− 0.086 （− 1.086）
FA	− 0.149 （− 0.745）	0.076 （0.724）	0.525 （1.512）	− 0.037 （− 0.535）	0.041 （0.667）
NCF	− 0.910 *** （− 3.019）	0.213 *** （3.147）	− 0.780 （− 0.851）	0.081 （1.153）	− 0.065 （− 0.948）
Growth	− 0.093 *** （− 2.721）	0.031 * （1.868）	0.152 * （1.765）	− 0.015 （− 1.259）	0.004 （0.316）
Divid	0.012 （0.193）	− 0.004 （− 0.109）	0.129 （0.694）	− 0.031 （− 1.220）	0.039 （1.577）
NDTS	− 0.368 （− 0.149）	− 0.780 （− 0.914）	7.084 （1.380）	0.279 （0.629）	− 0.210 （− 0.485）
Invest	0.108 （0.994）	− 0.072 （− 1.607）	− 0.096 （− 0.496）	− 0.071 ** （− 2.145）	0.080 ** （2.286）

续表

变量	(1)	(2)	(3)	(4)	(5)
	ID	CD	BD	SD	LD
_cons	0.632 (0.791)	−0.105 (−0.445)	−2.118 (−0.564)	0.083 (0.434)	0.165 (0.854)
L. ID	0.554 *** (6.114)				
L. CDL		0.720 *** (16.742)			
L. BD			0.119 (0.417)		
L. SD				0.810 *** (20.221)	
L. LD					0.789 *** (23.741)
Year	控制	控制	控制	控制	控制
Ind	控制	控制	控制	控制	控制
N	3201	3201	3201	3201	3201
Chi^2	278.73 ***	703.87 ***	47.09 *	1101.15 ***	1256.60 ***
AR (2)	0.198	0.735	0.122	0.365	0.367
Hansen	0.473	0.338	0.229	0.467	0.792

注：* 为显著性水平。* 表示 $P<0.1$，** 表示 $P<0.05$，*** 表示 $P<0.01$。

表 6 – 56　非国有系族集团上市公司跨地区组别系统 GMM 稳健性检验

变量	(1)	(2)	(3)	(4)	(5)
	ID	CD	BD	SD	LD
Market	−0.046 *** (−3.273)	0.038 *** (3.255)	0.017 (0.973)	0.056 ** (1.968)	−0.063 ** (−2.002)
Ret	0.104 (1.065)	−0.132 (−1.473)	0.343 (1.422)	0.168 (1.441)	−0.325 ** (−2.387)

续表

变量	(1)	(2)	(3)	(4)	(5)
	ID	CD	BD	SD	LD
FA	0.241 ** (2.183)	−0.040 (−0.701)	−0.027 (−0.323)	−0.217 *** (−4.505)	0.363 *** (5.593)
NCF	−0.181 ** (−2.548)	0.193 *** (4.547)	0.106 (1.225)	−0.066 (−1.061)	0.066 (1.181)
Growth	0.002 (0.115)	−0.004 (−0.545)	−0.012 (−1.419)	−0.003 (−0.615)	0.025 *** (3.672)
Divid	−0.011 (−0.357)	0.048 ** (2.428)	−0.058 (−1.270)	0.039 (1.567)	−0.094 *** (−4.523)
NDTS	−4.115 *** (−4.027)	−2.223 *** (−3.005)	1.008 (0.967)	0.160 (0.229)	−0.723 (−0.964)
Invest	−0.052 *** (−2.854)	−0.065 *** (−4.706)	0.019 (0.730)	−0.027 ** (−2.131)	0.028 ** (2.494)
_cons	0.239 (0.293)	0.615 (1.212)	0.268 (0.268)	−5.776 * (−1.678)	11.138 *** (2.795)
L. ID	0.584 *** (17.865)				
L. CDL		0.574 *** (17.562)			
L. BD			0.601 *** (5.272)		
L. SD				0.359 *** (4.462)	
L. LD					0.290 *** (4.026)
Year	控制	控制	控制	控制	控制
Ind	控制	控制	控制	控制	控制
N	754	754	754	754	754
Chi^2	4633.19	6031.53	352.72	426.88	509.57
AR (2)	0.575 ***	0.550 ***	0.513 ***	0.922 ***	0.910 ***
Hansen	0.680 ***	0.712 ***	0.972 ***	0.909 ***	0.847 ***

注：＊为显著性水平。＊表示 $P < 0.1$，＊＊表示 $P < 0.05$，＊＊＊表示 $P < 0.01$。

表 6 - 57　　国有系族集团上市公司跨地区组别系统 GMM 稳健性检验

变量	（1） ID	（2） CD	（3） BD	（4） SD	（5） LD
Market	0. 030 （1. 245）	− 0. 012 （ − 0. 923）	0. 011 * （1. 795）	− 0. 001 （ − 0. 261）	0. 003 （0. 898）
Ret	− 0. 175 * （ − 1. 851）	0. 110 （1. 541）	0. 258 ** （2. 539）	0. 021 （0. 380）	0. 034 （0. 626）
FA	− 0. 097 （ − 0. 776）	− 0. 012 （ − 0. 109）	− 0. 039 （ − 0. 449）	− 0. 034 （ − 0. 509）	0. 034 （0. 573）
NCF	− 0. 423 ** （ − 2. 484）	0. 262 *** （4. 388）	− 0. 105 （ − 1. 475）	0. 168 *** （3. 379）	− 0. 169 *** （ − 3. 304）
Growth	− 0. 060 *** （ − 3. 486）	− 0. 003 （ − 0. 199）	0. 012 （0. 932）	0. 036 *** （3. 287）	− 0. 038 *** （ − 3. 793）
Divid	0. 022 （0. 433）	0. 004 （0. 121）	0. 054 （1. 584）	− 0. 014 （ − 0. 608）	0. 025 （1. 106）
NDTS	0. 513 （0. 522）	− 0. 210 （ − 0. 226）	0. 390 （0. 621）	1. 271 *** （3. 140）	− 1. 357 *** （ − 3. 382）
Invest	0. 042 （0. 748）	− 0. 027 （ − 0. 609）	0. 052 （1. 325）	− 0. 083 *** （ − 2. 990）	0. 079 *** （2. 919）
_cons	− 0. 468 （ − 0. 247）	1. 863 （0. 594）	− 1. 861 （ − 0. 830）	1. 446 （1. 194）	− 1. 259 （ − 0. 968）
L. ID	0. 700 *** （11. 766）				
L. CDL		0. 744 *** （20. 524）			
L. BD			0. 517 *** （9. 156）		
L. NDTS			0. 390 （0. 621）		
L. SD				0. 772 *** （21. 098）	

变量	（1）	（2）	（3）	（4）	（5）
	ID	CD	BD	SD	LD
L. LD					0. 772 *** (24. 626)
Year	控制	控制	控制	控制	控制
Ind	控制	控制	控制	控制	控制
N	1825	1825	1825	1825	1825
Chi^2	645. 46 ***	861. 14 ***	247. 72 ***	2923. 19 ***	2968. 87 ***
AR （2）	0. 430	0. 583	0. 115	0. 729	0. 710
Hansen	0. 935	0. 805	0. 702	0. 462	0. 592

注：＊为显著性水平。＊表示 $P < 0.1$，＊＊表示 $P < 0.05$，＊＊＊表示 $P < 0.01$。

再次，鉴于前面微观企业特征中系族集团成员企业数量对系族集团上市公司异质性债务融资行为产生显著影响，进一步将系族集团成员上市公司数量作为控制变量纳入回归模型进行稳健性检验，回归结果中的系数符号与显著性水平与前面基本一致（见表6-58~表6-61）。

表6-58　　　　非国有系族集团上市公司地区市场化组别控制

集团成员公司数量稳健性检验

变量	（1）	（2）	（3）	（4）	（5）
	ID	CD	BD	SD	LD
Market	- 0. 007 ** (- 2. 339)	0. 012 *** (4. 602)	- 0. 001 (- 0. 770)	0. 009 *** (4. 108)	- 0. 009 *** (- 4. 108)
Ret	- 0. 106 (- 1. 360)	- 0. 302 *** (- 4. 116)	- 0. 072 ** (- 2. 355)	0. 026 (0. 454)	- 0. 026 (- 0. 454)
FA	0. 219 *** (3. 523)	0. 005 (0. 090)	0. 043 * (1. 765)	- 0. 187 *** (- 4. 109)	0. 187 *** (4. 109)
NCF	- 0. 422 *** (- 10. 146)	0. 338 *** (8. 622)	0. 005 (0. 327)	0. 155 *** (5. 098)	- 0. 155 *** (- 5. 098)

续表

变量	(1) ID	(2) CD	(3) BD	(4) SD	(5) LD
Growth	0.004 (0.468)	0.004 (0.607)	-0.004 (-1.413)	-0.005 (-0.918)	0.005 (0.918)
Divid	-0.042** (-2.472)	0.068*** (4.315)	-0.004 (-0.571)	0.035*** (2.812)	-0.035*** (-2.812)
NDTS	-0.379 (-0.601)	-0.733 (-1.236)	-0.176 (-0.711)	1.820*** (3.949)	-1.820*** (-3.949)
Invest	0.034*** (2.623)	-0.019 (-1.547)	0.009* (1.765)	-0.036*** (-3.809)	0.036*** (3.809)
Number	0.010** (2.236)	0.003 (0.656)	0.007*** (3.978)	-0.009*** (-2.854)	0.009*** (2.854)
_cons	0.400*** (8.420)	0.257*** (5.744)	-0.017 (-0.887)	0.747*** (21.498)	0.253*** (7.292)
Year	控制	控制	控制	控制	控制
Ind	控制	控制	控制	控制	控制
N	1535	1535	1535	1535	1535
R^2	0.19	0.28	0.09	0.21	0.21
F	12.253***	20.174***	5.042***	13.529***	13.529***

注：* 为显著性水平。* 表示 $P<0.1$，** 表示 $P<0.05$，*** 表示 $P<0.01$。

表 6-59　　　国有系族集团上市公司地区市场化组别
控制集团成员公司数量稳健性检验

变量	(1) ID	(2) CD	(3) BD	(4) SD	(5) LD
Market	-0.004** (-2.076)	-0.001 (-0.759)	0.001** (2.029)	0.003* (1.892)	-0.003* (-1.892)
Ret	-0.232*** (-7.580)	0.128*** (4.251)	-0.033*** (-3.145)	0.141*** (5.870)	-0.141*** (-5.870)

续表

变量	(1)	(2)	(3)	(4)	(5)
	ID	CD	BD	SD	LD
FA	0.336 *** (10.837)	− 0.307 *** (− 10.033)	0.034 *** (3.134)	− 0.455 *** (− 18.628)	0.455 *** (18.628)
NCF	− 0.591 *** (− 20.623)	0.382 *** (13.534)	− 0.037 *** (− 3.726)	0.177 *** (7.864)	− 0.177 *** (− 7.864)
Growth	0.001 (0.114)	0.016 ** (2.203)	− 0.004 (− 1.614)	0.004 (0.756)	− 0.004 (− 0.756)
Divid	− 0.054 *** (− 5.125)	0.064 *** (6.112)	0.008 ** (2.243)	0.007 (0.820)	− 0.007 (− 0.820)
NDTS	− 1.235 *** (− 4.088)	0.514 * (1.725)	− 0.537 *** (− 5.143)	2.355 *** (9.909)	− 2.355 *** (− 9.909)
Invest	0.074 *** (4.923)	− 0.043 *** (− 2.880)	0.008 (1.494)	− 0.071 *** (− 5.996)	0.071 *** (5.996)
Number	0.001 * (1.780)	0.002 *** (2.843)	− 0.001 * (− 1.911)	0.001 (0.874)	− 0.001 (− 0.874)
_cons	0.495 *** (16.240)	0.225 *** (7.483)	0.044 *** (4.216)	0.901 *** (37.579)	0.099 *** (4.139)
Year	控制	控制	控制	控制	控制
Ind	控制	控制	控制	控制	控制
N	3895	3895	3895	3895	3895
R^2	0.34	0.37	0.11	0.43	0.43
F	73.881 ***	84.109 ***	17.258 ***	107.678 ***	107.678 ***

注：* 为显著性水平。* 表示 $P < 0.1$，** 表示 $P < 0.05$，*** 表示 $P < 0.01$。

表 6 - 60　非国有系族集团上市公司跨地域组别控制集团成员公司数量稳健性检验

变量	(1)	(2)	(3)	(4)	(5)
	ID	CD	BD	SD	LD
Market	− 0.009 *** (− 2.596)	0.016 *** (4.785)	− 0.001 (− 0.796)	0.009 *** (3.413)	− 0.009 *** (− 3.413)

续表

变量	（1）	（2）	（3）	（4）	（5）
	ID	CD	BD	SD	LD
Ret	-0.218 *** （-2.588）	-0.267 *** （-3.324）	-0.051 （-1.626）	0.060 （0.957）	-0.060 （-0.957）
FA	0.292 *** （4.031）	-0.104 （-1.501）	0.018 （0.683）	-0.151 *** （-2.825）	0.151 *** （2.825）
NCF	-0.412 *** （-8.585）	0.338 *** （7.376）	0.003 （0.160）	0.192 *** （5.418）	-0.192 *** （-5.418）
Growth	-0.001 （-0.151）	0.009 （1.068）	-0.003 （-1.056）	0.001 （0.127）	-0.001 （-0.127）
Divid	-0.020 （-0.939）	0.061 *** （2.903）	-0.010 （-1.298）	0.042 *** （2.627）	-0.042 *** （-2.627）
NDTS	-0.638 （-0.849）	0.192 （0.268）	-0.042 （-0.152）	1.650 *** （2.971）	-1.650 *** （-2.971）
Invest	0.030 ** （2.197）	-0.033 ** （-2.472）	0.003 （0.588）	-0.028 *** （-2.702）	0.028 *** （2.702）
Number	0.009 * （1.807）	-0.002 （-0.492）	0.008 *** （4.184）	-0.009 ** （-2.389）	0.009 ** （2.389）
_cons	0.373 *** （6.191）	0.310 *** （5.395）	-0.013 （-0.575）	0.852 *** （19.140）	0.148 *** （3.334）
Year	控制	控制	控制	控制	控制
Ind	控制	控制	控制	控制	控制
N	1071	1071	1071	1071	1071
R^2	0.22	0.27	0.10	0.24	0.24
F	10.154 ***	13.255 ***	4.096 ***	11.402 ***	11.402 ***

注： * 为显著性水平。* 表示 $P<0.1$，** 表示 $P<0.05$，*** 表示 $P<0.01$。

表 6 - 61　非国有系族集团上市公司跨地域组别控制集团成员公司数量稳健性检验

变量	(1)	(2)	(3)	(4)	(5)
	ID	CD	BD	SD	LD
Market	0.003 (1.148)	-0.003 (-1.164)	0.003 *** (3.314)	-0.001 (-0.760)	0.001 (0.760)
Ret	-0.237 *** (-6.563)	0.190 *** (5.361)	-0.017 (-1.551)	0.141 *** (5.327)	-0.141 *** (-5.327)
FA	0.442 *** (10.312)	-0.318 *** (-7.513)	0.025 * (1.891)	-0.509 *** (-16.176)	0.509 *** (16.176)
NCF	-0.541 *** (-14.393)	0.320 *** (8.644)	-0.047 *** (-4.106)	0.157 *** (5.710)	-0.157 *** (-5.710)
Growth	-0.003 (-0.293)	0.030 *** (3.035)	-0.001 (-0.275)	-0.007 (-0.921)	0.007 (0.921)
Divid	-0.081 *** (-5.134)	0.081 *** (5.200)	0.009 * (1.815)	0.026 ** (2.253)	-0.026 ** (-2.253)
NDTS	-1.823 *** (-4.378)	0.042 (0.103)	-0.544 *** (-4.258)	2.950 *** (9.664)	-2.950 *** (-9.664)
Invest	0.054 *** (2.665)	-0.016 (-0.832)	0.006 (0.914)	-0.049 *** (-3.336)	0.049 *** (3.336)
Number	0.001 (1.064)	0.002 ** (2.424)	-0.000 (-1.515)	0.001 (0.842)	-0.001 (-0.842)
_cons	0.384 *** (5.653)	0.119 * (1.776)	0.023 (1.110)	0.926 *** (18.621)	0.074 (1.484)
Year	控制	控制	控制	控制	控制
Ind	控制	控制	控制	控制	控制
N	2276	2276	2276	2276	2276
R^2	0.37	0.42	0.13	0.52	0.52
F	48.782 ***	59.163 ***	12.843 ***	89.384 ***	89.384 ***

注：* 为显著性水平。* 表示 $P<0.1$，** 表示 $P<0.05$，*** 表示 $P<0.01$。

　　最后，由于前面主要是基于不同产权性质的系族集团上市公司异质性债

务融资行为间存在显著差异进行分组回归，为了更加全面地呈现系族集团上
市公司宏观地区市场化程度对其异质性债务融资选择行为的影响，本书进一
步提供全样本多元回归结果（见表 6 – 62）。

表 6 – 62　　　　全样本系族集团上市公司宏观地区市场化程度对
异质性债务融资选择影响回归结果

变量	（1） ID	（2） CD	（3） BD	（4） SD	（5） LD
Market	− 0. 005 *** （ − 2. 925）	0. 003 ** （2. 190）	0. 000 （0. 635）	0. 005 *** （4. 128）	− 0. 005 *** （ − 4. 378）
Ret	− 0. 229 *** （ − 8. 310）	0. 135 *** （4. 932）	− 0. 041 *** （ − 4. 093）	0. 201 *** （8. 885）	− 0. 115 *** （ − 5. 359）
FA	0. 317 *** （11. 520）	− 0. 228 *** （ − 8. 358）	0. 043 *** （4. 380）	− 0. 348 *** （ − 15. 443）	0. 412 *** （19. 308）
NCF	− 0. 532 *** （ − 22. 601）	0. 382 *** （16. 385）	− 0. 021 ** （ − 2. 467）	0. 180 *** （9. 308）	− 0. 171 *** （ − 9. 354）
Growth	0. 005 （0. 881）	0. 007 （1. 247）	− 0. 004 * （ − 1. 794）	− 0. 001 （ − 0. 289）	0. 002 （0. 474）
Divid	− 0. 050 *** （ − 5. 627）	0. 072 *** （8. 210）	0. 005 （1. 520）	0. 011 （1. 525）	− 0. 015 ** （ − 2. 227）
NDTS	− 1. 148 *** （ − 4. 215）	0. 432 （1. 599）	− 0. 482 *** （ − 4. 923）	2. 204 *** （9. 874）	− 2. 420 *** （ − 11. 453）
Invest	0. 056 *** （5. 878）	− 0. 039 *** （ − 4. 110）	0. 008 ** （2. 193）	− 0. 042 *** （ − 5. 350）	0. 048 *** （6. 442）
_cons	0. 474 *** （18. 734）	0. 228 *** （9. 080）	0. 031 *** （3. 374）	0. 762 *** （36. 758）	0. 154 *** （7. 833）
Year	控制	控制	控制	控制	控制
Ind	控制	控制	控制	控制	控制
N	5430	5430	5430	5430	5430
R^2	0. 289	0. 313	0. 080	0. 333	0. 369
F	78. 256 ***	87. 657 ***	16. 852 ***	96. 073 ***	112. 818 ***

注：* 为显著性水平。* 表示 $P < 0.1$，** 表示 $P < 0.05$，*** 表示 $P < 0.01$。

7

系族集团上市公司债务融资选择的
绩效传染效应研究

本章在前面对系族集团上市公司异质性债务融资选择的影响因素进行全面分析的基础上，尝试从债务异质性视角研究系族集团上市公司债务融资选择对其企业绩效产生的影响，并考察这种影响是否在系族集团层面存在传染效应，以期进一步厘清系族集团上市公司企业业绩背后的影响机制，深化对系族集团及其上市公司异质性债务融资经济后果的理论认识。

7.1 系族集团上市公司债务融资选择对企业绩效的个体直接效应

7.1.1 研究假设提出

在系族集团上市公司异质性债务融资选择整合分析框架下，前面分别从微观层面系族集团上市公司企业特征、中观层面系族集团上市公司产品市场竞争和宏观层面系族集团上市公司所处地区市场化程度研究分析并实证检验了系族集团上市公司异质性债务融资选择的影响因素。总体而言，系族集团上市公司凭借系族集团的规模效应以及股权结构的杠杆效应能够显著提升自身债务融资能力。同时，与非系族集团上市公司相比，系族集团上市公司更普遍地采取分散债务融资模式，附属非上市子公司凭借系族集团和系族集团上市公司的规模和声誉优势对外独立债务融资，在一定程度上加重了系族集团上市公司目标资本结构偏离程度，在来源和期限异质性债务融资中均出现一定程度的超额债务融资情况。首先，来源异质性债务融资在债务融资可获得性、债务融资成本、债务融资弹性和债务融资治理效应等方面存在显著差异。邓路等（2017a；2017b）研究发现超额金融机构借款会导致管理者出于获取私利的动机而盲目扩张、过度投资，并加剧企业诉讼风险。因此，系族集团上市公司由于债务融资能力强、债务融资模式相对分散和相对复杂和严重的管理者代理问题所诱发的超额金融机构债务融资会进一步放大金融机构债务融资对系族集团上市公司企业绩效产生的负面影响。与之相比，商业信用融资不仅中国上市公司重要的债务融资渠道，还能够发挥比金融机构债务融资更为有力的债务融资治理效应（唐炳南等，2018）。商业伙伴间交易频繁，商业信用融资双方可以通过威胁切断未来合作来降低彼此违约的可能性（陈胜蓝和刘晓玲，2018）。已有研究证实，商业信用能够降低股东和管理者的自利动机，有效降低上市公司的非效率投资，推动强制更换业绩管理不善的管理者，改善上市公司的公司治理（杨勇等，2009；唐炳南等，2018）。同时，因为商业信用发挥的硬约束很少会受到来自政府的干预，商业信用的这种债务治理并不会受到产权性质的影响（周雪峰，2014）。此外，系族集团上市公司凭借集团声誉和规模优势及由此带来的议价优势能够显著提升商业信用债务融资水平，甚至形成一定程度的超额商业信用融资。陆正飞和杨德明（2011）针对中国上市公司超额商业信用实证研究表明，超额商业信用的存在主要是因为商业信用供给方具有信息优势，能清楚地了解、掌握企业的各方面信息，由于供应商了解客户信用良好，所以愿意为客户提供大量商业信用，这等同于向市场传递了一个利好信息，因此超额商业信用有利于提升企业价值。系族集团上市公司较强的商业信用融资能力及超额商业信用将进一步放大商业信用融资对系族集团上市公司企业业绩产生的正面影响。就债券融资来说，由于债券融资债权人较多且分散，在债务重组谈判中众多债权人之间的利益诉求存在差异导致协调成本高，特别是2015

年前中国债券市场存在"刚性兑付"的情况，因此债券融资债务重组谈判成本高、效率低，破产清算风险高，相应债务治理水平较强。

从期限异质性债务融资角度看，短期债务融资和长期债务融资亦在债务融资可获得性、债务融资成本、债务融资治理等方面存在显著差异。债务期限结构理论认为，缩短债务的有效期限能减缓企业内部人与外部投资者之间的利益冲突（肖作平，2011），短期债务融资由于偿还期限短，能够通过减少"资产替代"和过度投资问题的发生缓解股东和债权人之间的利益冲突（Stulz，2000），因此短期债务融资治理水平优于长期债务融资。此外，长期债务融资融资期限长，融资风险高，债权人提供长期债务融资的意愿较低。中国制度环境中长期债务融资存在较强的政府干预且缺乏完善的司法体系来保护债权人的利益，上市公司获取长期债务融资的难度较高，因此"短债常借"成为一种可能的替代机制（梅波，2012）。这导致中国上市公司在债务融资中显示出对短期贷款的"竞争型依赖"，即在有限的竞争中更依赖通过短期贷款争取发展优势（吴昊旻和王华，2009）。综上所述，我们提出如下假设：

假设1-1：在债务融资来源异质性方面，系族集团上市公司金融机构债务融资和债券融资对企业绩效产生负面影响，商业信用融资对企业绩效产生正面影响。

假设1-2：在债务融资期限异质性方面，系族集团上市公司短期债务融资对企业绩效产生正面影响，长期债务融资对企业绩效产生负面影响。

7.1.2 样本选择与研究设计

7.1.2.1 样本选择与数据来源

鉴于2005年证监会发布《关于上市公司股权分置改革试点有关问题的统计》以及2007年1月1日起上市公司实施新会计准则，综合考虑2005年前上市公司股权分置情况和2007年新会计准则实施对样本公司指标相关年度可比性的影响，以及2008年金融危机对我国系族集团上市公司债务融资产生的外部冲击[①]，本章以 2009～2017 年为样本观察期，选取沪深 A 股系族系族集团上市公司为研究样本，并在此基础上按照以下原则进行筛选：①由于上市公司财务报表统计差异，剔除金融行业样本公司；②剔除数据值显著异常的样本公司；③剔除数据缺失及无法获取相关数据的样本公司。为避免样本极端值的影响，本书对主要连续变量在 1% 和 99% 分位数水平上进行 Winsorize 缩尾处理。第一部分实证检验为 20630 个公司一年样本值，其中系族集团上市公司 5476 个公司一年样本值，非系族集团上市公司 15127 个公司一年样本值；第二部分根据系族集团上市公司微观层面企业特征进一步筛选统计，最终得到 5430 个系族集团上市公司公司一年观测值，其中国有系族集团上市公司 3895 个公司一年样本值，非国有系族集团上市公司 1535 个公司一年样本值。行业分类遵循证监会上市公司行业分类指引，其中制造业按二级行业代码分类，其余行业按照一级行业代码分类，相关数据来自于国泰安 CSMAR 数据库，数据处理和统计分析使用 Stata14.0 软件进行。

7.1.2.2 变量选取与定义

（1）企业绩效

衡量企业绩效的指标主要有净资产收益率和托宾 Q 值，由于我国证券市场还欠发达，上市公司的股票价格与公司价值偏离较大，并且部分非流通股的存在使得公司资产的重置价值难以准确估算，因此托宾 Q 值并不能很好地反映我国上市公司的经营业绩（郭泽光等，2015）。同时，净资产收益率作为传统财务基础理论杜邦分析的核心指标，是综合性最强的财务分析指标。朱宏泉等（2011）针对中国资本市场上市公司的研究发现，在预测上市公司未来的盈利能力时，净资产收益率作为传统的杜邦财务核心指标比改进的杜邦财务核心指标——经营净资产收益率更有效。因此，综合考虑指标的权威性和在中国资本市场中的适用性，本书借鉴郭泽光等（2015）相关

---

① 2008 年的金融危机对我国融资市场产生了强烈的冲击，研究发现从 2008 年第三季度开始，中国上市公司的 ROA 突然下降，从 2008 年第三季度的 0.84%，下降到 2008 年第四季度的 -0.45%，从 2009 年第二季度开始，上市公司的 ROA 有了明显回升（祝继高等，2012）。因此金融危机相关研究多以危机爆发的 2008 年为界展开实证检验（马永强和陈欢，2013）。

研究选择净资产收益率作为衡量公司绩效的指标。

（2）来源异质性债务融资

一般认为，中国企业的债务来源主要有三大类，分别是银行贷款、商业信用和企业债券（花中东等，2017）。其中，中国银行主导的金融体系使得银行贷款成为中国企业进行债务融资的主要渠道（Allen et al.，2005；刘行等，2017）。同时，已有研究表明商业信用是中国企业有效的债务融资渠道（孙浦阳等，2014），成为越来越多中国企业重要的短期融资来源（张新民等，2017）。此外，由于债券市场发展相对滞后，目前企业债券在中国企业债务融资中所占比重较小，但是考虑到2008年以来我国债券市场日渐活跃，及其在系族集团上市公司债务融资中占有一定比重的现实情况，借鉴胡建雄和茅宁（2015）、张志宏和仇莹（2017）的相关研究，按照系族集团上市公司债务融资的主要来源，将来源异质性债务融资划分为金融机构债务融资、商业信用债务融资和债券融资，并分别以其在系族集团上市公司总负债中的占比加以衡量。其中金融机构债务融资以金融机构借款率衡量，金融机构借款率＝（短期借款＋长期借款）/总负债，商业信用债务融资以商业信用率衡量，商业信用率＝（应付票据＋应付账款＋预收账款＋长期应付款）/总负债，债券融资以债券融资率衡量，债券融资率＝应付债券/总负债。

（3）期限异质性债务融资

有关债务期限结构的实证研究通常采用以下两种方法度量债务期限结构：一是资产负债表法（平衡表法），把债务期限定义为短期债务和长期债务占总债务的比重；二是增量法，把债务期限定义为债务工具发行的期限（肖作平，2011）。两种方法各具优势，且对实证检验结果影响差异微弱（Scherr and Hulburt，2001）。因此，综合考虑量化指标数据的可得性，借鉴黄小琳等（2015）、肖作平（2011）和孙铮等（2005）的研究方法，系族集团上市公司长期债务融资以长期负债/总负债衡量，系族集团上市公司短期债务融资以短期负债/总负债衡量。

（4）系族集团上市公司

根据蒋屏和于谦（2014）、马永强和陈欢（2013）、杨棉之等（2010）、肖星和王琨（2006）、克莱森（Claessens et al.，2000）等对系族集团相关研究文献的定义和判断标准，将系族集团上市公司定义为：如果两家或者更多上市公司，其实际控制人可以追溯到同一个经济主体，这些上市公司就构成一个系族，系族内的成员企业（上市公司）被定义为系族企业，其他企业则为非系族企业（上市公司）（马永强和陈欢，2013）[①]。在此基础上依据 CSMAR 国泰安数据库公司研究系列股东数据库中的上市公司实际控制人文件和股东控股关系链公告图，并利用计算机技术进行筛查和整理和人工复检。

（5）控制变量

为了有效控制系族集团上市公司内部资本市场及相关资源对考察变量间关系的影响，本章选取以下控制变量：①管理层持股。上市公司中由于两权分离存在较为普遍的委托代理问题，从委托代理理论出发通过管理层持股有助于降低管理层与股东之间的利益分歧，缓解委托代理问题。作为代理人的管理层通过持股能够分享剩余收益并共担企业风险，进而对其形成有效的激励约束治理机制（陈笑雪，2009）。已有基于中国制度背景的实证研究风险管理层持股能够对提升企业绩效产生正面影响（高雷和宋顺林，2007）。因此，本书将上市公司高管持股比作为控制变量纳入回归模型中。②两职合一。董事长是否兼任总经理是上市公司领导权安排的重要决策。无论是管家理论还是委托代理理论，都认为两职合一会对企业经营决策和行为产生一定影响（Dalton et al.，2007）。针对中国上市公司两职合一的研究发现中国上市公司存在较为普遍的两职合一现象，并影响着企业资源配置（姜付秀等，2016）。因此，本书将两职合一作为控制变量纳入回归模型中。③独立董事占比。独立董事占比是董事会独立性的体现，也是《公司法》完善上市公

---

① 这种定义和判断标准在中国系族企业研究中广泛应用。关于系族集团上市公司的另一种判断标准是在此基础上根据国家工商行政管理局《企业集团登记管理暂行规定》中对企业集团的定义判断实际控制人是否为企业集团。综合考虑之下选择第一种定义和判断标准主要是基于以下考虑：（1）国家工商行政管理局于 1998 年印发的上述文件，主要依据当时颁发实施的国有企业集团相关政策文件，没能客观反映 21 世纪以来通过资本市场运作形成的非国有系族集团现实状况及国资委成立后构建的国有系族集团情况。（2）根据 CSMAR 国泰安上市公司股东数据库中从上市公司年报中提取的股东控制关系链公告图发现，系族集团上市公司基本上为某某集团公司、某某（集团）公司或投资公司，反映中国资本市场中并未依照国家工商行政管理局规定在公司名称中使用集团字样，同时上述规定要求企业集团订立企业集团章程，而现实系族集团中并未订立相关集团章程，因此与现实出入较大。（3）使用第二类标准进行系族集团上市公司研究需要进一步结合国家统计局《中国大企业集团年度发展报告》，而国家统计局于 2012 年后停止相关数据统计，因此无法对 2012 年后系族集团上市公司展开研究，样本观察期极大受限，无法反映系族集团上市公司发展现状。

司治理的要求。理论认为独立董事能够发挥咨询和监督作用，进而在一定程度上改善企业绩效。郑志刚和吕秀华（2009）研究发现，在中国资本市场独立董事通过与其他治理机制的交互影响而间接发挥公司治理作用。因此本书将独立董事作为控制变量纳入回归模型中。④董事会规模。董事会规模是董事会功能有效性的关键因素（Coles et al.，2008）。部分学者认为董事会规模越大，利益相关方越分散，越有利于更好地发挥董事会咨询作用，也有学者认为董事会规模大会产生董事"搭便车"行为。基于中国实践的董事会规模发现其能够对企业绩效产生一定影响（杨忠诚和王宗军，2008；沈艺峰和张俊生，2002），因此本书将董事会规模作为控制变量纳入回归模型中。⑤股权制衡。股权结构作为股权治理的重要内容影响企业行为和绩效。基于中国股权制衡的研究发现，从治理成本与治理收益来看，制衡股东的持股比例越高，其参与对代理人行为的监管积极性就越高，制衡能力也越强，在提升公司绩效方面发挥的治理效应越强（李向荣，2018）。因此，本书将股权制衡作为控制变量纳入回归模型中。⑥公司规模。从资源基础论角度出发，公司规模是企业拥有和控制的企业资源的重要体现，也是影响企业绩效的基础性指标（陈丽蓉和韩彬，2015），因此本书将公司规模作为控制变量纳入回归模型中（见表7-1）。

表7-1 变量定义与指标选取

变量类型	变量类别	变量名称	变量符号	变量定义
考察变量	企业绩效	净资产收益率	ROE	净利润/股东权益余额
	来源异质性债务融资	金融机构债务融资率	ID	（短期借款＋长期借款)/总负债
		商业信用债务融资率	CD	（应付票据＋应付账款＋预收账款＋长期应付款)/总负债
		债券融资率	BD	应付债券/总负债
	期限异质性债务融资	短期债务融资率	SD	短期负债/总负债
		长期债务融资率	LD	长期负债/总负债
	系族集团上市公司	系族集团上市公司	Xizu	虚拟变量，是则为1，否则为0

续表

变量类型	变量类别	变量名称	变量符号	变量定义
控制变量	企业相关变量	高管持股	Hold	高管持股数/股本总数
		两职合一	Dual	董事长是否兼任总经理，是则为1，反之为0
		独立董事占比	Indep	独立董事人事/董事总人数
		董事会规模	Board	董事会董事人数
		股权制衡	Balance	第二大至第十大流通股股东持股比例之和
		公司规模	Size	总资产取对数
	行业变量	行业	Year	年份虚拟变量
	年份变量	年份	Ind	行业虚拟变量

7.1.2.3 模型设计

借鉴现有相关研究文献，分别设计如下模型以考察系族集团上市公司层面来源异质性债务融资选择（7-1）和期限异质性债务融资选择（7-2）对系族集团上市公司企业绩效的影响，考虑到企业绩效与债务融资之间可能存在的交互影响带来的内生性问题，借鉴钟凯等（2016）等相关文献研究方法，考察变量中自变量选取滞后一期数值进行回归分析。借鉴刘行等（2017）的模型表述方法[①]，式（7-1）和式（7-2）中"/"表示分别放置的自变量。

$$ROE_{i,t} = \alpha_0 + \alpha_1 ID_{i,t-1} \times Xizu_{i,t-1}/CD_{i,t-1} \times Xizu_{i,t-1}/BD_{i,t-1} \times Xizu_{i,t-1}$$

$$+ \alpha_2 Xizu_{i,t-1} + \alpha_3 ID_{i,t-1}/CD_{i,t-1}/BD_{i,t-1} + \sum Control$$

$$+ \sum Year + \sum Ind + \varepsilon \qquad (7-1)$$

$$ROE_{i,t} = \alpha_0 + \alpha_1 SD_{i,t-1} \times Xizu_{i,t-1}/LD_{i,t-1} \times Xizu_{i,t-1} + \alpha_2 Xizu_{i,t-1}$$

---

① 即基于面板数据的多元回归随机效应模型，等式左边为考察变量中的因变量（分别放置模型中的因变量以"/"隔开），等式右边为考察变量中的自变量、重要控制变量和扰动项。考虑到回归模型扰动项可能不是球型扰动项，故 OLS 不是最有效率的回归模型（陈强，2014），后面进一步采用系统 GMM 工具变量模型进行稳健性检验。

$$+ \alpha_3 SD_{i,t-1}/LD_{i,t-1} + \sum Control + \sum Year + \sum Ind + \varepsilon$$

$$(7-2)$$

7.1.3 实证检验与结果分析

7.1.3.1 描述性统计与相关性检验

表 7 – 2 是表提供了实证检验的主要变量相关描述性统计量，从表中可以看出，样本公司中系族集团上市公司占比超四成为 26.6%，与郑国坚等（2016）的统计结果基本一致，说明系族集团上市公司在我国资本市场中发挥着重要影响。从整体上看上市公司企业绩效水平不高，且净资产收益率最大值为 0.391，最小值为负，说明不同上市公司在企业绩效方面存在较大差异。在来源异质性债务融资方面，金融机构债务融资和商业信用债务融资是系族集团上市公司债务融资的主要构成，不同系族企业在金融机构债务融资和商业信用债务融资方面差异较大，在期限异质性债务融资方面，短期债务融资是系族集团上市公司债务融资的主要构成。此外，在相关控制变量方面，不同上市公司管理层持股情况和股权制衡差异悬殊，上市公司独立董事占比最小值为 0.333，说明我国上市公司在独立董事相关治理方面达到了《公司法》的相关要求。

表 7 – 2 主要变量描述性统计

	数量	平均数	中位数	标准差	最小值	最大值
ROE	20603	0.066	0.071	0.117	− 0.598	0.391
ID	20603	0.291	0.283	0.234	0.000	0.821
CD	20603	0.417	0.390	0.233	0.025	0.931
BD	20603	0.028	0.000	0.078	0.000	0.417
SD	20603	0.871	0.958	0.173	0.286	1.000
LD	20603	0.129	0.042	0.173	0.000	0.714
Hold	20603	0.100	0.000	0.178	0.000	0.672
Xizu	20603	0.266	0.000	0.442	0.000	1.000

续表

	数量	平均数	中位数	标准差	最小值	最大值
Dual	20603	0.256	0.000	0.436	0.000	1.000
Board	20603	8.714	9.000	1.714	5.000	15.000
Balance（%）	20603	22.756	21.392	13.361	2.008	55.661
Size	20603	21.967	21.799	1.288	19.371	25.940
Indep	20603	0.373	0.333	0.053	0.333	0.571

表7-3中是主要变量的相关性检验结果，从表中可知，是否属于系族集团上市公司与企业绩效之间存在显著的负相关关系，与郑国坚等（2016）针对中国系族集团上市公司的研究发现一致，说明系族集团上市公司企业绩效低于非系族集团上市公司。金融机构借款和长期借款与企业绩效值间呈现显著的负相关关系，商业信用融资与企业绩效之间存在显著的正相关关系，这与基于中国制度环境的上市公司融资治理效应基本一致。此外，控制变量之间不存在显著的多重共线性，模型变量选择较为合理。一般而言，面板数据回归能够有效缓解相关变量间的多种共线性问题，为了保证回归结果的稳健性，在相关性检验的基础上进一步进行了方差膨胀因子检验，结果表明自变量与控制变量间方差膨胀因子均值和最大值均（VIF）远低于10，上述变量间不存在严重的多重共线性问题（见表7-4）。

7.1.3.2 回归检验与结果分析

表7-5和表7-6是上市公司异质性债务融资与企业绩效之间相关关系的回归结果，结果表明来源异质性和期限异质性债务融资对企业绩效产生差异化影响，同时与是否属于系族集团上市公司存在显著的交互影响。具体而言，在来源异质性债务融资方面，金融机构债务融资与企业绩效之间在1%水平上存在显著的负相关关系，是否属于系族集团上市公司与企业绩效之间在1%水平上存在显著的负相关关系，两者之间的交乘项与企业绩效之间在1%水平上存在显著的负相关关系。这说明金融机构债务融资水平越高的上市公司企业绩效越差，系族集团上市公司较非系族集团上市公司企业绩效差，同时系族集团上市公司属性会进一步放大金融机构债务融资对企业绩效

表 7 – 3

主要变量相关性检验

变量	ID	CD	BD	SD	LD	HHI	Compet	Ret	FA	NCF	Divid	NDTS	Growth
CD	-0.672***												
BD	-0.014	-0.244***											
SD	-0.404***	0.538***	-0.433***										
LD	0.498***	-0.509***	0.464***	-0.923***									
HHI	-0.010	-0.029**	0.088***	-0.102***	0.109***								
Compet	0.012	-0.053***	0.089***	-0.183***	0.215***	0.074***							
Ret	-0.086***	0.074***	-0.064***	0.110***	-0.067***	0.086***	-0.136***						
FA	0.380***	-0.341***	0.063***	-0.342***	0.374***	-0.012	-0.076***	-0.023*					
NCF	-0.399***	0.343***	-0.078***	0.262***	-0.278***	0.011	0.070***	-0.109***	-0.417***				
Divid	-0.107***	0.123***	0.030**	0.038***	-0.055***	0.005	0.125***	-0.128***	-0.031**	0.127***			
NDTS	0.243***	-0.230***	-0.001	-0.154***	0.165***	0.039***	-0.163***	0.023*	0.798***	-0.331***	-0.019		
Growth	0.009	0.015	-0.026*	-0.008	0.013	-0.001	0.161***	0.009	-0.095***	0.009	-0.053***	-0.119***	
Invest	-0.028**	0.046***	0.008	-0.004	0.007	0.004	0.213***	-0.095***	-0.226***	0.227***	0.029**	-0.279***	0.245***

注：* 为显著性水平。* 表示 P <0.1，** 表示 P <0.05，*** 表示 P <0.01。

表 7 - 4　　　　　　　　　　　　回归方程方差膨胀因子检验

方差膨胀 因子均值	回归方程（1）	回归方程（2）	回归方程（3）	回归方程（4）	回归方程（5）
	1.29	1.30	1.30	1.33	1.35

的负面影响。商业信用融资与企业绩效之间在 1% 水平上存在显著的正相关关系，是否属于系族集团上市公司与商业信用融资之间的交乘项与企业绩效在 1% 水平上存在显著的正相关关系，这说明系族集团上市公司属性进一步放大了商业信用融资对企业绩效的正面影响。上市公司债券融资与企业绩效之间存在显著的负相关关系，但系族集团上市公司属性并未对其与企业绩效之间的相关关系产生影响。由此可见，前面提出的假设 1 - 1 得证。

在期限异质性债务融资方面，短期债务融资与企业绩效之间在 1% 水平上存在显著的正相关关系，且系族集团上市公司因素进一步加强了短期债务融资对其企业绩效产生的正面影响。而长期债务融资与企业绩效在 1% 水平上存在显著的负相关关系，且系族集团上市公司因素进一步加强了长期债务融资对其企业绩效产生的负面影响。这进一步印证了债务期限结构理论的理论认识，即缩短债务的有效期限能减缓企业内部人与外部投资者之间的利益冲突（肖作平，2011），短期债务融资由于偿还期限短，能够通过减少"资产替代"和过度投资问题的发生缓解股东和债权人之间的利益冲突（Stulz，2000），因此短期债务融资治理水平优于长期债务融资。进一步结合中国制度环境加以理解，由于长期债务融资存在较强的政府干预且缺乏完善的司法体系来保护债权人的利益，上市公司获取长期债务融资的难度较高，因此"短债常借"成为一种可能的替代机制（梅波，2012），这导致中国上市公司在债务融资中显示出对短期贷款的"竞争型依赖"，即在有限的竞争中更依赖通过短期贷款争取发展优势（吴昊旻和王华，2009）。由此可见，前面提出的假设 1 - 2 得证。

表7-5　　系族集团上市公司异质性债务融资选择对企业绩效的直接影响

变量	(1) ROE	(2) ROE	(3) ROE	(4) ROE	(5) ROE	(6) ROE
Xizu	-0.009*** (-3.438)					
ID		-0.072*** (-16.127)				
CD			0.057*** (11.984)			
BD				-0.048*** (-3.744)		
SD					0.051*** (7.713)	
LD						-0.051*** (-7.713)
Hold	0.031*** (4.483)	0.030*** (4.406)	0.026*** (3.752)	0.035*** (5.017)	0.033*** (4.798)	0.033*** (4.798)
Dual	0.001 (0.331)	0.002 (0.792)	0.001 (0.598)	0.002 (0.643)	0.001 (0.539)	0.001 (0.539)
Board	-0.001 (-0.849)	-0.001 (-1.023)	-0.001 (-0.875)	-0.001 (-1.026)	-0.001 (-1.119)	-0.001 (-1.119)
Indep	-0.014 (-0.631)	-0.013 (-0.607)	-0.006 (-0.268)	-0.013 (-0.621)	-0.014 (-0.637)	-0.014 (-0.637)
Balance	0.001*** (9.222)	0.001*** (8.920)	0.001*** (8.835)	0.001*** (9.360)	0.001*** (9.402)	0.001*** (9.402)
Size	0.009*** (9.152)	0.011*** (11.442)	0.010*** (9.570)	0.010*** (9.311)	0.011*** (10.804)	0.011*** (10.804)
_cons	-0.183*** (-7.372)	-0.196*** (-8.198)	-0.206*** (-8.405)	-0.190*** (-7.576)	-0.273*** (-9.922)	-0.221*** (-8.798)
Year	控制	控制	控制	控制	控制	控制
Ind	控制	控制	控制	控制	控制	控制

变量	(1)	(2)	(3)	(4)	(5)	(6)
	ROE	ROE	ROE	ROE	ROE	ROE
N	16697	16697	16697	16697	16697	16697
R^2	0.08	0.14	0.11	0.08	0.10	0.10
Chi^2	575.877***	850.257***	718.641***	576.746***	629.876***	629.876***

注：* 为显著性水平。* 表示 $P < 0.1$，** 表示 $P < 0.05$，*** 表示 $P < 0.01$。

表 7 – 6 系族集团上市公司异质性债务融资选择对企业绩效的交互影响

变量	(1)	(2)	(3)	(4)	(5)
	ROE	ROE	ROE	ROE	ROE
ID	−0.070*** (−14.164)				
Xizu	−0.012*** (−4.840)				
IDXizu①	−0.007*** (−3.024)				
CD		0.052*** (9.896)			
Xizu		−0.011*** (−4.534)			
CDXizu		0.007*** (3.245)			
BD			−0.061*** (−4.329)		
Xizu			−0.011*** (−4.476)		
BDXizu			−0.003 (−1.165)		

① IDXizu 为 ID 和变量 Xizu 的交乘项，后同。

变量	（1）	（2）	（3）	（4）	（5）
	ROE	ROE	ROE	ROE	ROE
SD				0. 054 *** （7. 306）	
Xizu				− 0. 010 *** （ − 4. 087）	
SDXizu				0. 007 *** （3. 139）	
LD					− 0. 054 *** （ − 7. 306）
Xizu					− 0. 010 *** （ − 4. 087）
LDXizu					− 0. 007 *** （ − 3. 139）
Hold	0. 043 *** （6. 068）	0. 040 *** （5. 521）	0. 049 *** （6. 789）	0. 048 *** （6. 662）	0. 048 *** （6. 662）
Dual	0. 003 （1. 397）	0. 003 （1. 287）	0. 003 （1. 301）	0. 003 （1. 169）	0. 003 （1. 169）
Board	− 0. 002 ** （ − 2. 136）	− 0. 002 ** （ − 2. 126）	− 0. 002 ** （ − 2. 291）	− 0. 002 ** （ − 2. 307）	− 0. 002 ** （ − 2. 307）
Indep	− 0. 061 *** （ − 2. 923）	− 0. 056 *** （ − 2. 654）	− 0. 064 *** （ − 3. 022）	− 0. 063 *** （ − 2. 967）	− 0. 063 *** （ − 2. 967）
Balance	0. 001 *** （9. 203）	0. 001 *** （9. 466）	0. 001 *** （9. 645）	0. 001 *** （9. 761）	0. 001 *** （9. 761）
Size	0. 019 *** （19. 899）	0. 018 *** （17. 973）	0. 018 *** （17. 813）	0. 020 *** （19. 433）	0. 020 *** （19. 433）
_cons	− 0. 346 *** （ − 14. 681）	− 0. 353 *** （ − 14. 671）	− 0. 348 *** （ − 14. 089）	− 0. 438 *** （ − 16. 226）	− 0. 384 *** （ − 15. 522）
Year	控制	控制	控制	控制	控制
Industry	控制	控制	控制	控制	控制

续表

变量	(1)	(2)	(3)	(4)	(5)
	ROE	ROE	ROE	ROE	ROE
N	16697	16697	16697	16697	16697
R^2	0.16	0.14	0.11	0.12	0.12
Chi^2	1188.910***	1023.731***	861.103***	952.038***	952.038***

注：＊为显著性水平。＊表示 $P<0.1$，＊＊表示 $P<0.05$，＊＊＊表示 $P<0.01$。

7.2　系族集团上市公司债务融资选择对企业绩效的集团传染效应

7.2.1　研究假设提出

根据前面基于系族集团上市公司层面的理论分析和实证研究发现，来源异质性债务融资和期限异质性债务融资对不同产权性质的系族集团上市公司企业绩效均产生了一定影响。然而，系族集团上市公司作为系族集团的战略构成是系族集团控制的众多成员上市公司中的一部分，在同一控股股东的共同控制下系族集团层面因素会进一步对系族集团上市公司异质性债务融资与企业业绩间的关系产生影响。总体而言，系族集团层面存在"声誉共享"和"风险共担"机制，一方面就"声誉共享"机制而言，"集团声誉"由集团中众多成员企业共享（Gopalan et al.，2007）。集团声誉作为一种非正式制度对成员上市公司的外部融资具有重要的影响，并且与金融市场、法制水平等正式制度存在互补关系[①]（潘红波和周颖，2018）。另一方面，集团的成员企业之间通过关联担保及重复担保的方式在扩大债务融资的同时也在共担风险。风险共担机制（co-insurance effect or risk sharing effect）认为，资

[①]　卡纳和亚菲（Khanna and Yafeh，2007）指出，从常理分析资本市场、法制建设和投资者保护不健全的新兴经济体中投资者意识到其利益可能受到侵害的情况下仍愿意继续投资的原因，我们发现更为合理的是集团声誉对小股东的公平交易是一个重要的考虑因素。

源在集团成员公司之间的再分配可以降低成员公司现金流波动，从而实现成员公司之间的风险共担（Khanna and Yafeh，2010），集团的风险共担运行机制降低了成员公司的违约风险，成员上市公司彼此间在发生财务困境时的救助是集团对债权人的一项重要可信承诺（credible commitment），进而有效提升了资金供给方提供资金的意愿（Byun et al.，2013）。韩鹏飞等（2018）基于中国企业集团债务融资的研究证实了关于集团"掏空"还是"救助"的争论背后是集团的风险共担机制，企业集团的风险共担机制替代了发达国家市场的部分有益功能，弥补了发展中国家的市场缺失，在降低企业债务融资成本发挥着积极作用。

从来源异质性债务融资角度看，由众多系族集团上市公司形成的系族集团规模庞大、组织复杂，金融机构通常基于对大型企业集团信用较高的先验判断，普遍认为集团客户规模大、偿债能力强，对集团客户经营风险、法律风险认识不足，迷信客户规模，把集团客户等同于优良客户（肖珉等，2011）。鉴于前面金融机构债务融资对企业绩效产生的负面影响和系族成员上市公司数量在提升金融机构债务融资方面的放大效应，可以推断系族集团上市公司凭借集团层面的声誉效应和风险共担效应获取更多的金融机构债务融资，且通过内部资本市场和商业往来分享资源，进一步加剧了金融机构债务融资对系族集团上市公司企业绩效的负面影响。对于商业信用融资而言，商业信用供给方具有信息优势，能清楚地了解、掌握企业的各方面信息，由于供应商了解客户信用良好，所以愿意为客户提供大量商业信用（陆正飞和杨德明，2011），因此商业信用供给方能够更准确地判断系族集团上市公司的集团声誉，这种判断作为一种信号也会传递给系族集团内其他上市公司的商业信用供给方，进而整体上强化系族集团上市公司商业信用融资的正面影响。对于债券融资而言，由于债券融资债权人较多且分散，在债务重组谈判中众多债权人之间的利益诉求存在差异导致协调成本高，特别是2015年前中国债券市场存在"刚性兑付"的情况，因此债券融资债务重组谈判成本高、效率低，破产清算风险高，相应债务治理水平较强，但是集团层面的风险共担机制在一定程度上能够缓解债券融资的破产清算风险，进而影响其治理效应的发挥。

从期限异质性债务融资角度看，由于短期债务融资偿还期限短，能够通过减少"资产替代"的发生缓解股东和债权人之间的利益冲突（Stulz，2000），因此债务治理水平较高。已有基于中国制度环境的理论研究表明，短期债务使用增多可以作为法律制度替代来缓解代理冲突，公司通过发行短期债务而频繁地向债权人提供有关公司经营管理方面的信息能够抑制大股东的利益侵占行为（王振山和王骁羿，2018）。短期债务融资的治理效应还体现在能够通过抑制过度投资以改善上市公司投资效率，进而提升企业价值（刘井建等，2017）。韩国文和赵刚（2016）进一步研究发现高质量会计信息和短期债务两者呈替代关系，短期债务占比高的公司会计信息质量对投资效率的影响小。此外，中国上市公司在债务融资中显示出对短期贷款的"竞争型依赖"，即在有限的竞争中更依赖通过短期贷款争取发展优势（吴昊旻和王华，2009）。从系族层面看，系族集团控制的系族成员上市公司之间形成的风险共担机制能够有效缓解短期债务融资的风险成本，有助于进一步发挥短期债务融资的治理效应。与此同时，根据前面关于系族集团上市公司期限异质性债务融资微观影响因素分析可知，系族集团控制的系族集团上市公司数量越多系族集团获取长期债务融资的比例越高，这无疑进一步放大了长期债务融资对企业绩效的负面影响。综上所述，我们提出如下假设：

假设 2 - 1：在债务融资来源异质性方面，系族集团上市公司间存在传染效应，表现为集团内其他成员上市公司金融机构债务融资对该系族集团上市公司企业绩效产生负面影响，系族内其他成员上市公司商业信用融资和债券融资对该企业业绩产生正面影响。

假设 2 - 2：在债务融资期限异质性方面，系族集团上市公司间存在传染效应，表现为集团内其他成员上市公司长期债务融资对该系族集团上市公司企业绩效产生负面影响，集团内其他成员上市公司短期债务融资对该系族集团上市公司企业绩效产生正面影响。

7.2.2　样本选择与研究设计

7.2.2.1　样本选择和数据来源

鉴于 2005 年中国证监会发布《关于上市公司股权分置改革试点有关问

题的统计》以及 2007 年 1 月 1 日起上市公司实施新会计准则，综合考虑
2005 年前上市公司股权分置情况和 2007 年新会计准则实施对样本公司指标
相关年度可比性的影响，以及 2008 年金融危机对我国系族集团上市公司债
务融资产生的外部冲击①，本章以 2009～2017 年为样本观察期，选取沪深
A 股系族集团上市公司为研究样本，并在此基础上按照以下原则进行筛
选：①由于上市公司财务报表统计差异，剔除金融行业样本公司；②剔除
数据值显著异常的样本公司；③剔除数据缺失及无法获取相关数据的样本公
司。为避免样本极端值的影响，本书对主要连续变量在 1% 和 99% 分位数水
平上进行 Winsorize 缩尾处理。第一部分实证检验为 20630 个公司一年样本
值，其中系族集团上市公司 5476 个公司一年样本值，非系族集团上市公司
15127 个公司一年样本值；第二部分根据系族集团上市公司微观层面企业特
征进一步筛选统计，最终得到 5430 个系族集团上市公司一年观测值，其
中国有系族集团上市公司 3895 个公司一年样本值，非国有系族集团上市
公司 1535 个公司一年样本值。行业分类遵循证监会上市公司行业分类指
引，其中制造业按二级行业代码分类，其余行业按照一级行业代码分类，
相关数据来自国泰安 CSMAR 数据库，数据处理和统计分析使用 Stata14.0
软件进行。

7.2.2.2　变量选取与定义

（1）企业绩效

衡量企业绩效的指标主要有净资产收益率和托宾 Q 值，由于我国证券
市场还欠发达，上市公司的股票价格与公司价值偏离较大，并且部分非流通
股的存在使得公司资产的重置价值难以准确估算，因此托宾 Q 值并不能很
好地反映我国上市公司的经营业绩（郭泽光等，2015）。同时，净资产收益
率作为传统财务基础理论杜邦分析的核心指标，是综合性最强的财务分析指
标。朱宏泉等（2011）针对中国资本市场上市公司的研究发现，在预测上

---

① 2008 年的金融危机对我国融资市场产生了强烈的冲击，研究发现从 2008 年第三季度开始，
中国上市公司的 ROA 突然下降，从 2008 年第三季度的 0.84%，下降到 2008 年第四季度的
−0.45%，从 2009 年第二季度开始，上市公司的 ROA 有了明显回升（祝继高等，2012）。因此金融
危机相关研究多以危机爆发的 2008 年为界展开实证检验（马永强和陈欢，2013）。

市公司未来的盈利能力时,净资产收益率作为传统的杜邦财务核心指标比改进的杜邦财务核心指标——经营净资产收益率更有效。因此,综合考虑指标的权威性和在中国资本市场中的适用性,本书借鉴郭泽光等(2015)相关研究选择净资产收益率作为衡量公司绩效的指标。

(2)来源异质性债务融资

一般认为,中国企业的债务来源主要有三大类:银行贷款、商业信用和企业债券(花中东等,2017)。其中,中国银行主导的金融体系使得银行贷款成为中国企业进行债务融资的主要渠道(Allen et al.,2005;刘行等,2017)。同时,已有研究表明商业信用是中国企业有效的债务融资渠道(孙浦阳等,2014),成为越来越多中国企业重要的短期融资来源(张新民等,2017)。此外,由于债券市场发展相对滞后,目前企业债券在中国企业债务融资中所占比重较小,但是考虑到 2008 年以来我国债券市场日渐活跃,及其在系族集团上市公司债务融资中占有一定比重的现实情况,借鉴胡建雄和茅宁(2015)、张志宏和仇莹(2017)的相关研究,按照系族集团上市公司债务融资的主要来源,将来源异质性债务融资划分为金融机构债务融资、商业信用债务融资和债券融资,并分别以其在系族集团上市公司总负债中的占比加以衡量。其中金融机构债务融资以金融机构借款率衡量,金融机构借款率=(短期借款+长期借款)/总负债,商业信用债务融资以商业信用率衡量,商业信用率=(应付票据+应付账款+预收账款+长期应付款)/总负债,债券融资以债券融资率衡量,债券融资率=应付债券/总负债。

(3)期限异质性债务融资

有关债务期限结构的实证研究通常采用以下两种方法度量债务期限结构:一是资产负债表法(平衡表法),把债务期限定义为短期债务和长期债务占总债务的比重;二是增量法,把债务期限定义为债务工具发行的期限(肖作平,2011)。两种方法各具优势,且对实证检验结果影响差异微弱(Scherr and Hulburt,2001)。因此,综合考虑量化指标数据的可得性,借鉴黄小琳等(2015)、肖作平(2011)和孙铮等(2005)的研究方法,系族集团上市公司短期债务融资以流动资产/总负债衡量,系族集团上市公司长期债务融资以长期负债/总负债衡量。

（4）系族集团层面异质性债务融资

在对上述来源异质性债务融资和期限异质性债务融资变量进行概念界定和指标量化的基础上，进一步选择系族集团层面异质性债务融资：在来源异质性债务融资方面，集团层面金融机构债务融资为系族集团内除该系族集团上市公司外其他上市公司平均金融机构借款率，集团层面商业信用融资为系族集团内除该系族集团上市公司外其他上市公司平均商业信用率，集团层面债务融资为系族集团内除该系族集团上市公司外其他上市公司平均商业信用率。在期限异质性债务融资方面，集团层面长期债务融资为系族集团内除该系族集团上市公司外其他上市公司平均长期债务融资率，集团层面短期债务融资为系族集团内除该系族集团上市公司外其他上市公司平均短期债务融资率。

（5）控制变量

为了有效控制系族集团上市公司内部资本市场及相关资源对考察变量间关系的影响，本章选取以下控制变量：①管理层持股。上市公司中由于两权分离存在较为普遍的委托代理问题，从委托代理理论出发通过管理层持股有助于降低管理层与股东之间的利益分歧，缓解委托代理问题。作为代理人的管理层通过持股能够分享剩余收益并共担企业风险，进而对其形成有效的激励约束治理机制（陈笑雪，2009）。已有基于中国制度背景的实证研究风险管理层持股能够对提升企业绩效产生正面影响（高雷和宋顺林，2007）。因此，本书将上市公司高管持股看作控制变量纳入回归模型中。②两职合一。董事长是否兼任总经理是上市公司领导权安排的重要决策。无论是管家理论还是委托代理理论，都认为两职合一会对企业经营决策和行为产生一定影响（Dalton et al.，2007）。针对中国上市公司两职合一的研究发现中国上市公司存在较为普遍的两职合一现象，并影响着企业资源配置（姜付秀等，2016）。因此，本书将两职合一作为控制变量纳入回归模型中。③独立董事占比。独立董事占比是董事会独立性的体现，也是《公司法》完善上市公司治理的要求。理论认为独立董事能够发挥咨询和监督作用，进而在一定程度上改善企业绩效。郑志刚和吕秀华（2009）研究发现，在中国资本市场独立董事通过与其他治理机制的交互影响而间接发挥公司治理作用。因此本书将独立董事作为控制变量纳入回归模型中。④董事会规模。董事会规模是董事会功能有效性的关键因素（Coles et al.，2008）。部分学者认为董事会规模越大，利益相关方越分散，越有利于更好地发挥董事会咨询作用，也有学者认为董事会规模大会产生董事"搭便车"行为。基于中国实践的董事会规模发现其能够对企业绩效产生一定影响（杨忠诚和王宗军，2008；沈艺峰和张俊生，2002），因此本书将董事会规模作为控制变量纳入回归模型中。⑤股权制衡。股权结构作为股权治理的重要内容影响企业行为和绩效。基于中国股权制衡的研究发现，从治理成本与治理收益来看，制衡股东的持股比例越高，其参与对代理人行为的监管积极性就越高，制衡能力也越强，在提升公司绩效方面发挥的治理效应越强（李向荣，2018）。因此，本书将股权制衡作为控制变量纳入回归模型中。⑥公司规模。从资源基础论角度出发，公司规模是企业拥有和控制的企业资源的重要体现，也是影响企业绩效的基础性指标（陈丽蓉和韩彬，2015），因此本书将公司规模作为控制变量纳入回归模型中（见表7-7）。

表7-7 变量定义与指标选取

变量类型	变量类别	变量名称	变量符号	变量定义
考察变量	企业绩效	净资产收益率	ROE	净利润/股东权益余额
	来源异质性债务融资	金融机构债务融资率	ID	（短期借款＋长期借款）/总负债
		商业信用债务融资率	CD	（应付票据＋应付账款＋预收账款＋长期应付款）/总负债
		债券融资率	BD	应付债券/总负债
	期限异质性债务融资	短期债务融资率	SD	短期负债/总负债
		长期债务融资率	LD	长期负债/总负债
	系族集团层面异质性债务融资	系族成员上市公司金融机构债务融资率	ID_g	系族集团内除该系族集团上市公司外其他上市公司平均金融机构借款率，非系族值为0
		系族成员上市公司商业信用债务融资率	CD_g	系族集团内除该系族集团上市公司外其他上市公司平均商业信用债务融资率，非系族值为0

续表

变量类型	变量类别	变量名称	变量符号	变量定义
考察变量	系族集团层面异质性债务融资	系族成员上市公司债券债务融资率	BD_g	系族集团内除该系族集团上市公司外其他上市公司平均债券融资率，非系族值为0
		系族成员上市公司短期债务融资率	SD_g	系族集团内除该系族集团上市公司外其他上市公司平均短期债务融资率，非系族值为0
		系族成员上市公司长期债务融资率	LD_g	系族集团内除该系族集团上市公司外其他上市公司平均长期债务融资率，非系族值为0
	系族集团上市公司	系族集团上市公司	Xizu	虚拟变量，是则为1，否则为0
控制变量	企业相关变量	高管持股	Hold	高管持股数/股本总数
		两职合一	Dual	董事长是否兼任总经理，是则为1，反之为0
		独立董事占比	Indep	独立董事人数/董事总人数
		董事会规模	Board	董事会董事人数
		股权制衡	Balance	第二大至第十大流通股股东持股比例之和
		公司规模	Size	总资产取对数
	行业变量	行业	Year	年份虚拟变量
	年份变量	年份	Ind	行业虚拟变量

7.2.2.3 模型设计

借鉴现有相关研究文献，分别设计如下模型以考察系族集团层面成员上市公司来源异质性债务融资选择式（7－3）和期限异质性债务融资选择式（7－4）对系族集团上市公司企业绩效的影响。考虑到企业绩效与债务融资之间可能存在的交互影响带来内生性问题，借鉴钟凯等（2016）相关文献研究方法，考察变量中自变量选取滞后一期数值进行回归分析。借鉴刘行等（2017）的模型表述方法①，式（7-3）和式（7-4）中"/"表示分别放置的自变量。

$$ROE_{i,t} = \alpha_0 + \alpha_1 ID\_g/CD\_g/BD\_g + \alpha_2 Xizu_{i,t-1} + \alpha_3 ID_{i,t-1}/CD_{i,t-1}/BD_{i,t-1}$$
$$+ \alpha_4 ID_{i,t-1} \times Xizu_{i,t-1}/CD_{i,t-1} \times Xizu_{i,t-1}/BD_{i,t-1} \times Xizu_{i,t-1}$$
$$+ \sum Control + \sum Year + \sum Ind + \varepsilon \qquad (7-3)$$

$$ROE_{i,t} = \alpha_0 + \alpha_1 SD\_g/LD\_g + \alpha_2 Xizu_{i,t-1} + \alpha_3 ID_{i,t-1}/CD_{i,t-1}/BD_{i,t-1}$$
$$+ \alpha_4 ID_{i,t-1} \times Xizu_{i,t-1}/CD_{i,t-1} \times Xizu_{i,t-1}/BD_{i,t-1} \times Xizu_{i,t-1}$$
$$+ \sum Control + \sum Year + \sum Ind + \varepsilon \qquad (7-4)$$

7.2.3 实证检验与结果分析

7.2.3.1 描述性统计与相关性检验

表7-8提供了实证检验的主要变量相关描述性统计量，从表中可以看出，样本公司中系族集团上市公司占比超四成为26.6%，与郑国坚等（2016）的统计结果基本一致，说明系族集团上市公司在我国资本市场中发挥着重要影响。从整体上看上市公司企业绩效水平不高，且净资产收益率最大值为0.391，最小值为负，说明不同上市公司在企业绩效方面存在较大差异。在来源异质性债务融资方面，金融机构债务融资和商业信用债务融资是系族集团上市公司债务融资的主要构成，不同系族企业在金融机构债务融资和商业信用债务融资方面差异较大，在期限异质性债务融资方面，短期债务融资是系族集团上市公司债务融资的主要构成。但是通过极值比较发现，集团层面异质性债务融资的极值与系族集团上市公司异质性债务融资的极值相比较低。此外，在相关控制变量方面，不同上市公司管理层持股情况和股权制衡差异悬殊，上市公司独立董事占比最小值为0.333，说明我国上市公司在独立董事相关治理方面达到了《公司法》的相关要求。

---

① 即基于面板数据的多元回归随机效应模型，等式左边为考察变量中的因变量（分别放置模型中的因变量以"/"隔开），等式右边为考察变量中的自变量、重要控制变量和扰动项。考虑到回归模型扰动项可能不是球型扰动项，故 OLS 不是最有效率的回归模型（陈强，2014），后文进一步采用系统 GMM 工具变量模型进行稳健性检验。

表 7 - 8 　　　　　　　　　主要变量描述性统计

变量	数量	平均数	中位数	标准差	最小值	最大值
ROE	20603	0.066	0.071	0.117	-0.598	0.391
ID	20603	0.291	0.283	0.234	0.000	0.821
CD	20603	0.417	0.390	0.233	0.025	0.931
BD	20603	0.028	0.000	0.078	0.000	0.417
SD	20603	0.871	0.958	0.173	0.286	1.000
LD	20603	0.129	0.042	0.173	0.000	0.714
ID_g	20603	0.085	0.000	0.172	0.000	0.696
CD_g	20603	0.100	0.000	0.195	0.000	0.759
BD_g	20603	0.009	0.000	0.034	0.000	0.208
SD_g	20603	0.205	0.000	0.354	0.000	0.994
LD_g	20603	0.048	0.000	0.118	0.000	0.578
Hold	20603	0.100	0.000	0.178	0.000	0.672
Xizu	20603	0.266	0.000	0.442	0.000	1.000
Dual	20603	0.256	0.000	0.436	0.000	1.000
Board	20603	8.714	9.000	1.714	5.000	15.000
Balance	20603	22.756	21.392	13.361	2.008	55.661
Size	20603	21.967	21.799	1.288	19.371	25.940
Indep	20603	0.373	0.333	0.053	0.333	0.571

　　表 7 - 9 中是主要变量的相关性检验结果，从表中可知，除债券融资外，系族集团层面异质性债务融资与系族集团上市公司企业绩效之间存在显著的相关关系。由于在该指标设计时，非系族集团上市公司该值取零，导致系族层面异质性债务融资与是否系族集团上市公司之间存在显著的相关关系，导致系族集团短期债务融资与系族集团上市公司企业绩效的回归模型可能存在一定的共线性问题。为了应对上述问题，首先，采取面板数据回归能够有效缓解相关变量间的多种共线性问题，为了保证回归结果的稳健性，在相关性检验的基础上进一步进行了方差膨胀因子检验，结果表明自变量与控制变量间方差膨胀因子均值和最大值均（VIF）远低于 10，上述变量间不存在严重的多重共线性问题。此外，在进一步检验中只针对不同产权性质的系族集团上市公司展开研究，消除了上述问题可能产生的影响（见表 7 - 10、表 7 - 11）。

表 7 - 9

主要变量相关性检验

变量	ROE	ID_g	CD_g	BD_g	SD_g	LD_g	Xizu	ID	CD	BD	SD	LD	Hold	Dual	Board	Indep	Balance
ID_g	-0.051***	1															
CD_g	-0.0100	0.479***	1														
BD_g	-0.037***	0.335***	0.223***	1													
SD_g	-0.025***	0.711***	0.897***	0.288***	1												
LD_g	-0.049***	0.728***	0.319***	0.627***	0.431***	1											
Xizu	-0.040***	0.783***	0.822***	0.433***	0.924***	0.652***	1										
ID	-0.152***	0.085***	-0.013*	0.025***	0.017***	0.082***	0.037***	1									
CD	0.119***	-0.069***	0.035***	-0.043***	-0.00700	-0.086***	-0.023***	-0.644***	1								
BD	0.00400	0.020***	-0.00700	0.042***	0.00800	0.034***	0.014***	-0.021***	-0.247***	1							
SD	0.036***	-0.113***	-0.012*	-0.080***	-0.050***	-0.147***	-0.092***	-0.305***	0.495***	-0.480***	1						
LD	-0.035***	0.126***	0.016***	0.076***	0.055***	0.156***	0.097***	0.411***	-0.472***	0.529***	-0.908***	1					
Hold	0.069***	-0.204***	-0.203***	-0.132***	-0.229***	-0.184***	-0.267***	-0.164***	0.221***	-0.101***	0.188***	-0.221***	1				
Dual	0.022***	-0.136***	-0.129***	-0.098***	-0.143***	-0.132***	-0.178***	-0.062***	0.081***	-0.058***	0.119***	-0.133***	0.259***	1			
Board	0.023***	0.125***	0.088***	0.066***	0.102***	0.116***	0.144***	0.097***	-0.073***	0.077***	-0.128***	0.151***	-0.185***	-0.175***	1		
Indep	-0.016*	-0.030***	-0.048***	-0.020***	-0.046***	-0.029***	-0.059***	-0.00700	-0.014***	-0.00200	0.00300	-0.00400	0.073***	0.098***	-0.455***	1	
Balance	0.116***	-0.119***	-0.138***	-0.062***	-0.150***	-0.092***	-0.166***	-0.123***	0.135***	-0.054***	0.080***	-0.108***	0.393***	0.130***	-0.023***	-0.00900	1
Size	0.102***	0.191***	0.161***	0.136***	0.192***	0.196***	0.236***	0.188***	-0.153***	0.312***	-0.353***	0.421***	-0.311***	-0.179***	0.274***	0.019***	-0.113***

注：* 为显著性水平。* 表示 $P<0.1$，** 表示 $P<0.05$，*** 表示 $P<0.01$。

表 7 – 10 回归模型方差膨胀因子检验

方差膨胀因子均值	回归方程（1）	回归方程（2）	回归方程（3）	回归方程（4）	回归方程（5）
	1.59	1.72	1.31	2.53	1.48

表 7 – 11 短期债务融资回归模型方差膨胀因子检验

变量	Xizu	SD_g	SD	Cross	Board	Hold	Size	Indep	Balance	Dual
VIF	7.40	7.06	1.59	1.49	1.43	1.40	1.36	1.30	1.20	1.12

7.2.3.2 回归检验与结果分析

表 7 – 12 是系族集团层面异质性债务融资对系族集团上市公司企业绩效影响的回归结果，结果表明系族层面来源异质性和期限异质性债务融资对系族集团上市公司企业绩效产生显著影响。具体而言，从来源异质性债务融资与企业绩效间的相关关系可以发现，系族集团内其他系族集团上市公司金融机构债务融资率与系族集团上市公司企业绩效之间在1%水平上存在显著的负相关关系。系族集团内其他系族集团上市公司商业信用债务融资率与系族集团上市公司企业绩效之间在1%水平上存在显著的正相关关系。系族集团内其他系族集团上市公司债券融资率与系族集团上市公司企业绩效之间不存在显著的相关关系。这说明系族集团提升的系族层面金融机构债务融资水平和商业信用债务融资水平进一步放大了系族集团上市公司金融机构债务融资和商业信用债务融资对其企业绩效的相关影响，假设2 – 1基本得到证实。从期限异质性债务融资方面来看，系族集团内其他系族集团上市公司短期债务融资与系族集团上市公司企业绩效之间在1%水平上存在显著的正相关关系，系族集团内其他系族集团上市公司长期债务融资与系族集团上市公司企业绩效之间在1%水平上存在显著的正相关关系，说明系族集团内其他成员上市公司的短期借款对系族集团上市公司企业绩效产生了正面促进作用，而长期债务融资则对其产生了负面影响，与前面理论分析一致，假设2 – 2得到证实。由此可见，系族层面异质性债务融资对系族集团上市公司企业绩效存在传染效应。

表 7 – 12 系族集团层面异质性债务融资对系族集团
上市公司企业绩效的影响

变量	(1) ROE	(2) ROE	(3) ROE	(4) ROE	(5) ROE
ID_g	−0.034 *** (−3.535)				
ID	−0.071 *** (−14.246)				
Xizu	−0.001 (−0.265)				
IDXizu	−0.005 ** (−2.461)				
CD_g		0.026 *** (2.643)			
CD		0.052 *** (9.960)			
Xizu		−0.021 *** (−4.705)			
CDXizu		0.006 *** (2.745)			
BD_g			−0.041 (−1.313)		
BD			−0.062 *** (−4.354)		
Xizu			−0.010 *** (−3.620)		
BDXizu			−0.002 (−1.051)		
SD_g				0.029 *** (2.788)	

变量	（1）	（2）	（3）	（4）	（5）
	ROE	ROE	ROE	ROE	ROE
SD				0.055 *** (7.378)	
Xizu				-0.033 *** (-3.864)	
SDXizu				0.006 *** (2.612)	
LD_g					-0.036 *** (-3.102)
LD					-0.055 *** (-7.402)
Xizu					-0.004 (-1.310)
LDXizu					-0.005 ** (-2.516)
Hold	0.043 *** (6.115)	0.040 *** (5.551)	0.049 *** (6.774)	0.048 *** (6.658)	0.048 *** (6.655)
Dual	0.003 (1.423)	0.003 (1.316)	0.003 (1.285)	0.003 (1.175)	0.003 (1.157)
Board	-0.001 ** (-2.010)	-0.002 ** (-2.103)	-0.002 ** (-2.273)	-0.002 ** (-2.260)	-0.002 ** (-2.238)
Indep	-0.059 *** (-2.827)	-0.056 *** (-2.643)	-0.064 *** (-3.023)	-0.063 *** (-2.975)	-0.063 *** (-2.958)
Balance	0.001 *** (9.278)	0.001 *** (9.526)	0.001 *** (9.656)	0.001 *** (9.822)	0.001 *** (9.837)
Size	0.019 *** (19.945)	0.018 *** (18.032)	0.018 *** (17.822)	0.020 *** (19.429)	0.020 *** (19.447)
_cons	-0.348 *** (-14.818)	-0.355 *** (-14.746)	-0.348 *** (-14.097)	-0.438 *** (-16.245)	-0.384 *** (-15.548)

续表

变量	（1）	（2）	（3）	（4）	（5）
	ROE	ROE	ROE	ROE	ROE
Year	控制	控制	控制	控制	控制
Ind	控制	控制	控制	控制	控制
N	16697	16697	16697	16697	16697
R^2	0.17	0.14	0.11	0.13	0.13
Chi^2	1205.304	1032.959	863.244	961.155	963.207

注：＊为显著性水平。＊表示 $P<0.1$，＊＊表示 $P<0.05$，＊＊＊表示 $P<0.01$。

8

研究结论、对策建议与展望

8.1 研究结论

本书在控制集团内部资本市场影响下聚焦系族集团上市公司外部债务融资，在厘清和界定系族集团上市公司及债务异质性相关概念的基础上，系统描述了系族集团上市公司及其债务融资的发展现状，并在债务异质性视角下遵循"结构—行为—绩效"的研究方法，对系族集团上市公司债务融资选择的影响因素及经济后果进行了理论层面的整合分析，进而此为逻辑架构和理论基础展开多层级的实证研究。实证研究部分综合考虑中国资本市场发展、会计准则体系变迁和金融危机外部冲击等因素的影响，选取 2009~2017 年为样本观测期，并以中国沪深 A 股上市公司及其中的系族集团上市公司为研究样本，按照债务异质性视角下"系族集团上市公司债务融资选择的影响因素→系族集团上市公司异质性债务融资选择→系族集团上市公司债务融资选择的经济后果"逻辑主线渐次展开，综合运用聚类分析法、单变量比较分析法、描述性统计分析法和多元线性回归分析法等多种实证研究方法从微观、中观和宏观层面系统检验了系族集团上市公司债务融资选择的影响因素，并进一步从系族集团上市公司个体层面与系族集团层面着手考察了系族集团上市公司债务融资选择的经济后果。主要研究结论如下。

第一，微观层面系族集团上市公司企业特征是影响系族集团上市公司债务融资选择的重要因素。与非系族集团上市公司相比，系族集团上市公司债务融资水平更高，更倾向于采取分散债务融资模式，债务融资在子公司中分布比例更高，超额债务融资程度更高。随着系族集团内系族集团上市公司数量不断增加和股权结构日渐复杂，在规模效应、声誉效应和金字塔结构的融资杠杆效应共同作用下系族集团上市公司的债务融资水平将得到显著提升，主要体现在来源异质性债务融资中的金融机构债务融资和债券融资，以及期限异质性债务融资中的长期债务融资方面。同时，加强人事安排管控有助于提升商业信用债务融资能力。实证结果表明，在非国有系族集团上市公司中，其所属系族集团成员上市公司数量与金融机构债务融资率和债券融资率显著正相关，与长期债务融资率显著正相关；股权结构两权分离程度与金融机构债务融资率显著正相关，与商业信用融资率显著负相关，与长期债务融资率显著正相关；纵向高管兼任与商业信用融资率显著正相关，与金融机构债务融资显著负相关。在国有系族集团上市公司中，其所属系族集团成员上市公司数量与商业信用融资率显著正相关，纵向高管兼任与债券融资率显著正相关，与长期债务融资率显著正相关。股权结构两权分离度与来源异质性和期限异质性债务融资均不相关。

第二，从中观层面看系族集团上市公司所处行业产品市场竞争程度是影响系族集团上市公司债务融资选择的重要因素。行业产品市场竞争产生的专用性成本效应和破产威胁效应在系族集团上市公司来源异质性和期限异质性债务融资选择中发挥着重要作用。激烈的行业产品市场竞争迫使系族集团上市公司选择专用性成本和破产威胁更低的债务融资方式。同时，不同产权性质系族集团上市公司所处行业竞争程度的结构性差异导致上述影响在所处行业竞争较为激烈的非国有系族集团上市公司中更为显著。系族集团多元化经营并未显著改变上述结果及其在不同产权性质中的差异化现象，这主要是因为不同产权性质系族集团在多元化经营中仍面临行业和市场准入限制，制约了不同产权性质系族集团上市公司在不同行业层面的流动，系族集团多元化经营无法有效打破行业壁垒。实证结果表明，非国有系族集团上市公司所处行业竞争激烈程度与金融机构债务融资率显著正相关，与债券融资率显著负相关，与长期债务融资率显著负相关；国有系族集团上市公司所处行业竞争程度与来源异质性和期限异质性债务融资均不相关。考虑系族集团多元化经营因素后，上述实证结果未发生显著变化。

第三，从宏观层面看系族集团上市公司所处地区市场化程度是影响系族集团上市公司债务融资选择的重要因素。地区市场化改革通过影响融资渠道、地区社会信任水平和资源配置的市场力量在系族集团上市公司来源异质性和期限异质性债务融资选择方面发挥重要作用。市场化程度高的地区为系族集团上市公司提供了更加多元的融资渠道、便于建立更好的商业信用关系并强化市场因素在其债务融资选择中的影响。不同产权性质系族集团上市公司分布的地区差异及信贷资源配置的政府干预导致上述影响产生一定差异。此外，系族集团的跨地域经营对上述两者间关系产生了一定影响，主要体现在国有系族集团上市公司中地区市场化程度的影响被明显削弱，这主要是因为国有资产监管部门在构建国有系族集团中主要出于产业整合目的，并未重点关注系族集团上市公司所处地区市场化程度。实证结果表明，非国有上市公司所处地区市场化程度与金融机构债务融资率显著负相关，与商业信用融资率显著正相关，与短期债务融资率显著正相关；国有系族集团上市公司所处地区市场化程度与金融机构债务融资率显著负相关，与债券融资率显著正相关，与短期债务融资率显著正相关。考虑系族集团跨地域经营因素后，国有系族集团上市公司中地区市场化程度对金融机构债务融资率的影响被削弱，而非国有系族集团上市公司上述结果未发生显著变化。

第四，从系族集团上市公司债务融资选择的经济后果看，系族集团上市公司异质性债务融资对其企业绩效产生显著影响。系族集团上市公司的企业绩效不仅是上市公司自身发展最为直观和生动的体现，也是外界评判系族集团价值的重要依据。由于来源异质性和期限异质性的债务融资在债务融资可获得性、债务融资成本、债务融资治理等方面存在差异，因此会对系族集团上市公司企业绩效产生差异化影响。同时，由于政府干预和预算软约束，不同产权性质的系族集团上市公司面临的金融供给水平不同，而这会进一步对系族集团上市公司异质性债务融资选择与企业绩效间的关系产生影响。实证结果表明，系族集团上市公司企业绩效显著低于非系族集团上市公司企业绩效，从来源异质性债务融资来看，金融机构债务融资率和债券融资率与企业绩效显著负相关，商业信用融资率与企业绩效显著正相关；从期限异质性债务融资来看，长期债务融资与企业绩效之间显著负相关，短期债务融资与企业绩效之间显著正相关。

第五，进一步从系族集团层面考察系族集团上市公司债务融资选择的经济后果，系族集团中由集团众多成员企业共享集团声誉作为一种非正式制度对成员上市公司的外部融资具有重要的影响。同时，资源在集团成员公司之间的再分配能够降低成员公司现金流波动，从而实现成员公司之间的风险共担。在系族集团层面存在"声誉共享"和"风险共担"机制的共同作用下，系族集团成员上市公司债务融资选择对系族集团上市公司企业绩效产生传染效应。同时，国有系族集团上市公司和非国有系族集团上市公司在政府干预、实际控制人管控和构建动机等方面存在显著差异，并会通过作用于上述"声誉共享"和"风险共担"机制，进而导致系族层面融资选择行为对系族集团上市公司企业绩效产生差异化影响。实证结果表明，系族集团成员上市公司金融机构债务融资率与系族集团上市公司企业绩效显著负相关，系族集团成员上市公司商业信用融资率与系族集团上市公司企业绩效显著正相关；系族集团成员上市公司短期债务融资率与系族集团上市公司企业绩效显著正相关，系族集团成员上市公司长期债务融资率与系族集团上市公司企业绩效显著负相关。

8.2　研究启示及对策建议

8.2.1　强化系族集团债务融资管理，培育打造优质系族集团上市公司

2018 年国务院印发的《关于加强国有企业资产负债约束的指导意见》中明确要求，"强化国有企业集团公司对所属子企业资产负债约束"，"减少母子企业、子企业与子企业之间的风险传染"。由此可见，如何有效提升系族集团上市公司企业业绩，降低系族集团及其上市公司风险传染具有重要的现实意义。对此，我们根据上述研究结论从系族集团上市公司异质性债务融

资角度提出了具有一定针对性的对策建议。

1. 统筹兼顾，强化系族集团债务融资管理

系族集团拥有数量众多的企业，除了具有重要战略地位的上市公司外，还存在数量可观的非上市公司。本书研究发现，系族集团上市公司规模庞大、结构复杂，债务融资管理难度大、成本高，因而普遍采用相对分散的债务融资模式。在分散债务融资模式下，系族集团上市公司控制的非上市子公司凭借系族集团及上市公司形成规模效应和声誉效应对外进行债务融资，这在一定程度上加剧了系族集团上市公司的超额债务融资问题，特别是超额金融机构债务融资。进一步结合异质性债务融资对系族集团上市公司企业业绩的影响发现，金融机构债务融资和债券融资对系族集团上市公司的企业业绩产生了负面影响。

因此，系族集团及其上市公司应重点关注异质性债务融资对系族集团上市公司企业业绩的影响，加强系族集团债务融资管理，构建战略目标清晰、层级权责明确、统一规范管理的系族集团债务融资管理体制，从系族集团内部成员企业和系族集团与外部债权人两个层面明确集团内多元主体在债务融资中的权、责、利关系，加强系族集团及上市公司债务融资行为的内部评估机制和监管力度。同时，在统筹兼顾各子公司和系族集团上市公司实际发展水平及其债务融资需求的基础上实施相对集中、统一管理的债务融资管理模式，强化母公司财权和对子企业的资产负债约束，从系族集团和系族集团上市公司两个层面优化系族集团上市公司债务融资结构，更好地发挥债务融资对企业生产经营的正面促进作用。

2. 防微杜渐，完善系族集团财务风险管控

在中国资本市场中系族集团控制的众多系族集团上市公司受集团层面的战略协调彼此间存在密切的商业合作和往来，共担集团风险，共享集团声誉，因而存在普遍的风险传染和业绩传染，呈现出"一荣俱荣、一损俱损"的典型现象。本书研究结果表明，异质性债务融资对系族集团上市公司企业业绩的影响中存在显著的溢出效应，系族集团内其他系族集团上市公司异质性债务融资除了影响其自身业绩外还对该系族集团上市公司企业业绩产生了正面或负面影响，形成了一定程度的业绩传染。

因此，系族集团上市公司异质性债务融资是影响系族集团上市公司企业

业绩及风险防范的重要因素，系族集团上市公司应综合考虑系族集团内上市公司之间和上市公司与非上市公司之间存在的风险传染和业绩传染情况。加强系族集团及系族集团上市公司内部控制规范体系建设，针对系族集团普遍存在的跨地区经营和多元化经营等实际情况，明确系族集团及其上市公司异质性债务融资的关键风险点并着重对异质性债务融资相关的风险点进行流程设计和重点管控，有效防范、识别、评估和处置系族集团和系族集团上市公司两个层级的债务融资风险及由此给企业生产经营带来的负面影响。同时，结合系族集团及其上市公司内部控制规范体系建设，积极构建系族集团财务共享服务平台，从业务和风险两方面实施财务流程再造，对系族集团内多元化主体债务融资行为及其相关财务风险实施信息共享和动态监控，利用财务共享及相关信息技术建立集团集成网络财务系统和内部债务融资风险预警和报告制度，完善系族集团及其上市公司财务风险管控。

3. 强本固基，打造优质系族集团上市公司

系族集团上市公司作为系族集团控股股东的重要战略工具，其债务融资行为无疑深受系族集团控股股东的战略意图影响。本书研究发现，系族集团上市公司所属企业集团的组织数量极其复杂的金字塔股权结构能有效提升其金融机构债务融资和债券融资能力，且这一情况在非国有系族集团上市公司中尤为明显。在中国金融抑制与信贷歧视普遍存在的制度背景下以及国有商业银行主导的金融环境中，非国有系族集团上市公司通过控制系族集团上市公司构建系族集团缓解融资需求的动机可以理解，但是一味地追求规模庞大的债务融资而忽视其中的风险及对企业业绩的影响无异于饮鸩止渴。高额债务融资支撑下的系族集团帝国极容易在短视行为下触发债务融资风险的多米诺骨牌效应，最终导致系族集团上市公司和系族集团的全面溃败。"德隆系""格林柯尔系""张海系"所代表的"初期发展—快速扩张—快速的短期资金融通—再扩张—资金链条紧张—危机—溃败"的路线成为中国非国有系族集团的"金融之殇"（巴曙松，2005），不仅断送了企业自身的未来发展，还破坏了资本市场经济生态。

"风物长宜放眼量"，应以系族集团及其上市公司中长期发展战略为基点强化系族集团全面预算管理，优化集团全面预算管理组织体系设计，结合系族集团上市公司的实际情况科学制定并有效实施集团全面预算管理，强化

对其事中、事前、事后的动态考核与全程管控。同时，系族集团及其上市公司控股股东在部署债务融资债务决策时应眼光长远，审慎合理决策。以系族集团上市公司可持续发展为最终目标，组织成立系族集团层级和系族集团上市公司层级战略发展委员会，结合系族集团及上市公司的自身发展需求和外部环境情况，拟定中长期发展战略目标并明确债务融资战略在实现发展战略目标中的定位和作用，提升债务融资战略对系族集团及其上市公司可持续发展的支持力度，培育可持续发展的系族集团，打造优质系族集团上市公司。

8.2.2 全面聚焦供给侧结构性改革，积极稳妥推进结构性去杠杆

党的十八大以来，中国经济发展步入新常态，社会经济开始由高速度增长迈向高质量增长，并呈现出速度变化、结构优化和动力转换的崭新特点。为了更好地"适应新常态、把握新常态、引领新常态"，习近平总书记在2022年4月召开的中央财经领导小组第十一次会议上首次提出，"着力加强供给侧结构性改革，着力提高供给体系质量和效率，增强经济持续增长动力，推动我国社会生产力水平实现整体跃升"。此后以"三去一降一补"为重点任务的供给侧结构性改革全面推进，其中"去杠杆"任务尤为突出，2016年10月国务院印发《关于积极稳妥降低企业杠杆率的意见》，2018年8月发展改革委、中国人民银行、财政部、银保监会、国资委五部委联合印发《2018年降低企业杠杆率工作要点》，2018年9月中共中央办公厅、国务院办公厅印发《关于加强国有企业资产负债约束的指导意见》。2019年7月，发展改革委、中国人民银行、财政部、银保监会四部委联合印发《2019年降低企业杠杆率工作要点》。密集实施的决策部署和集中印发的政策文件不仅彰显了去杠杆任务在当前供给侧结构性改革中的重要地位，也引起了理论界与实务界的广泛关注与讨论。对此，我们根据上述研究结论提出了具有一定实践价值和现实意义的政策参考。

1. 有的放矢，聚焦系族集团上市公司降杠杆

系族集团上市公司是隶属于系族集团的重要战略组成部分，国有系族集团上市公司背后大多是大中型国有系族集团，在国民经济发展中发挥着举足

轻重的作用，而非国有系族集团上市公司背后则是控股股东搭建的庞大"私人企业帝国"，作为非国有经济发展的龙头在资本市场中占据重要地位。特别是近年来伴随着资本市场的发展，并购重组持续回暖，系族集团上市公司呈现出逐年递增的发展态势。本书研究发现，与非系族集团上市公司相比，系族集团上市公司在规模效应、集团声誉、分散债务融资模式等因素的共同作用下杠杆率更高，且存在更为突出的超额债务融资问题，这不仅加剧了债务融资结构中金融机构债务融资和债券融资对系族集团上市公司企业业绩的负面影响，还通过系族集团风险传染和业绩传染渠道在整个系族集团控制的上市公司间产生了显著的负面溢出效应。

因此，在当前推进结构性去杠杆过程中，政府应给予资本市场中系族集团上市公司债务融资问题，特别是国有系族集团上市公司债务融资问题以足够的重视，关注大型系族集团控制的非上市公司债务约束，通过积极稳妥推进系族集团上市公司降杠杆，缓解其超额债务融资问题及由此引发潜在风险隐患，通过发挥"领头羊"效应来有效带动企业整体杠杆率和潜在重大风险的降低。同时，在系族集团上市公司债务融资监管中不仅应关注债务总量的影响，还应给予系族集团上市公司债务融资结构问题以足够的重视，明确系族集团上市公司债务融资行为的差异化影响因素及其经济后果，优化不同来源和不同期限债务融资类型的结构配置，积极稳妥降低系族集团及其上市公司债务融资杠杆率，为改善系族集团上市公司企业业绩创造有利条件。

2. 持之以恒，硬化系族集团上市公司软约束

现阶段政府在企业去杠杆中针对国有企业提出了硬性指标约束，如《关于加强国有企业资产负债约束的指导意见》中提出"推动国有企业平均资产负债率到 2020 年末比 2017 年末降低 2 个百分点左右，之后国有企业资产负债率基本保持在同行业同规模企业的平均水平"的明确要求。硬性约束为企业去杠杆提供了明确目标和依据，也有利于强化全国各级国资委在降低企业杠杆过程中的监督和约束。然而，本书研究发现，不同来源及不同期限的债务融资在系族集团上市公司企业业绩中产生差异性影响。从来源异质性债务融资看，金融机构债务融资和债券融资对系族集团上市公司企业业绩产生负面影响，而商业信用融资则产生正面影响；从期限异质性债务融资看，短期债务融资对系族集团上市公司企业业绩产生正面影响，而长期

债务融资则产生负面影响，且上述影响在系族集团层面产生进一步强化的溢出效用。

因此，应该重点关注国有系族集团上市公司债务融资结构中异质性债务融资产生的经济后果，不仅对国企债务融资设置具体指标约束，更应该关注问题背后的制度因素，着力解决国有系族集团上市公司金融机构债务融资和债券融资中存在的预算软约束问题，降低国有系族集团的政策性负担及政府对系族集团上市公司债务融资行为的干预力度，降低政府干预和所有制歧视在企业债务融资中的负面影响和挤占效应。同时，进一步根据降杠杆总量目标对国有系族企业债务融资结构设置弹性约束条件，强化对国有系族集团及其上市公司债务融资结构的约束力度，加强对非国有系族集团及其上市公司的债务融资监管，特别是对跨地区、多元化经营的系族集团债务融资风险监管，运用市场手段、创新监管方式对非国有系族集团债务融资行为形成合法有效约束。

3. 标本兼治，提升系族集团上市公司硬实力

从目前已经印发的结构性去杠杆的相关政策文件来看，政府为降低企业特别是国有企业杠杆率提出了相对全面和具体的措施办法及时间要求，可以预期在相关文件规定的期限左右企业方面的结构性去杠杆能够取得显著成效。但是，从改革开放以来中国经济发展的长时间轴来看，政府曾推行过多次企业去杠杆，一般短期内成效显著，但长期内容易反弹，存在治标不治本的问题。以 20 世纪 90 年代末推行政策性债转股来看，为了支持国有大中型企业三年改革和脱困，政府要求国有商业银行成立资管公司作为投资主体实行债权转股权，企业相应增资减债，优化资产负债结构。但是，这并没有从根本上解决国有企业的高杠杆问题。从本书研究结论看，市场竞争地位高的系族集团上市公司能够获得更高的商业信用融资和短期债务融资，并享有由此带来的竞争优势和业绩提升。

因此，进一步明确企业的市场主体地位，在系族集团及上市公司层面完善公司治理和管理人才配置，以内部晋升和外部选聘相结合的方式推进人才队伍建设，缓解国有系族集团上市公司因政府委派和非国有系族集团上市公司家族成员控制所产生的负面影响，更好地发挥职业经理人机制在系族集团上市公司债务融资中的重要作用。同时，聚焦实体经济培育主业核心竞争力

和国际竞争力，充分考虑异质性债务融资对企业发展的影响，在系族集团和系族集团上市公司债务融资资源的配置中强化对经营主业的支持力度，在推进系族集团多元化经营过程中围绕相关主业展开战略布局，不断提升企业的竞争硬实力和融资管控能力，强化企业自身"造血"能力，降低其对外部融资的依赖，才能从长期和根本上降低企业杠杆率，预防企业债务融资中存在的重大风险隐患。

8.2.3 健全信贷市场债务融资机制，持续深化金融市场改革开放

市场经济并非意识形态的产物，社会主义市场经济与资本主义市场经济存在共性，这些共性不仅仅表现在某些经济现象上，而在于市场经济的基本构成要素上：真正的市场主体、市场体系、社会保障及政府职能（杨纪琬，1993）。改革开放40多年来，市场化改革成为推动中国经济创造举世瞩目的"中国奇迹"、实现经济腾飞的重要引擎。持续推进的市场化改革有力地支撑着社会主义市场经济发展，而社会主义市场经济建设中涌现出的新情况和新挑战又为市场化改革铺就了向上进步的阶梯。党的十八届三中全会聚焦全面深化改革，提出"经济体制改革是全面深化改革的重点，核心问题是处理好政府和市场的关系，使市场在资源配置中起决定性作用和更好发挥政府作用。市场决定资源配置是市场经济的一般规律，健全社会主义市场经济体制必须遵循这条规律，着力解决市场体系不完善、政府干预过多和监管不到位问题"。2018年4月，习近平总书记在海南博鳌亚洲论坛进一步提出"中国开放的大门不会关闭，只会越开越大"，"经过努力，中国金融业竞争力将明显提升，资本市场将持续健康发展，现代产业体系建设将加快推进，中国市场环境将大大改善，知识产权将得到有力保护，中国对外开放一定会打开一个全新的局面"。金融业的市场化是市场化改革的重要内容，金融业的市场竞争水平和对外开放程度决定信贷资金的流动与配置，深刻影响着资本市场中上市公司债务融资行为。当前为何强调全面深化改革，扩大金融市场对外开放？对此，我们根据上述研究结论从系族集团上市公司债务融资角度提供了答案，并在此基础上进一步提出对策建议。

1. 矢志不渝，持续推进市场化改革进程

中国幅员辽阔、人口众多，各地区市场化程度差异大、不平衡。我们发现，地区市场化程度影响着系族上市融资异质性债务融资，表现为在债务融资来源异质性方面，地区市场化程度越高，系族集团上市公司金融机构债务融资水平越低，债券融资和商业信用融资水平越高；在债务融资来源异质性方面，地区市场化程度越高，系族集团上市公司长期债务融资水平越低，短期债务融资水平越高。通过持续推进市场化改革进程，能够为系族集团上市公司创造更加丰富的外部融资渠道，提升系族集团上市公司信贷资金的可获得性，降低系族集团上市公司债务融资的政府干预。同时，政府应着力推进市场化程度较低地区的市场化进程，缓解地区市场化程度不平衡问题，更好地发挥市场在上市公司债务融资中的决定作用。

因此，一方面进一步减少社会资本市场准入限制，加快推进市场准入负面清单制度的全面实施，严格贯彻落实国家发改委和商务部印发的《市场准入负面清单（2018 年版)》，建立和完善全国统一的市场准入机制和"全国一张清单"管理模式，严防各地区部门自行设置市场准入负面清单，在准入市场中着力消除所有制歧视问题，有效发挥市场因素在系族集团上市公司债务融资资源配置中的决定作用。另一方面，加快建立全国统一的、客观公正的营商环境评价机制和优化营商环境制度规范，各地区各部门针对具体营商环境问题出台优化营商环境具体办法，深化商事制度改革，强化地区法治建设，完善企业及个人征信体系建设，提升地区社会信任水平，抑制影响企业开展正常跨地区经营活动的地方保护主义问题，更好地发挥地区市场化改革对系族集团上市公司债务融资选择的积极影响。

2. 革故鼎新，加快推动金融机构改革

金融机构作为上市公司债务融资的供给方影响着上市公司债务融资选择。长期以来，预算软约束下金融机构的信贷配给和信贷歧视降低了上市公司信贷资金的配置效率，扭曲了债务融资的治理效应。同时，金融机构自身较低的治理水平和风险意识，导致盲目注重规模效应而忽视信贷质量，进一步放大了信贷资源配置风险。本书研究发现，无论是中观层面的产品市场竞争还是宏观层面的市场化程度，市场因素对国有系族集团上市公司异质性债务融资的影响力明显弱于非国有系族集团上市公司，并进一步对系族集团上市公司的企业业绩产生影响。金融机构的发展问题不仅诱发了国有企业的过度杠杆化，也加重了自身的信贷风险。由此可见，在需求侧完善系族集团上市公司债务融资监管的同时，深化供给侧金融机构的改革也成为当前推进供给侧结构性改革、防范化解重大风险的题中之义。

因此，现阶段应以服务实体经济为导向，在构建多层次资本市场体系的过程中建立多层次的普惠金融体系，通过加快推进金融机构改革和金融机构公司治理依体系建设，提升金融机构专业水平和风险管理意识，消除金融机构在提供信贷资源过程中只看规模、不管风险的现象，通过加强自身管理水平有效防范化解金融端重大风险。同时，进一步明确商业银行特别是国有商业银行的金融市场主体地位，降低政府对金融机构和债券市场的过度干预，在供给侧降低债务融资中存在的预算软约束问题，使市场力量在金融机构和债券市场信贷资源供给方面发挥决定性作用，进而更好地发挥金融机构和债券市场在促进系族集团及其上市公司做优做大做强过程中的"加速器"作用。

3. 海纳百川，有序扩大金融市场开放

金融是现代经济的核心，金融安全是国家安全的重要组成部分，金融市场对外开放一直以来都是改革开放的深水区，风险高、难度大，因此在改革开放进程中金融市场对外开放相对缓慢和滞后。然而，过分关注金融安全风险而限制金融对外开放会降低金融业竞争程度，"养尊处优"的国内金融机构在没有外部竞争压力的倒逼下难以主动进行自我革新，也缺乏行业标杆加以参照改善自身治理问题，同时无形中加大了中国上市公司境外融资的交易成本。因此，在维护金融安全的前提下，以当前深化金融业对对外开放为契机，有序扩大金融市场开放程度、确保金融市场开放相关举措有效落地对于更好地推动资本市场与上市公司健康发展意义重大。

因此，通过吸纳国外金融机构进入中国金融市场，鼓励外资依法合规入股金融机构，不仅能够提升中国金融市场的竞争水平，发挥国外金融机构的"鲶鱼效应"，对中国金融机构改革形成"倒逼机制"，还有助于增加金融市场信贷资源配置的源头活水，降低系族集团上市公司债务融资成本，丰富系族集团上市公司债务融资渠道，与系族集团上市公司强化自身债务管理和风险管控形成合力。积极推动金融市场双向开放，鼓励具有国际竞争力的国内企业和国内金融机构走出去，借助国外成熟金融市场的法治及资源比较优势提高自身治理水平，增强主业竞争实力，通过利用国内国外双向市场力量强化市场在中国系族集团上市公司债务融资选择及债务资源配置中的决定作用。

8.3　研究展望与未来研究方向

本书在债务异质性视角下聚焦系族集团上市公司债务融资结构研究议题，分别从微观、中观和宏观层面探索了系族集团上市公司债务融资结构的影响因素，并进一步在个体层面和集团层面考察了其对企业绩效产生的重要影响，初步搭建了关于系族集团上市公司债务融资结构的研究框架，并形成了具有一定理论价值和现实意义的研究结论。然而，这仅为全面深入了解系族集团上市公司债务融资行为打开了一扇窗。未来研究将从以下三个方面进行全方位的拓展：首先，以宏观视野和微观基点相结合的方式进一步考察宏观经济政策对微观系族集团上市公司债务融资的影响。考虑到宏观经济政策对微观企业行为的影响存在传导路径长、干扰因素多、受经济不确定影响大的现实情况。本书仅从宏观层面地区市场化程度对系族集团上市公司债务融资结构进行了初步研究，未来应该从宏观经济政策和产业政策方面拓展现有研究分析框架。其次，以学科交叉融合的方式进一步分析系族集团上市公司债务融资结构的经济后果。考虑到一直以来企业绩效都是会计学科研究企业行为经济后果的主要方法，本书仅分析了系族集团上市公司债务融资结构对其企业绩效产生的直接影响。考虑到学科间的交叉融合，未来应该在与知识产权学科融合视角进一步考察系族集团上市公司债务融资结构对企业创新和专利研发等方面产生的重要影响。最后，以动静结合的方式进一步从动态视角分析系族集团上市公司债务融资结构影响因素及其经济后果。本书在静态层面构建了研究分析框架，并运用面板数据回归分析和趋势变化描述统计方法在动态层面进行了初步探索，未来应该结合系族集团上市公司进出系族集团的动态因素丰富现有研究框架，以期更好地探明系族集团上市公司债务融资行为背后的动因和机制。

参 考 文 献

［1］安青松，祝晓辉．民营企业控股多家上市公司的问题探讨［J］．证券市场导报，2004（12）：57－61．

［2］阿尔弗雷德·马歇尔．经济学原理［M］．刘生龙，译．北京：中国社会科学出版社，2008．

［3］巴曙松，伍刚，陈华良．中国"系族企业"金融之殇——反思中国资本市场"系族企业"溃败的金融因素［J］．资本市场，2005（9）：78－86．

［4］陈金龙，谢建国．系族企业内部资本市场存在性及效率研究［J］．宏观经济研究，2010（11）：52－58．

［5］陈丽蓉，韩彬，杨兴龙．企业社会责任与高管变更交互影响研究——基于 A 股上市公司的经验证据［J］．会计研究，2015（8）：57－64．

［6］陈强．高级计量经济学及 Stata 应用（第 2 版）［M］．北京：高等教育出版社，2014．

［7］陈胜蓝，刘晓玲．经济政策不确定性与公司商业信用供给［J］．金融研究，2018（5）：176－194．

［8］陈胜蓝，马慧．贷款可获得性与公司商业信用——中国利率市场化改革的准自然实验证据［J］．管理世界，2018（11）：108－120．

［9］陈信元，陈冬华，李增泉．制度环境与公司治理——中国与东亚国家公司治理国际研讨会综述［J］．中国会计评论，2005（1）：223－234．

［10］陈运森，王汝花．产品市场竞争、公司违规与商业信用［J］．会计与经济研究，2014（5）：26－40．

［11］邓路，刘瑞琪，廖明情．宏观环境、所有制与公司超额银行借款［J］．管理世界，2016（9）：149－160．

［12］邓建平，曾勇．金融生态环境、银行关联与债务融资——基于我

国民营企业的实证研究 [J]. 会计研究, 2011 (12): 33-40.

[13] 董志凯. 由"拨改贷"到"债转股"——经济转型中企业投融资方式的变迁 (1978-2015) [J]. 中国经济史研究, 2016 (3): 5-15.

[14] 窦欢, 张会丽, 陆正飞. 企业集团、大股东监督与过度投资 [J]. 管理世界, 2014 (7): 134-143.

[15] 樊纲. 渐进改革的政治经济学分析 [M]. 上海: 上海远东出版社, 1996.

[16] 樊纲. 企业间债务与宏观经济波动 (上) [J]. 经济研究, 1996 (3): 3-12

[17] 高明华, 杜雯翠. 系族企业信息披露行为研究: 基于民营上市公司的经验分析 [J]. 当代经济管理, 2011 (9): 21-26.

[18] 高强, 邹恒甫. 企业债与公司债二级市场定价比较研究 [J]. 金融研究, 2015 (1): 84-100.

[19] 郭泽光, 敖小波, 吴秋生. 内部治理、内部控制与债务契约治理——基于 A 股上市公司的经验证据 [J]. 南开管理评论, 2015 (1): 45-51.

[20] 国家计委宏观经济研究院课题组. 大型企业集团发展政策研究 [M]. 北京: 中国经济出版社, 1996: 193-194.

[21] 国家经贸委经济研究中心课题组. 中国企业集团成长研究 [M]. 北京: 中国城市出版社, 2002.

[22] 韩鹏飞, 胡奕明, 何玉. 企业集团运行机制研究: 掏空、救助还是风险共担? [J]. 管理世界, 2018 (5): 120-136.

[23] 何捷, 张会丽, 陆正飞. 货币政策与集团企业负债模式研究 [J]. 管理世界, 2017 (5): 158-169.

[24] 侯青川, 靳庆鲁, 苏玲. 放松卖空管制与大股东"掏空" [J]. 经济学: 季刊, 2017 (3): 290-319.

[25] 胡建雄, 茅宁. 债务来源异质性对企业投资扭曲行为影响的实证研究 [J]. 管理科学, 2015 (1): 47-57.

[26] 胡经生. "一控多"公司: 实证分析与理论解释 [J]. 证券市场导报, 2009 (8): 51-58.

[27] 胡雄飞. 企业组织结构研究 [M]. 上海: 上海立信会计出版社,

1996.

[28] 胡援成，王艳．上市公司债务期限结构影响因素的统计检验 [J]. 统计与决策，2017 (20)：185 – 189.

[29] 胡汉辉，许素友．预算软约束理论的进展 [J]. 东南大学学报 (哲学社会科学版)，2001 (4)：61 – 65.

[30] 花中东，贾子超，徐睿阳．上市公司债务结构会影响投资效率 吗？[J]. 金融评论，2017 (1)：78 – 93.

[31] 黄少安．现代经济学大典 [M]. 北京：经济科学出版社，2016.

[32] 黄小琳，朱松，陈关亭．持股金融机构对企业负债融资与债务结 构的影响——基于上市公司的实证研究 [J]. 金融研究，2015 (12)：130 – 145.

[33] 黄兴孪，邓路，曲悠．货币政策、商业信用与公司投资行为 [J]. 会计研究，2016 (2)：58 – 65.

[34] 黄乾富，沈红波．债务来源、债务期限结构与现金流的过度投 资——基于中国制造业上市公司的实证证据 [J]. 金融研究，2009 (9)：143 – 155.

[35] 贾根良．网络组织：超越市场与企业两分法 [J]. 经济社会体制 比较，1998 (4)：13 – 19.

[36] 姜付秀，肯尼思，王运通．公司治理：西方理论与中国实践 [M]. 北京：北京大学出版社，2016.

[37] 姜付秀，刘志彪．行业特征、资本结构与产品市场竞争 [J]. 管 理世界，2005 (10)：74 – 81.

[38] 江其务．论银行信贷管理的若干理论问题 [J]. 金融研究，2003 (7)：59 – 67.

[39] 蒋屏，于谦．IPO 对不同战略系族的溢出效应研究 [J]. 证券市场 导报，2014 (6)：19 – 25.

[40] 金成隆，陈美惠，曾小青．资本市场会计研究 [M]. 大连：东北 财经大学出版社，2015.

[41] 靳云汇，李学．中国证券市场半强态有效性检验：买壳上市分析 [J]. 金融研究，2000 (1)：85 – 91.

［42］克罗茨纳，普特曼．企业的经济性质（第3版）［M］．孙经纬，译．上海：格致出版社，2015.

［43］科斯，王宁．变革中国：市场经济的中国之路［M］．北京：中信出版社，2013.

［44］蓝海林．中国企业集团成长与重组研究（教育部哲学社会科学研究重大课题政［M］．北京：经济科学出版社，2013.

［45］李军波，蔡伟贤，王迎春．企业成长理论研究综述［J］．湘潭大学学报（哲学社会科学版），2011（6）：19－24.

［46］李慭劼．我国集团公司上市方式与财务战略、财务政策、财务绩效相关性研究［D］．成都：西南财经大学，2011.

［47］李世辉，雷新途．两类代理成本、债务治理及其可观测绩效的研究——来自我国中小上市公司的经验证据［J］．会计研究，2008（5）：30－37.

［48］李庭燎．多元化战略异质性、系族企业控股权性质与ICM配置效率——基于熵指数法和中国A股市场数据的实证研究［J］．中国矿业大学学报（社会科学版），2016（4）：40－50.

［49］李心合，王亚星，叶玲．债务异质性假说与资本结构选择理论的新解释［J］．会计研究，2014（12）：3－10.

［50］李增泉，辛显刚，于旭辉．金融发展、债务融资约束与金字塔结构——来自民营企业集团的证据［J］．管理世界，2008（1）：123－135.

［51］李增泉，孙铮，王志伟．"掏空"与所有权安排——来自我国上市公司大股东资金占用的经验证据［J］．会计研究，2004（12）：3－13.

［52］李增泉．关系型交易的会计治理——关于中国会计研究国际化的范式探析［J］．财经研究，2017（2）：4－33.

［53］理查德·泰勒，行为金融学新进展（Ⅱ）［M］．北京：中国人民大学出版社，2014.

［54］李德．中国人民银行改革的历程及成效［J］．中国金融，2008（17）：24－26.

［55］李扬．新中国金融60年［M］．北京：中国财政经济出版社，2009.

［56］连玉君，苏治，丁志国．现金——现金流敏感性能检验融资约束假说吗？［J］．统计研究，2008（10）：92－99．

［57］林聚任，刘玉安．社会科学研究方法（第2版）［M］．济南：山东人民出版社，2008．

［58］林润辉，张红娟，范建红．企业集团网络治理评价研究——基于宏基的案例分析［J］．公司治理评论，2009（4）：29－44．

［59］林毅夫，蔡昉，李周．中国的奇迹：发展战略与经济改革（增订版）［M］．上海：格致出版社，2014．

［60］林毅夫，谭国富．自生能力、政策性负担、责任归属和预算软约束［J］．经济社会体制比较，2000（4）：54－58．

［61］林毅夫，刘明兴，章奇．政策性负担与企业的预算软约束：来自中国的实证研究［J］．管理世界，2004（8）：81－89．

［62］刘行，赵健宇，叶康涛．企业避税、债务融资与债务融资来源——基于所得税征管体制改革的断点回归分析［J］．管理世界，2017（10）：113－129．

［63］刘井建，付杰，纪丹宁．政治关联、债务期限与公司投资效率——基于民营上市公司的 DIF－GMM 与 SYS－GMM 检验［J］．现代财经，2017（2）：101－120．

［64］刘俊勇，李鹤尊．内部市场还是集权管理？——某国有集团企业资金集中管理案例研究［J］．财务研究，2016（4）：47－54．

［65］刘志远，毛淑珍．债务期限结构研究：文献述评与研究展望［J］．会计与经济研究，2009（6）：21－27．

［66］刘少波，马超．经理人异质性与大股东掏空抑制［J］．经济研究，2016（4）：129－145．

［67］刘慧，张俊瑞，周键．诉讼风险、法律环境与企业债务融资成本［J］．南开管理评论，2016（5）：16－27．

［68］刘仲藜．新中国经济50年［M］．北京：中国计划出版社，1999．

［69］陆正飞，杨德明．商业信用：替代性融资，还是买方市场？［J］．管理世界，2011（4）：6－14．

［70］罗党论，唐清泉．市场环境与控股股东"掏空"行为研究——来

自中国上市公司的经验证据［J］. 会计研究，2007（4）：69 – 74.

［71］罗韵轩. 金融生态环境、异质性债务治理效应与债务重组——基于中国上市公司的实证研究［J］. 会计研究，2016（3）：43 – 49.

［72］罗仲伟. 网络组织的特性及其经济学分析（上）［J］. 外国经济与管理，2000（6）：25 – 28.

［73］卢俊编译. 资本结构理论译文集［M］. 上海：上海人民出版社，2003.

［74］马金城，王磊. 系族控制人掏空与支持上市公司的博弈——基于复星系的案例研究［J］. 管理世界，2009（12）：150 – 163.

［75］马君潞，周军，李泽广. 双重代理成本与债务治理机制的有效性——来自我国上市公司的证据（1998 – 2006）［J］. 当代经济科学，2008（3）：92 – 100.

［76］马庆魁，谷涛，郑博文. 异质性视角下公司债务契约的治理效应研究［J］. 大连理工大学学报（社会科学版），2017（2）：77 – 85.

［77］马永强，陈欢. 金融危机冲击对企业集团内部资本市场运行的影响——来自我国民营系族企业的经验证据［J］. 会计研究，2013（4）：38 – 45.

［78］马忠，刘宇. 企业多元化经营受政府干预、企业资源的影响［J］. 中国软科学，2010（1）：116 – 127.

［79］毛新述，周小伟. 政治关联与公开债务融资［J］. 会计研究，2015（6）：26 – 33.

［80］梅波. 行业周期、市场化进程与债务期限选择［J］. 山西财经大学学报，2012（10）：58 – 68.

［81］纳鹏杰，雨田木子，纳超洪. 企业集团风险传染效应研究——来自集团控股上市公司的经验证据［J］. 会计研究，2017（3）：53 – 60.

［82］宁向东，陈宁. 系族企业的特征：一个初步描述［J］. 财经问题研究，2005（4）：29 – 33.

［83］潘红波，韩芳芳. 纵向兼任高管、产权性质与会计信息质量［J］. 会计研究，2016（7）：19 – 26.

［84］潘红波，周颖. 企业集团成员声誉受损的"连坐"效应研究——

来自银行贷款成本的经验证据 [J]. 厦门大学学报：哲学社会科学版，2018 (5)：53 – 64.

[85] 潘静，张学志. 市场化、城镇化与社会信任——基于 WVS 中国数据的实证研究 [J]. 云南财经大学学报，2015 (6)：34 – 44.

[86] 潘敏，郭厦. 资本结构动态权衡理论述评 [J]. 经济学动态，2009 (3)：126 – 131.

[87] 彭明杰，陈金龙. 运用社会网络分析方法测度系族企业产业关联性 [J]. 财会月刊，2012 (6)：55 – 58.

[88] 平新乔. "预算软约束"的新理论及其计量验证 [J]. 经济研究，1998 (10)：70 – 80.

[89] 饶品贵，姜国华. 货币政策对银行信贷与商业信用互动关系影响研究 [J]. 经济研究，2013 (1)：68 – 82.

[90] 邵军，刘志远. "系族企业"内部资本市场有效率吗? 基于中国"系族企业"的实证检验 [J]. 中国会计评论，2009 (3)：271 – 282.

[91] 邵军，刘志远. "系族企业"内部资本市场有效率吗? ——基于鸿仪系的案例研究 [J]. 管理世界，2007 (6)：114 – 121.

[92] 沈艺峰. 资本结构理论史 [M]. 北京：经济科学出版社，1990.

[93] 沈艺峰，沈洪涛，洪锡熙. 后资本结构理论的形成与发展——资本结构管理控制理论及其验证 [J]. 厦门大学学报（哲学社会科学版），2004 (1)：24 – 31.

[94] 盛明泉，张敏，马黎珺. 国有产权、预算软约束与资本结构动态调整 [J]. 管理世界，2012 (3)：151 – 157.

[95] 盛毅. 中国企业集团发展的理论与实践 [M]. 北京：人民出版社，2010.

[96] 时文朝. 非金融企业债务融资工具规则解析 [M]. 北京：中国金融出版社，2013.

[97] 宋渊洋，黄礼伟. 为什么中国企业难以国内跨地区经营? [J]. 管理世界，2014 (12)：115 – 130.

[98] 孙浦阳，李飞跃，顾凌骏. 商业信用能否成为企业有效的融资渠道——基于投资视角的分析 [J]. 经济学（季刊），2014 (4)：1637 –

1652.

[99] 孙园园，马忠，梁相．债务分布、子公司债务期限结构与上市公司现金分红 [J]．商业研究，2018 (7)：87 - 95.

[100] 孙铮，刘凤委，李增泉．市场化程度、政府干预与企业债务期限结构——来自我国上市公司的经验证据 [J]．经济研究，2005 (5)：52 - 63.

[101] 石晓军，李杰．商业信用与银行借款的替代关系及其反周期性：1998 - 2006 年 [J]．财经研究，2009 (3)：4 - 15.

[102] 汤莹玮．信用制度变迁下的票据市场功能演进与中小企业融资模式选择 [J]．金融研究，2018 (5)：41 - 50.

[103] 唐国正，刘力．公司资本结构理论——回顾与展望 [J]．管理世界，2006 (5)：158 - 169.

[104] 田侃，李泽广，陈宇峰．"次优"债务契约的治理绩效研究 [J]．经济研究，2010 (8)：90 - 102.

[105] 田利辉．制度变迁、银企关系和扭曲的杠杆治理 [J]．经济学（季刊），2005 (4)：119 - 134.

[106] 田利辉．国有产权、预算软约束和中国上市公司杠杆治理 [J]．管理世界，2005 (7)：123 - 128.

[107] 徐瑞，肖作平．终极所有权结构和债务期限结构选择 [J]．管理科学，2010 (6)：72 - 80.

[108] 王斌．公司财务理论 [M]．北京：清华大学出版社，2015.

[109] 王化成，蒋艳霞，王珊珊．基于中国背景的内部资本市场研究：理论框架与研究建议 [J]．会计研究，2011 (7)：28 - 37.

[110] 王亮亮．金融危机冲击、融资约束与公司避税 [J]．南开管理评论，2016 (1)：155 - 168.

[111] 王亮亮，潘俊，俞俊利．预算软约束、债务契约与公司避税 [J]．管理工程学报，2018 (4)：100 - 105.

[112] 王满，李坤榕，王宁．中国管理会计研究热点的可视化分析 [J]．当代会计评论，2015 (1)：54 - 65.

[113] 王彦超．金融抑制与商业信用二次配置功能 [J]．经济研究，

2014 (6): 86 – 99.

[114] 王振山, 王晓芹. 股权制衡、市场化程度与公司债务期限 [J]. 财经问题研究, 2018 (3): 62 – 69.

[115] 李慜劼. 我国集团公司上市方式与财务战略、财务政策、财务绩效相关性研究 [D]. 成都: 西南财经大学, 2011.

[116] 吴昊旻, 王华. 行业产品市场竞争与上市公司债务融资选择实证研究 [J]. 暨南学报 (哲学社会科学版), 2009 (6): 124 – 132.

[117] 吴溪. 会计研究方法论 [M]. 北京: 中国人民大学出版社, 2016.

[118] 吴敬琏. 当代中国经济改革教程 [M]. 上海: 上海远东出版社, 2016.

[119] 武立东. 企业集团治理研究 [M]. 北京: 高等教育出版社, 2014.

[120] 吴忠良. 产业经济学 [M]. 北京: 经济管理出版社, 2005.

[121] 汪昌云, 陈雨露, 郭庆旺, 类承曜. 新中国财政金融制度变迁事件解读 [M]. 北京: 中国人民大学出版社, 2013.

[122] 汪辉. 上市公司债务融资、公司治理与市场价值 [J]. 经济研究, 2003 (8): 28 – 35.

[123] 夏子航. 我国系族集团上市公司产业网络与资本配置效率 [D]. 北京: 北京交通大学, 2017.

[124] 肖珉, 周宗放, 陈林. 我国企业集团上市公司关联交易频率特征分析 [J]. 管理评论, 2011 (7): 124 – 130.

[125] 肖星, 王琨. 关于集团模式多元化经营的实证研究——来自"派系"上市公司的经验证据 [J]. 管理世界, 2006 (9): 80 – 86.

[126] 肖作平, 廖理. 大股东、债权人保护和公司债务期限结构选择——来自中国上市公司的经验证据 [J]. 管理世界, 2007 (10): 99 – 113.

[127] 肖作平, 廖理. 公司治理影响债务期限水平吗? ——来自中国上市公司的经验证据 [J]. 管理世界, 2008 (11): 143 – 156.

[128] 肖作平, 刘辰嫣. 两权分离、金融发展与公司债券限制性条款 [J]. 证券市场导报, 2018 (12): 48 – 60.

[129] 肖作平. 终极控制股东对债务期限结构选择的影响——来自中国上市公司的经验证据 [J]. 南开管理评论, 2011 (6): 25 – 35.

[130] 谢德仁, 张高菊. 金融生态环境、负债的治理效应与债务重组: 经验证据 [J]. 会计研究, 2007 (12): 43 – 50.

[131] 谢德仁, 陈运森. 金融生态环境、产权性质与负债的治理效应 [J]. 经济研究, 2009 (5): 118 – 129.

[132] 谢军, 黄志忠. 宏观货币政策和区域金融发展程度对企业投资及其融资约束的影响 [J]. 金融研究, 2014 (11): 64 – 78.

[133] 谢作诗, 李善杰. 预算软约束的原因与性质: 一个改进的一般化模型 [J]. 经济学: 季刊, 2015 (2): 1193 – 1210.

[134] 辛清泉, 林斌. 债务杠杆与企业投资: 双重预算软约束视角 [J]. 财经研究, 2006 (7): 73 – 83.

[135] 辛清泉, 郑国坚, 杨德明. 企业集团、政府控制与投资效率 [J]. 金融研究, 2007 (10): 123 – 142.

[136] 邢立全. A 股资本系族: 现状与思考 [C]. 上交所资本市场研究所, 2017.

[137] 徐伟, 叶陈刚. 公司管理层权力与银行信贷融资决策 [J]. 南京审计大学学报, 2016 (5): 57 – 65.

[138] 徐玉德, 韩彬. 市场竞争地位、行业竞争与内控审计师选择——基于民营上市公司的经验证据 [J]. 审计研究, 2017 (1): 88 – 97.

[139] 徐元国. 民营企业集团的形成与治理研究——基于产业集群背景 [M]. 北京: 中国社会科学出版社, 2013.

[140] 许年行. 中国上市公司股权分置改革的理论与实证研究 [M]. 北京: 北京大学出版社, 2010.

[141] 许艳芳, 张伟华, 文旷宇. 系族企业内部资本市场功能异化及其经济后果——基于明天科技的案例研究 [J]. 管理世界, 2009 (2): 103 – 109.

[142] 许亦平, 张鹏, 林桂军. 1979 ~ 2009: 三十年中国货币政策回顾与展望 [J]. 甘肃社会科学, 2011 (2): 1 – 5.

[143] 亚诺什·科尔内. 短缺经济学 [M]. 北京: 经济科学出版社,

1986.

　　[144] 闫二旺. 网络组织的机制、演化与形态研究 [J]. 管理工程学报, 2006 (4): 120 - 124.

　　[145] 杨纪琬. 市场经济与会计改革 [J]. 会计研究, 1993 (1): 1 - 6.

　　[146] 杨纪琬. 社会主义会计理论建设 [M]. 北京: 经济科学出版社, 1988.

　　[147] 杨纪琬. 关于会计改革 [J]. 财经问题研究, 1986 (2): 10 - 18.

　　[148] 杨棉之, 孙健, 卢闯. 企业集团内部资本市场的存在性与效率性 [J]. 会计研究, 2010 (4): 50 - 56.

　　[149] 杨棉之. 多元化公司内部资本市场配置效率——国外相关研究述评与启示 [J]. 会计研究, 2007 (11): 44 - 49.

　　[150] 杨兴龙, 何国亮. 内部控制服务地方政府性债务治理的逻辑和机理 [J]. 中央财经大学学报, 2014 (10): 63 - 69.

　　[151] 杨勇, 黄曼丽, 宋敏. 银行贷款、商业信用融资及我国上市公司的公司治理 [J]. 南开管理评论, 2009 (5): 28 - 37.

　　[152] 杨忠诚, 王宗军. 董事会结构与公司绩效关系探讨 [J]. 财会月刊, 2008 (8): 23 - 24.

　　[153] 杨小凯. 新兴古典经济学与超边际分析 [M]. 北京: 社会科学文献出版社, 2003.

　　[154] 姚洋. 发展经济学 (第二版) [M]. 北京: 北京大学出版社, 2018: 55 - 60.

　　[155] 叶凡, 刘峰. 方法·人·制度——资本结构理论发展与演变 [J]. 会计与经济研究, 2015 (1): 90 - 102.

　　[156] 叶康涛, 曾雪云. 内部资本市场的经济后果: 基于集团产业战略的视角 [J]. 会计研究, 2011 (6): 63 - 69.

　　[157] 伊迪斯·彭罗斯. 企业成长理论 [M]. 赵晓, 译. 上海: 上海三联出版社, 2007.

　　[158] 应千伟, 蒋天骄. 市场竞争力、国有股权与商业信用融资 [J]. 山西财经大学学报, 2012 (9): 58 - 64.

　　[159] 袁奋强. 内部资本市场资本配置效率测度方法评析 [J]. 南京审

计学院学报．2014（3）：87 – 95.

[160] 袁知柱，张小曼，于雪航．产品市场竞争与会计信息可比性 [J]．管理评论，2017（10）：234 – 247.

[161] 张光利，韩剑雷．商业信用还是负债融资——基于金融发展的视角 [J]．山西财经大学学报，2014（10）：35 – 45.

[162] 张宏亮，张卓．京能集团融资成本控制：内外协调、权债互动与金融脱媒 [J]．财务与会计，2017（7）：27 – 30.

[163] 张会丽，陆正飞．现金分布、公司治理与过度投资——基于我国上市公司及其子公司的现金持有状况的考察 [J]．管理世界，2012（3）：141 – 150.

[164] 张会丽，王开颜．行业竞争影响企业商业信用提供吗？——来自中国 A 股资本市场的经验证据 [J]．中央财经大学学报，2019（2）：64 – 73.

[165] 张亮亮．中国上市公司债务保守行为研究 [J]．山西财经大学学报，2017（10）：113 – 124.

[166] 张文龙，张改燕，冯鸿玑．内部资本市场与绩效传染——基于我国系族企业集团面板数据的证据 [J]．宏观经济研究，2016（3）：85 – 97.

[167] 张学义，薛忠义．内部资本市场对企业现金持有水平的影响——基于中国"系族企业"的经验证据 [J]．财经问题研究，2015（5）：96 – 102.

[168] 张一林，蒲明．债务展期与结构性去杠杆 [J]．经济研究，2018（7）：34 – 48.

[169] 张志宏，仇莹．产权性质、大股东持股比例与债务异质性 [J]．会计论坛，2015（1）：47 – 57.

[170] 张宗益，陈思秋．市场化、企业所有制对获取银行贷款的影响 [J]．经济与管理研究，2015（7）：29 – 35.

[171] 张兆国，靳小翠，李庚秦．企业社会责任与财务绩效之间交互跨期影响实证研究 [J]．会计研究，2013（8）：32 – 39.

[172] 张维迎．博弈论与信息经济学 [M]．上海：格致出版社，2012.

[173] 赵学军．经济体制转型与国有企业商业信用融资的变迁 [J]．中国经济史研究，2015（6）：22 – 32.

[174] 甄红线，杨慧芳，王晓枫．金字塔结构下企业集团的支撑效应——来自中国集团上市公司盈余公告效应的经验研究 [J]．会计研究，2015（8）：73－79．

[175] 郑国坚，林东杰，谭伟强．系族控制、集团内部结构与上市公司绩效 [J]．会计研究，2016（2）：36－43．

[176] 郑国坚，林东杰，张飞达．大股东财务困境、掏空与公司治理的有效性——来自大股东财务数据的证据 [J]．管理世界，2013（5）：157－168．

[177] 郑国坚，魏明海．股权结构的内生性：从我国基于控股股东的内部资本市场得到的证据 [J]．中国会计评论，2006（2）：189－204．

[178] 郑国坚，蔡贵龙，马新啸．政府干预、国有集团结构动态演化与配置效率 [J]．管理科学学报，2017（10）：1－16．

[179] 中国证券监督管理委员会．中国资本市场二十年 [M]．北京：中信出版社，2012．

[180] 钟凯，程小可，张伟华．货币政策适度水平与企业“短贷长投”之谜 [J]．管理世界，2016（3）：87－98．

[181] 周建波，孙圣民，张博．佛教信仰、商业信用与制度变迁——中古时期寺院金融兴衰分析 [J]．经济研究，2018（6）：188－200．

[182] 周守华，汤谷良，陆正飞，王化成．财务管理理论前沿专题 [M]．北京：中国人民大学出版社，2013．

[183] 祝继高．产权性质、企业融资与资源配置效率 [M]．北京：中国人民大学出版，2014．

[184] 曾雪云．内部资本市场的研究进程：一个文献综述 [J]．金融评论，2011（6）：111－122．

[185] 祝映兰．上市公司资本结构研究：理论与实践 [M]．北京：中国工人出版社，2009．

[186] Allen F, Rajan R. The Contributions of Stewart Myers to the Theory and Practice of Corporate Finance [J]. Journal of Applied Corporate Finance, 2010 (4): 8－19.

[187] Allen F. The Market for Information and the Origin of Financial Inter-

mediation [J]. Journal of Financial Intermediation, 2005 (1): 3 - 30.

[188] Armstrong C S, Guay W R, Weber J P. The Role of Information and Financial Reporting in Corporate Governance and Debt Contracting [J]. Journal of Accounting and Economics, 2010 (2): 179 - 234.

[189] Arnoud W. A. Boot. Relationship Banking: What Do We Know? [J]. Journal of Financial Intermediation, 2000 (1): 7 - 25.

[190] Bai C, Wang Y. Bureaucratic Control and the Soft Budget [J]. Journal of Comparative Economic, 1998 (26): 41 - 61.

[191] Baker M, Wurgler J. Market Timing and Capital Structure [J]. Journal of Finance, 2002 (1): 1 - 32.

[192] Barney J, Wright M, Ketchen D J. The Resource-based View of the Firm: Ten Years after 1991 [J]. Journal of Management, 2001 (6): 625 - 641.

[193] Barney J. Firm Resources and Sustained Competitive Advantage [J]. Journal of Management, 2009 (1): 3 - 10.

[194] Berglof E, Roland. Soft Budget Constraints and Credit Crunches in Financial Transition [J]. European Economic Review, 1998 (3): 807 - 817.

[195] Bhattacharya U, Daouk H. The World Price of Insider Trading [J]. Journal of Finance, 2010 (1): 75 - 108.

[196] Brander A, Lewis R. Oligopoly and Financial Structure: The Limited Liability Effect [J]. American Economic Review, 1986 (5): 956 - 970.

[197] Boot, A. W. A.. Relationship Banking: What Do We Know? [J]. Journal of Financial Intermediation, 2000 (9): 7 - 25.

[198] Byun, Choi, Hwang and Kim. Business Group Affiliation, Ownership Structure, and the Cost of Debt [J]. Journal of Corporate Finance, 2013 (4): 311 - 331.

[199] Brealey, Richard A. Fundamentals of Corporate Finance 7th ed [M]. The McGraw-Hill Companies Press, 2012.

[200] Cai G, Zheng G. Executive Compensation in Business Groups: Evidence from China [J]. China Journal of Accounting Research, 2016 (1): 25 - 39.

［201］Carney M, Gedajlovic E, Heugens P . Business Group Affiliation, Performance, Context and Strategy: A Meta-analysis ［J］. Strategic Direction, 2011 (2): 437 – 460.

［202］Chen J J, Liu X, Li W. The Effect of Insider Control and Global Benchmarks on Chinese Executive Compensation ［J］. Corporate Governance An International Review, 2010 (2): 107 – 123.

［203］Clifford W. Smith Jr, Jerold B. Warner. On Financial Contracting: An Analysis of Bond Covenants ［J］. Journal of Financial Economics, 1979 (2): 117 – 161.

［204］Claessens, S. , Djankov, S. Lang, L. . The Separation of Ownership and Control in East Asian Corporations ［J］. Journal of Financial Economics, 2000 (58): 81 – 112.

［205］Colla P, Kai L I. Debt Specialization ［J］. Journal of Finance, 2013 (5): 2117 – 2141.

［206］David P, O'Brien J P, Yoshikawa T. The Implications of Debt Heterogeneity for R&D Investment and Firm Performance ［J］. Academy of Management Journal, 2008 (1): 165 – 181.

［207］Dewatripont M, Tirole J. A Theory of Debt and Equity: Diversity of Securities and Manager – Shareholder Congruence ［J］. Quarterly Journal of Economics, 1994 (4): 1027 – 1054.

［208］Dewatripont M, Maskin E. Contractual Contingencies and Renegotiation ［J］. Journal of Economics, 1995 (4): 704 – 719.

［209］Diamond D W. Financial Intermediation and Delegated Monitoring ［J］. Review of Economic Studies, 1984 (3): 393 – 414.

［210］Diamond D W. Monitoring and Reputation: The Choice between Bank Loans and Directly Placed Debt ［J］. Journal of Political Economy, 1991 (4): 689 – 721.

［211］Ellul. Control Motivations and Capital Structure Decision ［J］. Available at ssrn, 2008 (5).

［212］Faccio M, Lang L H, Young L. Pyramiding vs Leverage in Corporate

Groups: International Evidence [J]. Journal of International Business Studies, 2010 (1): 88 – 104.

[213] Fama E F, Jensen M C. Separation of Ownership and Control [J]. Journal of Law & Economics, 1983 (2): 301 – 325.

[214] Fama E F. What's Different about Banks? [J]. Journal of Monetary Economics, 1985 (1): 29 – 39.

[215] Fan J P H, Huang J, Zhu N. Institutions, Ownership Structures and Distress Resolution in China [J]. Journal of Corporate Finance, 2013 (4): 71 – 87.

[216] Gerlach, M. L. Alliance Capitalism: The Social Organization of Japanese Business [M]. University of California Press, 1992.

[217] Goyal V K, Lehn K, Racic S. Growth Opportunities and Corporate Debt Policy: the Case of the U. S. Defense Industry [J]. Journal of Financial Economics, 2002 (1): 35 – 59.

[218] Graham, B and D. Dodd, Security Analysis [M]. McGraw-Hill Press, 1940.

[219] Granovetter, M. Business Groups and Social Organization [M]. Princeton University Press, 2005.

[220] Grossman S J, Hart O D. The Costs and Benefits of Ownership: A Theory of Vertical and Lateral Integration [J]. Journal of Political Economy, 1986 (4): 691 – 719.

[221] Grossman S J, Hart O D. One Share-one Vote and the Market for Corporate Control [J]. Journal of Financial Economics, 1987 (1): 175 – 202.

[222] Graham J R, Harvey C R. The Theory and Practice of Corporate Finance: Evidence from the Field [J]. Journal of Financial Economic, 2001 (60): 187 – 243.

[223] Goto Akira. Business Group in a Market Economy [J]. European Economic Review, 1982 (19): 375 – 411.

[224] Guillen, M. Business Group in Emerging Economies: A Resource – Base View [J]. Academy of Management Journal, 2000 (43): 362 – 381.

[225] Guilong Cai, Guojian, Zheng. Executive Compensation in Business Groups: Evidence from China [J]. China Journal of Accounting Research, 2016 (1): 25 - 39.

[226] Harris M, Raviv A. Corporate Control Contests and Capital Structure [J]. Journal of Financial Economics, 1988 (1): 55 - 86.

[227] Harris M, Raviv A. Capital Structure and the Informational Role of Debt [J]. Journal of Finance, 1990 (2): 321 - 349.

[228] Harris M, Raviv A . The Theory of Capital Structure [J]. Journal of Finance, 1991 (1): 297 - 355.

[229] Hart O, Moore J. Debt and Seniority: An Analysis of the Role of Hard Claims in Constraining Management [J]. American Economic Review, 1995 (3): 567 - 585.

[230] Harvey C R, Lins K V, Roper A H. The Effect of Capital Structure When Expected Agency Costs Are Extreme [J]. Journal of Financial Economics, 2004 (1): 3 - 30.

[231] Jensen M. C, Meckling W. H. Theory of the Firm: Managerial Behavior, Agency Costs and Ownership Structure [J]. Journal of Financial Economics, 1976 (4): 305 - 360.

[232] Jensen M C. Agency Costs of Free Cash Flow, Corporate Finance, and Takeovers [J]. American Economic Review, 1986 (76): 323 - 329.

[233] Jia He, Xinyang Mao, Oliver M. Rui. Business Groups in China [J]. Journal of Corporate Finance, 2013 (5): 166 - 192.

[234] Jia N, Shi J, Wang Y. Coinsurance Within Business Groups: Evidence from Related Party Transactions in an Emerging Market [J]. Management Science, 2016 (10): 2295 - 2313.

[235] Jian M, Wong T J. Propping through Related Party Transactions [J]. Review of Accounting Studies, 2010 (1): 70 - 105.

[236] Jiang G, Lee C M C, Yue H. Tunneling through Intercorporate Loans: The China Experience [J]. Journal of Financial Economics, 2010 (1): 1 - 20.

［237］Jiang G, Rao P, Yue H. Tunneling Through Non – Operational Fund Occupancy: An Investigation Based on Officially Identified Activities ［J］. Journal of Corporate Finance, 2015 (32): 295 – 311.

［238］Johnson S, Porta R L, Lopez – De – Silanes F. Tunneling ［J］. American Economic Review, 2000 (2): 22 – 27.

［239］Jones C, Hesterly W S, Borgatti S P. A General Theory of Network Governance: Exchange Conditions and Social Mechanisms ［J］. Academy of Management Review, 1997 (4): 911 – 945.

［240］Khanna T, Palepu K. Why Focused Strategies May Be Wrong for Emerging Markets ［J］. Harvard Business Review, 1997, 75 (4). 41 – 48.

［241］卡纳和亚菲 (Khanna T, Yafeh K). 新兴市场的企业集团：是典范还是寄生虫？（上）［J］. 管理世界, 2010 (5): 159 – 166.

［242］卡纳和亚菲 (Khanna T, Yafeh K). 新兴市场的企业集团：是典范还是寄生虫？（下）［J］. 管理世界, 2010 (6): 153 – 166.

［243］Kornai J, Maskin E, Roland G. Understanding the Soft Budget Constraint ［J］. Economics Working Papers, 2002 (4): 1095 – 1136.

［244］Kreps D, Robert W. Sequential Equilibria ［J］. Econometrica, 1982 (8): 63 – 94.

［245］La Porta, Lopez F, Shleifer A, Vishny R. Legal Determinants of External Finance ［J］. Journal of Finance, 1997: 52: 1131 – 1150.

［246］La Porta R, Lopez – De – Silanes F, Shleifer A. Corporate Ownership Around the World ［J］. Journal of Finance, 1999 (2): 471 – 517.

［247］Lang L H P, Ofek E, RenéM. Stulz. Leverage, Investment and Firm Growth ［J］. Journal of Financial Economics, 1996 (1): 3 – 29.

［248］Larsson R. The Handshake between Invisible and Visible Hands: Toward a Tripolar Institutional Framework ［J］. International Studies of Management & Organization, 1993 (1): 87 – 106.

［249］Lee and Kang. The Oxford Handbook of Business Groups ［M］. Oup Catalogue, 2010.

［250］Lee K, Jin X. The Origins of Business Groups in China: An Empirical Testing of the Three Paths and the Three Theories ［J］. Business History, 2009 (1): 77 – 99.

［251］ Lee S, Park K, Shin H H. Disappearing Internal Capital Markets: Evidence from Diversified Business Groups in Korea ［J］. Journal of Banking & Finance, 2009 (2): 326 – 334.

［252］ Leff N H. Industrial Organization and Entrepreneurship in the Developing Countries: The Economic Groups ［J］. Economic Development and Cultural Change, 1978 (4): 661 – 675.

［253］ Lin C, Ma Y, Malatesta P. Corporate Ownership Structure and Bank Loan Syndicate Structure ［J］. Journal of Financial Economics, 2012 (1): 1 – 22.

［254］ Lin J Y, Fang C, Zhou L. Competition, Policy Burdens, and State – Owned Enterprise Reform ［J］. American Economic Review, 1998 (2): 422 – 427.

［255］ Liu Q, Tian G. Controlling Shareholder, Expropriations and Firm's Leverage Decision: Evidence from Chinese Non-tradable Share Reform ［J］. Journal of Corporate Finance, 2012 (4): 782 – 803.

［256］ Lucian Arye Bebchuk, Alma Cohen. Firms' Decisions Where to Incorporate ［J］. Journal of Law and Economics, 2003 (2): 383 – 425.

［257］ Jensen M, Meckling W. Theory of the Firm: Managerial Behavior, Agency Costs, and Owenership Structure ［J］. Journal of Financial Economics, 1976 (3): 305 – 360.

［258］ Mccahery J A, Sautner Z, Starks L T. Behind the Scenes: The Corporate Governance Preferences of Institutional Investors ［J］. Journal of Finance, 2016, (6): 2905 – 2932.

［259］ Myers S C. Determinants of Corporate Borrowing ［J］. Journal of Financial Economics, 1977 (2): 147 – 175.

［260］ Myers S C, Majluf N S. Corporate Financing and Investment Decisions When Firms have Information that Investors do not Have ［J］. Social Science Electronic Publishing, 2001 (2): 187 – 221.

［261］Nathaniel H. Leff. Industrial Organization and Entrepreneurship in the Developing Countries: The Economic Groups ［J］. Economic Development and Cultural Change, 1978（4）: 661 - 675.

［262］Oliver E. Williamson. Corporate Finance and Corporate Governance ［J］. The Journal of Finance, 1988（3）: 567 - 591.

［263］Petersen M A, Rajan R G. Trade Credit: Theories and Evidence ［J］. Review of Financial Studies, 1997（3）: 661 - 691.

［264］Pfeffer, Jeffrey, Salancik, Gerald R. The External Control of Organizations: A Resource Dependence Perspective ［J］. Economic Journal, 1979（2）: 123 - 133.

［265］Poczter S. Business Groups in Emerging Markets: A Survey and Analysis ［J］. Emerging Markets Finance and Trade, 2017（2）: 154 - 186.

［266］Qian Y . A Theory of Shortage in Socialist Economies Based on the Soft Budget Constraint ［J］. American Economic Review, 1994（84）: 145 - 156.

［267］Qian Y, Xu C. Innovation and Bureaucracy Under Soft and Hard Budget Constraints ［J］. Review of Economic Studies, 1998（1）: 151 - 164.

［268］Qian Y, Roland G. The Soft Budget Constraint in China ［J］. Japan and the World Economy, 1996（2）: 207 - 223.

［269］Qian M, Yeung B Y. Bank Financing and Corporate Governance ［J］. Journal of Corporate Finance, 2015（32）: 258 - 270.

［270］Rafael La Porta, Andrei Shleifer, Robert Vishny. Investor Protection and Corporate Valuation ［J］. The Journal of Finance, 2002, 57（3）: 1147 - 1170.

［271］Rajan R G. Insiders and Outsiders: The Choice between Informed and Arm's - Length Debt ［J］. Journal of Finance, 1992（4）: 1367 - 1400.

［272］Rajan R, Winton A. Covenants and Collateral as Incentives to Monitor ［J］. Journal of Finance, 1995（4）: 1113 - 1146.

［273］Rauh J D, Sufi A. Capital Structure and Debt Structure ［J］. Review of Financial Studies, 2010（12）: 4242 - 4280.

［274］ Roland. The New Palgrave Dictionary of Economics 3rd Edition ［M］. Macmillan Publishers Ltd Press, 2018.

［275］ Ronald Coase. The Nature of the Firm ［J］. Economica, 1937 (4): 386 – 405.

［276］ Ross S A. The Determination of Financial Structure: The Incentive – Signalling Approach ［J］. Bell Journal of Economics, 1977 (1): 23 – 40.

［277］ Ross S A. Fundamentals of Corporate Finance ［M］. The McGraw-Hill Press, 2017.

［278］ Sarkar J, Sarkar S. Debt and Corporate Governance in Emerging Economics? Evidence from India ［J］. Economics of Transition, 2010 (2): 293 – 334.

［279］ Scott J H. A Theory of Optimal Capital Structure ［J］. The Bell Journal of Economics, 1976 (1): 33 – 54.

［280］ Shleifer A, Vishny R W. A Survey of Corporate Governance 12th Edition ［J］. Journal of Finance, 1997, 52 (2): 737 – 783.

［281］ Shleifer, A. Vishny, R. Large Shareholders and Corporate Control ［J］. Journal of Political Economy, 1986 (94): 461 – 479.

［282］ Silanes F L D, Rafael La Porta, Andrei Shleifer, et al. Investor Protection and Corporate Governance ［J］. Journal of Financial Economics, 2000 (3): 3 – 27.

［283］ Smith C, Warner B. On Financial Contracting: An Analysis of Bond Covenants ［J］. Journal of Financial Economics, 1979 (7): 117 – 161.

［284］ Stein, J. Internal Capital Markets and the Competition for Corporate Resources ［J］. Journal of Finance, 1997 (52): 111 – 133.

［285］ Stein, J. Agency, Information and Corporate Investment ［M］. Handbook of the Economics of Finance, 2003.

［286］ Stijn Claessens, Simeon Djankov, Larry H. P Lang. The Separation of Ownership and Control in East Asian Corporations ［J］. Journal of Financial Economics, 2000 (58): 81 – 112.

［287］ Stulz. Financial Structure, Corporate Finance and Economic Growth

[J]. International Review of Finance, 2000 (1): 11 – 38.

[288] Stulz R. Managerial Discretion and Optimal Financing Policies [J]. Journal of Financial Economics, 1990 (1): 3 – 27.

[289] Stulz R. Managerial Control of Voting Rights: Financing Policies and the Market for Corporate Control [J]. Journal of Financial Economics, 1988 (1): 25 – 54.

[290] Titman S. The Effect of Capital Structure on a Firm's Liquidation Decision [J]. Journal of Financial Economics, 1984, 13 (1): 137 – 151.

[291] Tian L, Estrin S. Debt Financing, Soft Budget Constraints, and Government Ownership Evidence from China 1 [J]. Economics of Transition, 2010 (3): 461 – 481.

[292] Walker M D. Industrial Groups and Investment Efficiency [J]. Journal of Business, 2005, 78 (5): 1973 – 2002.

[293] Warner, J. B. Bankruptcy Costs: Some Evidence [J]. Journal of Finance, 1997 (2): 337 – 347.

[294] Weidenbaum, M. , Hughes S. The Bamboo Network: How Expatriate Chinese Entrepreneurs are Creating a New Economic Superpower in Asia [M]. The Free Press, 1996.

[295] Williamson OE. The Economic Institution of Capitalism [M]. Simon & Schuster Inc, 1985.

[296] Williamson OE. Corporate Finance and Corporate Governance [J]. Journal of Finance, 1988 (3): 567 – 591.

[297] Wong T J. Corporate Governance Research on Listed Firms in China: Institutions, Governance and Accountability [J]. Foundations & Trends in Accounting, 2016 (4): 259 – 332.